广告心理学

中国传媒大学 广 告 专 业 系 列 教 材

余小梅 著

中国传媒大学出版社

·北京·

目　录

第三部分

前　言

广告是一种传播活动。传播活动最基本的框架是传播者通过一定的方式，把信息传给接收者。即：传播活动的基本构成是传播者—信息—接收者。其中大众传播要通过媒介。广告传播是一种较为特殊的传播形式，在这种传播中，其基本模式是：广告传播者—广告信息—广告接收者。其中利用媒介进行传播的广告活动属大众传播；没有利用媒介，人传人式的口传广告则属人际传播。在本书中论述了大众传播中的广告活动。在大众传播的广告活动中，其传播模式为：广告传者（广告传播者）通过传媒把广告信息传给广告受众（广告接收者）。

在广告传播中，广告信息是在广告传者和广告受众之间进行流动的，并且广告传者期望通过广告信息的传递在广告受众的心理上产生影响，从而达到一定的广告效果。这种心理作用表面上是广告传者主动施予广告受众的，但实际上是双方互动的结果。广告传播效果的好坏受到广告受众心理的影响；同时也受到广告传者在广告传播中的心理活动的影响。广告心理学正是对上述这些方面进行探讨和总结的一门学科。因此本书在阐述广告心理学时将按广告传播的模式，论述广告传者和广告受众在广告活动中的心理现象的规律。本书分成三个部分：第一部分为概论；第二部分是广告受众的心理分析；第三部分为广告传者的心理研究。

本书在 1997 年出版的《广告心理导论》一书的基础上，结合了近几年广告业的发展，总结我多年讲授“广告心理学”课的教学实践，对原书进行了调整与充实。由于作者能力与水平有限，书中有不妥之处或错误，敬请各位前辈与同仁指正。

作者

2003年6月

第一部分

这部分主要阐述下面几个问题：

1. 广告心理学学什么
   ——即广告心理学的研究对象及学习的内容
2. 广告心理学有什么用
   ——即学习广告心理学的意义与目的
3. 怎么学习广告心理学
   ——即在学习广告心理学时所遵循的学习原则
4. 广告心理学的历史与发展
   ——介绍广告心理学的发展历史
5. 广告心理学的研究方法
   ——介绍各种广告心理学研究方法的优劣与适用范围

第1章

绪　论

第一节　广告心理学的研究对象和任务

一、广告心理学的研究对象

广告心理学是心理学和广告学的交叉学科，主要探索心理学的理论如何应用于广告传播的具体实践活动。有学者把广告心理学定义为"说服大众购买商品和劳务，为促使其采购行为，而研究其心理与行为的学问"。① 还有研究者把它定义为"研究广告活动中有关信息传递、说服购买心理规律的一门学科"。②

由于广告是传播活动的一种，所以本书在传播活动的框架下探讨广告心理学，认为广告心理学是探索参加广告传播活动的人在广告活动中的心理现象及其存在的心理规律的一门学科。

广告心理学的研究对象是参加广告传播活动的人在广告活动中的心理现

---

① 朱智贤主编：《心理学大词典》，北京师范大学出版社1989年版。

② 车文博主编：《心理咨询百科全书》，吉林人民出版社1991年版。

象及其存在的心理规律。

定义中有两个关键点：

A. 谁是参加广告传播活动的人？

B. 他们的心理现象包含哪些内容？

参加广告传播活动的人

本书中所说的参加广告传播活动的人主要指：广告传者（即广告人）和广告受众（即广告对象）。

1. 广告人

在认识广告人之前，我们先了解什么是广告？

(1) 广告的界定

在现代商品经济社会中，广告可以说是无时不有、无处不在的。然而广告的定义到底是什么呢？

《简明不列颠百科全书》中是这样说的："广告是传播信息的一种方式，其目的在于推销商品、劳务，影响舆论，博得政治支持，推进一种事业或引起刊登广告者所希望的其他反应。广告信息通过各种宣传工具，其中包括报纸、杂志、电视、无线电广播、张贴广告及直接邮送等，传递给它所想要吸引的观众或听众。广告不同于其他传递信息形式，它必须由登广告者付给传播信息的媒介以一定的报酬。"

美国市场营销协会提出的广告的定义是这样的："广告是由一个广告主（做广告的商人）在付费的条件下，对一项产品、一个观念或一项服务所进行的传播活动。"

随着大众传播手段的不断发展，广告传播的形式也在发生着不断的变化，例如利用网络、手机等进行广告传播。广告传播的种类也不断增多，例如商业广告、公益广告、政治广告等。凡此种种可以说明广告是一种随着商品经济不断发展而发展变化的产物。无论广告的形式与种类有多少种，其传播的功能和目的在本质上是不变的，传播者都是要用一定的信息并利用一定的方式去影响接收者。

本书将以传统的大众媒介为传播渠道的商业广告作为分析对象。

无论广告的定义有多少种，实质上，在本书中所谈到的商业广告具有以下几方面特征：

第一，它是通过一定媒介进行的信息传播活动。

一种传播活动最基本的框架是传播者通过一定的方式，把信息传给接收者。广告是传播的一种。通常情况下，广告主要指利用大众传播媒介进行的传播活动，这种活动应以事实为依据，以遵守广告法规为前提。

第二，广告传播的中心目的是有效地影响广告对象的心理。

广告传播的目的是多层次的，但中心目的是让广告信息有效地到达广告受众的大脑，从而对广告对象心理产生所期望的影响，并期望通过对广告对象心理的有效影响进而影响其消费行为。

广告传播要求使广告信息不仅要被广告对象接收到，而且还要使他们在信息享受中对其中最主要的内容有一定的记忆度，并被它感染，最终接受并认同它。因而从某种程度上说，广告带有说服性的目的。

第三，广告有明确的广告主。

广告主通常指付钱来宣传一项产品、一个观念或服务（在此统称为“商品”）的机构或个人。

广告主的内涵随经济的发展有所变化。早期广告代理业未出现时，常常是商家或个人（即广告主）自己制作出广告，并找媒体发布。随着经济的发展，社会分工越来越细，广告代理业应运而生，因而现代广告活动中，广告主特指那些为发布广告信息付钱的机构或个人，又称为广告客户。

广告传播活动的中心目的是对广告受众的心理实施有效的影响。所谓有效，更主要地体现在广告能否使广告受众记住并接受其传播的主要信息，能否刺激和诱发广告对象的消费需求，能否影响广告对象的消费观念和态度，促使广告受众由于心理的变化而产生消费行为，使广告主所花的广告费能为自己产品的最终赢利服务。同时广告公司也能由此而获利；广告受众也可在传播活动中获得享受。良性的广告应是双赢的、可持续发展的。但有个前提，即广告中的商品或企业应是质量过硬的。广告传播中的效果最终还要到消费市场中去检验。

接下来请思考这个问题：广告如何能让广告对象接受呢？

为了回答这个问题，还是先看看广告工作的过程。

(2) 广告工作的基本过程

在谈到广告的具体工作之前，要先区分这样三个概念：“广告受众”、

"广告对象"、"消费者"。在特定的时空下他们是指相同的一群人。

为什么要用不同的概念呢？从不同的学科研究角度出发，会有不同的侧重。"广告受众"是从传播学的角度而言的概念，指那些接收到广告信息的人。"广告对象"是从广告学的角度而言的概念，指某个广告信息要服务的那些特定的目标人群。"消费者"是从市场营销的角度而言的概念，泛指消费某种商品的人。例如，烈日炎炎，你买了一瓶饮料，你就进入了市场经济生活，成为一个消费者。消费者还包括那些潜在的消费者，例如，当时你没有购买饮料，但在未来的某个时刻你可能会购买；当你打开电视或走在大街上无意中看到了某种饮料的广告时，你便成为广告受众的一员；当某个品牌饮料的广告是针对某个特定的群体（如中小学生）时，这个群体就是广告对象，或称广告目标群。通常情况下，在商品市场经济中生活的人都是消费者，而广告对象、广告受众当然也是由这些消费者组成。广告受众和广告对象有时是相同的；有时包含的范围不同，广告受众所包含的人比广告对象更广泛。广告受众泛指那些能够接收到广告的人，广告对象指广告需要特别影响的、希望接受信息内容的、甚至是希望被说服的那些特定人群，即广告的目标群。一则有效的广告，应是对广告对象的心理有积极影响的，使得广告对象能够注意到并且理解、认可、接受，通过影响其心理进而影响其消费行为。这些效果不仅通过销售额来考察，更重要的是可以根据广告的不同目的通过广告效果评估的各种心理学指标来考察（如注意度、记忆度、满意度等）。这就意味着，一则广告是否有效，重要的是考察其广告对象即广告的目标群是否能够受到积极的影响、能够接受，而不是泛指的广告受众是否都接受。例如，如果广告的目标群是中小学生，针对中小学生（广告对象）的心理特点和需要做出的一则商品广告，能够受到他们的喜爱；但可能接收到这则广告的成人（即某些广告受众）不感兴趣，而这则广告仍然是有一定积极效果的。当然一则广告如果能够既为广告对象所喜爱，又让其他的广告受众所欣赏，就应是一则效果非常好的广告。

广告的具体工作是什么？

一般的广告公司要包括以下的专业分工部门：客户部、市场调研部、策划部、制作部、效果分析部等基本部门。

在为某个特定的广告客户（即广告主）服务时，广告工作从背景资料搜集开始，这一阶段是整个广告活动的基础，可用调查访问等方法进行资料收集。其中产品分析包括产品的功能特性、使用价值、价格、品牌、品质、形象、产品的生命周期、产品的附加心理价值以及同类产品或相似性产品的有关资料；还包括对产品供求关系的分析以及企业关于产品的整体经营计划等。市场分析包括对现存市场、潜力市场、未来市场的分析。商品整个市场有多大，可能有多少消费者；如果商品已投放市场，有多少占有率；未投放市场的商品希望达到多大占有率；同类产品现有的市场占有率；市场忽略哪些有购买潜力的消费者，找出潜力市场；市场预测，通过统计方法及政府公布的有关统计、经济信息预测未来市场。消费者分析包括：消费者的基本资料，如年龄、性别、婚姻、收入、职业、文化程度、住址、居住环境、消费观、价值观、购买习惯等等。要了解购买商品的消费者是什么样的人；分析哪些消费者常用此商品，哪些少用，哪些不用；他们的特点是怎样；消费者买此产品作什么用，怎么用；以什么标准选择；如何评价；还要发现消费者为什么购买或为什么不买，以及他们是如何知道此产品的，等等。同类产品的广告分析包括同类产品的广告资料、效果评价、消费者如何看等等。这些可通过对消费者进行态度调查测量获得资料。在细致调查分析的基础上，要根据整体营销计划对某个广告进行定位策划。广告要想影响广告对象，甚至要想说服他们，就要了解被说服的是什么人，且要清醒要说服他们什么。在这些资料之中，有创见地发现商品与消费者之间的关系，确定广告策略。根据确定的广告策略设计广告的具体表现形式，进行具体的创作。确定用什么方式来表达广告信息，制作并完成广告成品。在广告成品投放市场之前、之中和之后都可以进行不同目的广告效果评估，发现问题反馈到各个环节进行修正。

在这样一个广告的工作流程中我们发现了什么呢？在上述复杂的广告工作流程中，要想使广告被广告对象接受，从而达到广告的中心目的，要抓住两个关键的环节：

其一，广告要“说什么”。

广告要有明确的定位，即了解广告对象的全面资料，从中找到要对他们说什么，才能使他们与商品建立特定的联系，有效地影响他们的心理，从而促使他们产生购买行为。在这个关键环节中，要确定的是广告的内容。

其二，广告要“怎么说”。

即广告怎样表现才更可能被广告对象所接受。要了解广告对象是什么样的，采用符合他们心理规律的形式，有的放矢地表现广告的内容。在这个关键环节中，要确定的是广告的表现形式。

在广告传播中要做到上述内容和形式的统一，至关重要的因素有如下两点：一是广告对象是什么样的人；二是广告人是如何创作的。这两个因素的实质是在广告传播中广告人和广告对象在心理与行为上的相互影响。广告是由广告人创作而成的，其目的是要对广告对象的心理与行为产生影响。要使广告达到这一中心目的，获得成效，我们不得不用更多的目光来关注参与广告传播的人（广告人和广告受众）的心理活动。这也正是广告心理学所研究的主要内容。

那么广告人到底是些什么样的人呢？

(3) 广告人

时至今日，对“广告人”这个术语还没有一个公认的严格的定义。在这里，我借美国的詹姆斯·韦伯·杨的一段话来说明广告人，他说：“广告人泛指一切从事替广告主购买广告版面和时间者，替媒体所有人销售广告者，以及在广告代理公司及其他处作广告服务的各色人等。但……给‘真正的广告人’所下的定义是：具有知识、技术、经验以及洞察力，能为广告主建议最好使用广告去达到他们的目的，并能有效地执行，使广告能达成这些目的的人。”①

由此得出的结论是，广告人并非所有在广告行业中工作的人员。广告人指在广告公司工作的从事广告专业活动的人员。按照詹姆斯·韦伯·杨的“真正的广告人”的定义来看，广告人应当是广告行业中优秀杰出的专业人才。这是对广告人狭义的看法。

现在通常的看法是，广告人指在广告代理公司从事广告经营、运作、设计等工作的专业人才。

台湾的赖东明先生对广告人作了更为具体的描述。他认为广告人必须是：“社会风气的领先者，理论观念的实践者，诚实助人的说服者，创意组合的革新者，团队互助的合作者，智慧见解的提供者，自律控己的苦行者，感恩领情的报答者。”

---

① 詹姆斯·韦伯·杨著，刘毅志编译：《广告人与创意》，中国对外经济贸易广告协会编印，1990年。

还有一种更为宽泛的定义，在吴建先生编著的《广告大理论》中给“广告人”的定义是：“直接从事广告经营、运作、管理和教学研究的人均可称作广告人。”

无论对广告人的定义如何，在广告学的教学中应当立足于培养一批高素质、高能力的广告专业人才。从这点出发，广告人在能力特长上应与从事其他职业的人有所区别，这是由其职业特点所决定的。

2. 广告受众

广告受众是从广告传播的角度，指那些接收到广告信息的人。从市场营销的角度，广告受众可以泛指消费者。从广告学的角度，广告受众可以特指那些广告的目标群即广告对象。

广告人和广告受众构成了广告活动的主体，他们共同参与完成了广告传播活动。他们的心理活动成为广告传播中至关重要的因素。因此研究人的心理活动规律的科学即心理学和广告学就有了一种天然的联系。

人的心理是由心理现象构成的。心理现象即人在心理活动中所具有的特征性现象，它是人们时刻都在产生着的，它存在于人的一切活动之中。心理现象都包括什么呢？

心理现象

心理现象包括心理过程、心理状态和个性心理。心理过程研究共性规则、个性心理研究个性规则、心理状态研究背景状态（见图 1－1）。

- 心理现象
  - 心理过程
    - 认识过程（如：感觉、知觉、记忆、想象、思维）
    - 情绪、情感过程
    - 意志过程
  - 个性心理
    - 个性倾向性（如：需要、动机、兴趣、信念、世界观等）
    - 个性心理特征（如：能力、气质、性格）
  - 心理状态
    - 觉醒状态（如：注意）
    - 非觉醒状态（如：睡眠、催眠等）

图 1－1

心理现象的各个方面不是孤立的，而是彼此相互关联，共同存在于统一的心理活动之中。例如，在认识过程之中，人们对当时的刺激物作出反应的规律，是感觉知觉研究的内容；对过去的刺激物作出反应的规律，是记忆研究的内容；对未来的反应是想象研究的内容。他们在时间轴上使人的认识活动完整延续起来。在这个过程中，人会对事物的内在本质和规律进行概括与抽象，是思维活动。所有这些认识活动都完整地统一在对同一事物的认识中。

在心理过程中，认识过程、情绪与情感过程和意志过程之间是相互联系、密不可分的，它们共同存在于同一心理过程之中。心理过程研究了人心理活动的共性规律。同样一个广告，不同的接收对象会有不同的看法与认识。所谓仁者见仁、智者见智。个性心理就探讨了每个人心理活动的特色。每个人在不同的背景状态下，例如注意状态和睡眠状态，其心理的活动规则是不同的。心理状态研究的是这种背景条件，它是不能单独存在的。心理过程和个性心理也是紧密相关的。没有心理过程，个性心理就无法形成，同时，已经形成的个性心理特征又制约着心理过程，并在心理过程中表现出来，使每个人的心理过程都具有独特的色彩。由此可知，心理现象中的各个方面都是统一在一起，相互紧密联系，不可分割的。

用系统论的观点看，人的心理现象"是一个大系统，它由许多亚系统组成（如认识过程等），心理现象各亚系统相互联系、相互制约，形成一个多功能、多层次、多水平的纵横交叉的立体网状结构。对某一心理现象进行系统分析，就是要找出这一现象中尽可能多的成分，将这些成分再分析为必要而充分的亚结构，查明诸亚结构之间、亚结构与整体之间的联系。任何一种心理现象都应放在整个系统中加以研究。系统不是僵死不变的，它是可变化的。亚系统的改变，会引起整体系统的变化；而亚系统的变化又必然发生在整体系统之中，受整体系统的影响"。[①] 这种系统的观点，是分析人的心理活动规律时所要遵循的。

人的心理现象的实质是人脑对客观事物能动的反映，心理是人脑的机能。在此所说的反映指"物质的普遍属性，是物与物相互作用并留下痕迹的过程"。[②]"人的心理是最高级的反映形式"。[③]

---

① 朱智贤主编：《心理学大词典》，北京师范大学出版社1989年版。

② 同上。

③ 同上。

那么心理学对人的心理活动的种种探索与研究又是怎样用在广告活动中的呢?

心理学的研究，一方面是从理论上探讨人的心理发生、发展的一般规律；另一方面是在各种实践领域中应用、探讨这些规律。由此出现了许多心理学的分支学科，如研究人的发展历程中的心理发展规律的发展心理学，它又有专门研究儿童的儿童心理学，及研究青年的青年心理学；又如把心理学规律应用于教育实践的教育心理学；再有研究在社会环境下人与人之间相互作用的社会行为与心理的学科即社会心理学；把心理学的普遍规律应用于广告活动中，并探讨构成广告活动主体的人的心理现象和他们在广告传播活动中有哪些特殊的心理规律，即产生了广告心理学。广告心理学可以说是心理学的一个小分支。

广告心理学具体的研究包括广告受众（即消费者）在广告活动中心理现象发生、发展的规律和各类广告形式、手段的心理效果的测定，以及广告人在广告活动（如创意等）中的心理活动。它更多地是强调心理学的原理在广告实践中的应用。研究可分为对广告传播人（广告人）在广告活动中的心理现象及心理规律的探索；对广告受众（消费者）在广告活动中的心理现象及心理规律的探索；以及二者的相互作用。现在研究较多的具体内容包括：广告的心理功能；增强广告效果的心理规律，如：广告受众对广告的注意度；广告受众对广告的感知觉、记忆、想象、思维等；从广告受众（即消费者）的兴趣、动机、情感等方面研究广告的定位；广告对消费者态度的影响；广告媒体的心理特点；消费者购买行为分析；广告诉求方法对消费者的影响；广告心理效果的评估等；还有广告人在广告工作中特有的心理活动以及由于职业要求应具有的突出的心理素质等。

二、广告的心理功能

广告对广告受众心理活动的影响

在此所说的广告受众即泛指消费者。广告传播活动是有目标、有计划的，运用了艺术表现手段，它的主题是以某种商品能满足消费者的需要为基础的，它的中心目的是对广告受众的心理产生影响。要分析这种影响，先要了解消费者的购买行为是如何发生的。

虽然每个消费者的具体购买行为各不相同，但可以总括为以下几个部分（见图 1－2）：

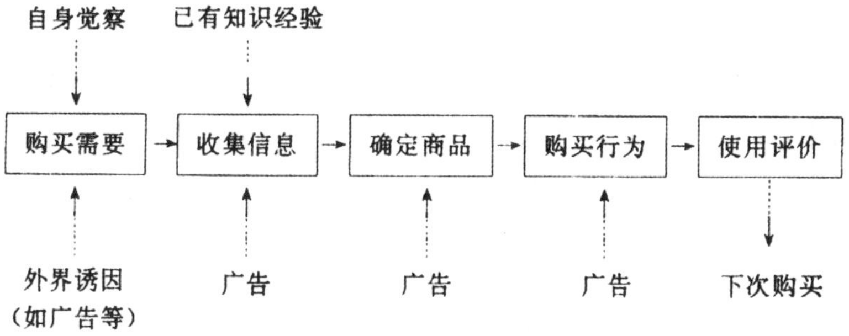

图 1－2

消费者的购买行为是由购买需要开始的，这种需要是由消费者的内因（即自身的觉察）或外界诱因（如广告等）来激起的，之后消费者会经过收集信息（此时的信息可能出自消费者自身的知识经验和广告提供的信息）、筛选，确定商品发生购买行为。在这个过程的每一步中，广告都会影响消费者。在使用过商品后，消费者会作出评价，从而完成这一购买行为并进入下一次购买行为。

在这种购买过程中，广告是如何影响消费者的心理活动呢？以图 1－3 说明：

图 1－3 所示，广告作用于消费者的感觉器官（如耳、眼、鼻等），发生感知觉，如果被注意到了并引起消费者的兴趣，会进一步产生对它有目的的认识活动，例如引起消费者的想象，通过联想把它记住，并思考评价。伴随着认识活动，消费者会对广告或宣传的商品产生各种情绪、情感体验，有积极的，也有消极的。如果广告满足了消费者的主导需求（即此时的优势需要），并诱发了他的购买动机，则产生积极的情绪；反之，如果广告不能满足消费者的主导需要，则可能产生消极情绪。在此基础上，消费者可以确立对广告与所宣传商品的态度，然后对是否购买此商品作出决策，按照决策发动或抑制购买行为。通过反馈信息，可以测定广告的效果如何，并制定下一步的广告。而如果消费者没有注意广告，则信息可能消退，或贮存在其潜意识中，有待条件适宜发生作用，产生延迟效果。这一流程不是静止不变的，

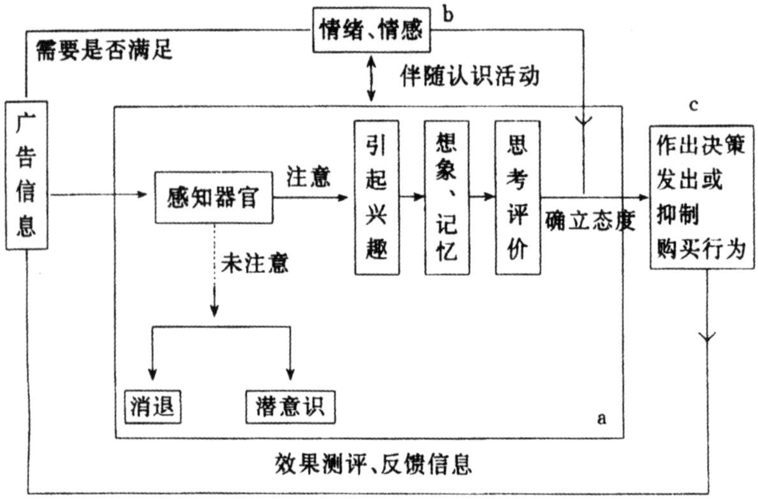

(a)认识过程 (b)情绪、情感过程 (c)意志过程

图 1－3

而是相互统一、相互影响的动态循环。每一个心理活动环节都会影响到整个广告的效果。

广告的心理功能

研究发现，广告的心理功能主要表现在以下几方面：

1．传递沟通功能

广告是联结商品与消费者的一座桥梁。它通过充分利用图形、色彩、实体形象、声音、语言文字、数字等刺激消费者的各种感觉器官，以期引起消费者的注意与兴趣，产生联想，接受并记住广告中的信息。在现代这样一个信息社会中，商品与消费者之间最有效的沟通就是广告。消费者每天自觉或不自觉地接受着各类广告信息。据多年前的资料表明，每个美国人平均每天受到 1500 多条广告的刺激，而只有那些能引起消费者注意的广告，才有可能被编码、加工、贮存，并被记住。但无论如何，消费者会在广告信息的猛烈“轰炸”之下，有意或无意地对广告中的商品信息有或多或少的了解。

2．诱发或满足需要的功能

广告在介绍商品信息的同时，还要通过各种媒体和各种手段来激发消费者的购买动机，并满足他们的需求，包括物质性的和精神性的需要。这是广告得以存在并发生效力的内在根由。广告以理服人，以情动人，诱发消费者的潜在需要与购买欲望，满足他们已有的需求，提供购买理由，使他们感受到获得这种商品所带来的愉悦与满足，增加他们的购买信心，使他们能指名购买广告商品。

3. 影响态度的功能

广告可以促使消费者形成某种态度，或影响他们改变某种态度。广告的效果越好，越能影响消费者的态度，促使他们下决心做出购买行为。

总之，商品广告的基本的心理功能表现为它向广告受众即消费者传递了商品信息，期望诱发其购买需求，并影响其态度的改变，促使其实现购买行为，从而完成广告作为市场营销的一个重要环节的作用。

三、广告心理学的研究任务

广告心理学的研究任务包括两个方面。其一是实践应用，不断地把心理学的理论与原理应用于广告实践，并在实践中发现广告活动本身特有的心理现象和心理规律，用于指导广告实践活动。一方面为广告的具体运作提供指导和理论依据；另一方面为培养广告专业的从业者提供指导和训练。其二是理论架构，在实践中不断地丰富广告心理学的理论，使其逐渐成为一门具有相对完整体系和内容的独立学科，同时还可以丰富其母体学科心理学的研究。

第二节　广告心理学的诞生与发展

一、广告心理学研究的初始阶段

心理学作为一门独立的科学，它产生于近代。19 世纪中叶，由于生理学的发展和实验方法的推广，心理学才逐渐形成独立学科体系，一般以威廉·冯特于 1879 年在德国莱比锡建立的心理学实验室为标志。心理学是一门独立的交叉学科，它既有自然科学性质，又有社会科学性质。作为心理学分支的广告心理学又是如何诞生的呢?

随着经济的不断发展，在广告实践中，人的心理活动越来越受到注意与重视。1895 年，心理学家 H·盖尔（H·Gale）开展了关于消费者对广告及广告商品的态度的调查，这可看作是最早的把心理学的研究用于广告实践的工作。1900 年 H·盖尔写了一本书，名为《广告心理学》，开始谈到广告活动中消费者的注意、兴趣等心理现象。这之后，美国心理学家 W·D·斯科特（W·D·Scott）提出心理学对广告工作大有帮助的见解，并做了相应的研究，在 1903 年他出版了《广告理论》一书，汇编了他的有关研究成果。现在通常把此书的问世作为广告心理学诞生的标志。1908 年，斯科特又出版了《广告心理学》一书，将此学科的理论更加系统化。与此同时，关于广告心理的实证性研究在哈佛大学心理实验室也正在展开，这是由 H·闵斯特伯格（H·Munsterberg）所做的，他对报刊广告的面积、色彩、文字、编排等对广告效果的影响作了实验研究。这些早期的研究，受到当时以生产者为中心的卖方市场的限制，主要局限在表层的心理活动中。到了 20 世纪二三十年代，由于无线电广播事业的发展，广播广告也有了很大发展，广告心理学在有关消费者对广告的记忆上有了较深入的研究，对如何使广告更加引人注意也有了更多的认识。

二、广告心理学研究的发展阶段

早期关于广告心理学的研究是在以生产者为中心的市场经济条件下进行的，研究的目的是用于卖方市场，为生产者服务。第二次世界大战以来，由于生产的大规模化，商品经济快速发展，市场竞争日益加剧。市场营销观念渐渐转变，从以生产者为中心转变为以消费者为中心。

美国学者舒尔兹（Don E.Schultz）用两句话来形容这种营销传播观念的转变。即以生产者为中心时，营销传播观念是“请消费者注意”；而以消费者为中心时，营销传播观念转变为“请注意消费者”。

仔细理解舒尔兹的这两句话，虽然只是词序上的变化，却反映出经营者整个营销理念上的重大转变。广告心理学也由此得到了更多的关注与发展。

在买方市场中，对消费者自身心理活动的研究越来越受到重视，尤其是 20 世纪 40 年代之后，开展了对消费者深层动机的研究，并取得了很多的成果。其中较有代表性的工作是在美国关于速溶咖啡的促销广告活动，由于心理学家的参与，获得了消费者不愿购买此产品的深层动机，从而修正了原来的广告定位，使广告大获成功（参见本章第三节投射法）。在这一时期，对消费者的潜意识也作了一定的探讨。随着科学技术和经济的不断发展，由于电视的普及，广告更成为一种宣传商品、促进销售必不可少的手段，于是广告心理学的研究成为这其中的重要研究内容之一。

与此同时，心理学与社会心理学的研究也取得了很大的发展。以霍夫兰(Hovland) 为代表的一批社会心理学家在关于态度转变等方面的研究取得了丰硕成果。心理学界正从行为主义心理学时代过渡到认知心理学兴起的时代。各种心理学派的理论因而有可能在广告活动中得以应用，并在实践中得到检验。20世纪60年代以后，西方发达国家在科学技术上有了飞速发展，经济高速成长，广告业也取得了迅猛的发展。同时认知心理学也迅速渗透到心理学的各个领域。因此，广告心理学同样获得了丰富的成果，具体体现在以下几个方面[①]：

1. 实证性的研究越来越多。研究成果大多发表在几个主要杂志上，如《消费者研究杂志》(Journal of Consumer Research)、《广告研究杂志》(Journal of Advertising Research)、《广告杂志》(Journal of Advertising)、《市场研究杂志》(Journal of Marketing Research)、《营销杂志》(Journal of Marketing)、《国际市场研究杂志》(International Journal of Research in Marketing) 以及相关的心理学杂志。

2. 研究的领域越来越广泛。包括广告的认知过程、广告表现与民族心理的关系、广告表现的心理效果分析、广告传播的心理机制、广告的说服技巧、潜意识与广告、广告的情感作用、广告对儿童的影响、消费者对广告的反应等。

3. 研究方法、手段越来越多，越来越先进。传统的研究以调查法、实验法为主要手段。现代的广告心理研究不仅继承了传统的研究方法，而且采用了一些心理学、传播学研究的新方法，如内容分析法、语义分析法等。对于传统的研究方法在技术上也作了改进和更新，采用了很多现代电子技术设备，如录音录像设备、严冬记录仪、心电图、脑电波分析仪、速示器等。此外在研究数据结果的分析水平也随计算机技术和统计学的发展有了明显的提

① 黄合水：《广告心理学》，东方出版中心1998年版。

高。在传播学很快发展的时代，由于新媒体的出现与发展，使广告心理学也开始关注网络广告。

第三节　广告心理研究的方法

在广告活动中，从开始收集资料到广告效果评估，几乎都要用到心理学的某些手段与方法。下面介绍几种常用的方法。

一、观察法

观察法的定义

观察法是在被观察者不被觉察的自然状态下，有规律地观察并记录其外部行为表现，如：表情、动作、谈话等，以此来分析其心理活动的方法。此方法基于行为主义理论流派的理论。行为主义理论认为，人的心理活动都表现在其外部行为上，因此可以通过观察分析外显行为来推测其心理活动。在广告中常常应用这种方法收集资料。例如，暗中观察行人对临街橱窗广告的各种行为反应，以便帮助判断广告受注意的程度及人们言谈中对它的评价。还可在实验室中观察被试的各种反应。这种方法由于观察者只能以推测来证明，而环境中各种影响因素也无法控制，因而它对广告效果的测量和对消费者购买行为的观察分析不尽全面。经常是观察法与其他方法一起结合使用。

观察法对分析与研究十分重要，它几乎是各类研究方法中一个最基本的手段。观察能力可以说是研究者一个至关重要的基本能力。

观察法的作用是搜集消费者在消费活动中的各种行为反应，主要指他们受到广告影响而发生的各类反应，以此作为第一手的事实材料。这些材料可以说是一切研究活动的一个起点，在此基础上进行概括、提炼和总结。观察所得结果还可用来检验假设，验证在某种广告活动中研究者的某种假想。例如，验证“小学生的日常消费在多数情况下是通过家长实现的”这样一个观点是否正确，可通过有计划地观察小学生的实际行为来获得。而这种假设正确与否，涉及到广告对象的确定及广告定位等广告活动的核心问题。

观察法的特点

1. 有目的性，有计划性

观察什么和记录哪些行为反应都不是盲目的，需要在观察前做精心的设计与准备。

2. 观察是在自然条件下发生的

被观察者（即被试）不知道自己的言行已被观察，因而其反应十分自然可靠，无任何掩饰。这种方法得到的材料是直接的、真实的。

3. 观察可借助一定的工具

除了观察者的各种感觉器官，如眼、耳、鼻、舌、皮肤等，还可借助各种器具。在广告活动中不仅是对人的观察，还有对商品的观察。广告人要以自身的各种感官去了解商品的特性，从中体会作为消费者对商品的认识。还可借助一些现代化的仪器和装置进行观察，如望远镜、显微镜、照像机、摄像机、录音机、眼动仪等，以克服人体感官的某种局限。

观察的步骤

在广告活动中，可对消费者的某种消费活动进行连续完整的观察与记录；还可依据一定的标准选取被观察对象的某些个别心理活动和行为表现，进行观察记录；或选择在特定的时间内进行观察记录来搜集资料。例如在一定时间和地点内观察人们对路牌或橱窗广告注意的频率，以确定广告的注意率；还可以配合事先制定好的评价量表对被观察者的真实的行为表现进行观察，作出判断。

观察法的操作步骤分为两步：

第一步是设计，即确定观察目的和具体观察内容，选择观察方法和制定观察记录表。例如观察街上行人对橱窗广告的注意率，在设计时可分为观察行人侧目观看、驻足观看及不予理睬三类，并设计记录表，以方便实际观察时迅速准确地记录这三类人的人数、动作、言语，便于确定总人数，以及各类人的比率，从而确定注意比率和注意程度。

选择观察的方法，即观察员用自己的主体感觉器官亲自观察还是利用仪器设备来记录。假如是观察员亲自观察，则应对观察员进行一定的培训。这种观察记录的工作看似容易，却并不是每个人都能胜任的，它要求观察员有一定的观察能力与素质。

第二步是计划的实施。按照计划要求执行观察，并对观察记录进行整理和分析，得出一定的结果。在广告活动中，观察法的结果常常是与其他方法的结果一并分析或进行统计处理的。在观察中应注意观察者的态度立场应是中立、客观的。另外观察记录表的设计要便于观察者记录，可选取一定的简易符号作为记录代码。

观察法的优劣

1. 观察法的优点

观察法的优点是得到现场真实直接的材料，在研究对象不配合的情况下(如某些被试在问卷或访谈时不予合作)，可用观察法收集资料。此法有广泛的优点，不受被观察者文化、理解能力的限制。而问卷法等要受到被调查者文化水平和理解能力的限制。此法可结合其他方法进行，如在实验法中，为了降低被试的顾虑，可用单向透视玻璃等技术手段进行观察，使被试感到放松自然。

2. 观察法的缺点

观察法的缺点是，观察的质量受到观察者本身经验和能力的影响；观察过程还有许多不可预知的因素影响，无法控制；观察法需要训练观察员和增加各种观察仪器，时间也较长；在观察设计上要求较高；观察得到的结果在信度、效度上难以保证。

观察法虽然有利有弊，但它仍是广告活动中一种不可或缺的心理学研究方法。

二、询问调查法

这是广告中常用的一种基本方法。在做广告策划时的资料收集和广告效果测评时常用这种方法。

询问调查法的定义

询问调查法又被称作访谈法，是通过与调查对象进行口头交谈的方式来收集对方有关心理与行为的资料。这种方法常常和观察法结合在一起使用，互为补充，要求研究者做到口问、耳听、眼看。这种方法最大的特点是，在整个访谈过程中，调查者与被调查者是相互影响、相互作用的过程，而不像观察法那样由观察者单方面进行观察活动。访谈法按照一定的原则来编制访谈计划。在一定程度上，访谈法能比观察法获得有关调查对象的更多的、更有价值的、更深层次的心理活动情况。

询问的技巧

询问调查可按照统一的设计要求或有一定结构的调查问卷来进行比较正式的访谈，提问的内容、顺序、方式、记录都有统一的要求。也可以只设计一个粗线条式的提纲，进行非标准化的访谈。在广告活动中的访谈经常采用后者。这种方式要求调查员（或称访问员）有较高的素质与能力。在这种访谈中的很多信息特别要求调查员采用追问的技巧获得。追问的主要功能是引导被调查者更全面、精确、深入地回答问题。

追问按目的可分为两大类。一类是为了获得更详尽的客观材料而追问，如“您还有什么补充的吗?”“您听谁说的?”等。另一类是为了获得更深入的对原因的解释，即探讨被调查者的内在动机。此时的追问可结合投射法来进行。如问到一些容易引起自我防卫的问题时，为了避免被调查者发生掩饰，可采用间接了解他人的问题或假设一种情境让被调查者想象，例如“您推测您的女友为什么使用这种产品?”“假如您是司机，您会选择哪一种?”“为什么要选择这种?”等等。

心理学研究认为，人们在看某物或某事时，总是会把自己的经验、看法等个人特征投射到对物或事的评价与分析上，因而可以透过他对某物或某事的看法来推测他本身的个人特征和内在动机。由于是分析他人或他事，因而不易引发自我防卫，可使这种反映更为真实。

在提问时，不应采用带有暗示性的问题，例如调查人们对某种胶卷的印象和该产品的知名度时，如果先问：“您知道有哪些牌子的胶卷吗?”再问：“您用过××牌吗?”这样，第二个问题就不会影响第一问的回答。假如把顺序颠倒过来，就可能提醒被调查者有××牌胶卷，而使对此牌的知名度比率扩大。

询问调查的具体方式

此法可以通过笔录和录音机记录两种操作方法，通常如果用录音机或笔记录，要在事前征得被调查者的同意，如遭拒绝可在事后追记。

询问调查法可采用单人面对面访谈的方式，也可采用几个人组成一个小组，由一个调查员组织在一起进行访谈与讨论的形式。例如，××牌婴儿纸尿布在美国销售时，起初，广告宣传突出其便利的功能，但效果不佳，销售量未见增长。于是，广告公司找到一些使用过此种纸尿布和未使用过此物的妇女，分别组成小组。8～10人组成一组，每组由一个调查员带领，在一起讨论关于纸尿布的问题。用开放式问题开始，问："觉得纸尿布怎么样?"使用过它的妇女便答："它方便。"追问："觉得怎么方便?"有人回答："用它很合适，不用再洗尿布了，也不会尿湿衣服被褥。"又追问："什么情况下感到方便呢?"得到这样的回答："外出旅游时最方便。"这一答案得到在场众多妇女的认可，此时调查员继续追问："还有什么情况下会使用纸尿布?"在场的妇女中有人想了一会儿说："婆婆不在时会用它。"这是一个非常值得重视的问题点，由于它的新颖使调查员继续追问下去："为什么要等婆婆不在时用呢?"答："因为婆婆看不惯。"再问："她看不惯什么呢?"或问："你推想她是怎么想的?"答："她可能觉得这样做，是只图自己省事。"……在这样持续的追问过程中，调查员透过对被调查者的仔细观察，发现说话的年轻妇女在说婆婆的看法时，神情有一种不安，其他人也有同感。这种不安从她们的说话中透露出来，她们虽然是在推测婆婆的看法，但其中也投射了她们自己的认识。即她们同样认为使用纸尿布，更多的是方便了妈妈，减轻了妈妈的负担，而是否对孩子有利却并不清楚，由此她们感到一种对孩子的内疚，同时也害怕被婆婆看成是偷懒不负责任的母亲，由此产生不安。在这种访谈中，调查员初步得出这样的结论，纸尿布不畅销的原因是因为许多妈妈只有外出旅行时才使用，而不是天天使用。其原因是她们认为这种尿布只是方便了妈妈，对妈妈有利，而对她们的宝贝有什么好处却不知道，因而她们害怕被他人认为是个不尽职的妈妈。由此，广告公司在进行新的广告策划时，找到了新的诉求点，即突出宣传产品对宝宝的好处，如其柔软速渗的功能可使宝宝免受尿布尿湿之苦；一次性使用可使宝宝干净卫生。由于这样的宣传，使许多妇女认为使用纸尿布更多的是为了让宝宝更健康，而不仅仅是为了自己图省事。由此而去掉了她们内心的不安，纸尿布成为妈妈们天天为婴儿使用的物品，销量大增。

询问调查法的优劣

这种方法的优点是可以进行深入、有针对性的调查；收集的资料有较高的可靠性；适用范围（即被调查者）广泛，只要能够进行口头表达即可；有较高的回收率和有效率。

此方法的缺点是要求调查员有很高的专业素质和能力。因为在访谈追问和观察中，调查员的引导十分重要。由于调查员素质与能力上的差异，收集的资料以及对资料的推论与分析会有很大的差异；有些问题不宜做面访，如涉及个人财产、经济状况及隐私方面的问题；这种方法较为费时、费力、费财；此法获得的资料不易量化；这种方法受到访谈环境及访谈双方情绪的影响较大。

三、投射法

投射法是心理学中一种内心研究方法。用来探讨消费者潜在的动机和情感。消费者接受一个可以用多种方式加以解释的模糊刺激，在其反应时会把自己通常隐藏起来的需要、期望、担忧情绪等投射到对这些客观刺激的解释上。调查者通过对被调查者的这些反应的间接推测，了解其内心的深层想法。

在广告活动中常用的投射方法有词句联想法、文章完成法、购物表法、绘画测验法、主题统觉法，以及在其他方法中使用的一些投射技巧等。

例如，由调查员先说某个常用字眼或商品名称，然后让消费者说出由此字词会联想到什么词，以此来了解消费者对商品的潜在需求和购买动机。这种方法可以不限制消费者，让其自由联想；也可给出一定的范围，在这个范围内选择。如：请说出当您听到下列字词时会立即想到什么商品？可把联想范围限定在商品范围之内。

还可依据调查主题设计一段未完成的文章，或若干不完整的句子，请消费者（即被调查者）把答案补充完成。如“我通常在____喝酒。”“常喝的酒是____牌的。”“在一起喝酒的其他朋友认为喝酒可以使人____”等。从这些填空补充中可以了解消费者的动机和态度。在这种操作中，应尽量避免使用第一人称和第二人称，以免被调查者担忧和产生自我防卫。

还有用漫画的形式进行的。在被调查者面前展示一幅消费者进行某种消费活动的漫画，要求被调查者填写漫画中人物的对话或依据此画编一则故事，以此推知其动机。

在广告心理学的实践中，有一则利用购物表投射法准确了解消费者动机的实例十分值得借鉴。这是在美国 20 世纪 40 年代对速溶咖啡做的广告宣传。此咖啡初上市时，广告的主题是省时方便，但销售毫无起色。于是心理学家设计了两张家庭主妇的食品购物表（见表 1－1）。①

表 1－1

购物表甲	购物表乙
1 听发酵粉	1 听发酵粉
2 块面包，一串胡萝卜	2 块面包，一串胡萝卜
1 磅 Neseafe 速溶咖啡	1 磅新鲜咖啡
$1\frac{1}{2}$ 磅碎牛肉	$1\frac{1}{2}$ 磅碎牛肉
2 听桃子	2 听桃子

在表甲与表乙中除了甲是速溶咖啡、乙是新鲜咖啡这一项不同外，其余全部相同。让被调查的家庭主妇（称为被试）看这两张购物表，并推测按这两份表购物的两位家庭主妇即甲和乙有什么特点。结果发现，被试对甲、乙两个家庭主妇的描述差异很大。对甲表中购买速溶咖啡的主妇甲的描述是喜欢凑和、图省事的妻子；而表乙中买新鲜咖啡的主妇乙被描绘成勤劳能干、喜欢烹调、热爱家庭的妻子。由此找到了速溶咖啡销售不畅的原因，是家庭主妇们不愿意被认为是懒惰的，所以不愿意购买速溶咖啡。因而，广告主题从宣传速溶咖啡的省时方便改为宣传速溶咖啡的美味可口，突出宣传其“百分之百的纯咖啡”，芳香新鲜。由此诱发了消费者的购买动机，使速溶咖啡迅速推广。从这个例子中可知，通过投射法可以了解消费者内心真正的想法，这点对广告策划来讲是至关重要的。

① 马谋超：《广告心理学基础》，北京师范大学出版社 1992 年版。

四、问卷量表法

通过制定心理量表，可以了解消费者对广告的态度；还可把广告可能产生的效果分成若干等级和类别，用分数表示。采用问卷形式让消费者填写，评定处在哪个等级，再经过心理统计分析结果，可得到广告效果的量化指标。

在广告策划中被广泛应用的DAGMAR法（即“Defining Advertising Goals for Measured Advertising Results”的缩写），是“确立广告活动的目标以便衡量广告活动的效果”。该理论认为，消费者在最后确定购买行为时，一般经过这样五个态度变化的阶段，即：第一是认知阶段，第二是理解阶段，第三是偏好阶段，第四是确信阶段，第五是购买阶段。因而可以透过对消费者态度的测量来评估广告活动的具体效果。态度测量既可了解消费者原有态度，也可了解消费者态度的改变。态度测量通常要用到瑟斯顿量表、李克特量表和语义差异量表。

心理量表由于是经过标准化的，有较高的信度与效度，其结果可进行量化的统计分析。

瑟斯顿量表

此量表是瑟斯顿于1929年制定的一种等距量表。这种量表建立的步骤为：

1. 拟定若干条关于态度对象的调查语句，通常在50条左右，如“××牌彩电的色彩逼真”、“××牌彩电的外观漂亮”、“××牌彩电的价格合理”等。

2. 选取一个足够大的代表性样本，有时多达300人，作为评定者，请他们按11点量表（即对每一题目从最反对到最赞同之间划出11个等级，得分为1～11分）去客观独立地评价每一题目，确定每题的得分。即所有评定者对此题得分的平均值。

3. 删除评定者认为意义模糊和评定者评分高度分散的题目，最后保留25题左右，构成瑟斯顿量表。

4. 用编制好的量表广泛施测所调查的群体。此时的记分即直接用评定人所确定的分数，如“××牌彩电价格合理”一题（项），如果评定者评定的平均分为9分，此时即为这一题目的得分值。此时这一题目的答案分为"是"或"否"，答"是"者得分即为9分，答"否"者不得分为0分。最后的得分即把赞同语句的得分加以平均，如果应答者赞同的语句为5句，每句得分分别为7、8.5、8.5、9、8，则得分为每句得分之和再除5，即为8.5。此被试的态度在"较好"与"好"这两个等级之间（11点量表的值为1—最差或最反对，2—很不好，3—不好，4—不太好，5—不怎么样，6—一般，7—还可以，8—较好，9—好，10—很好，11—最好或最赞同）。

瑟斯顿量表的优点是每一题上都有明确的态度强度分值；它符合统计学的原理；易于被试回答，因为每题都是"是"或"否"的选择；易于统计计分。然而此量表的缺点也明显，即编制过程十分复杂；11点量表也较难使评定人区分。因而现在许多关于态度的量表已改为5点量表（即5个等级）。

李克特量表

此量表由李克特（R·Likert）于1932年提出。此量表避免了瑟斯顿量表编制过程中的复杂性。它的具体步骤是先通过广泛调查，拟定一系列题目，再抽取调查对象中的代表性样本试施测，按5点量表评分（即：完全同意—5分，比较同意—4分，不确定—3分，比较反对—2分，完全反对—1分）；之后，按照与总得分的相关度来筛选题目，相关评分高的题目保留下来，构成量表。通常正式量表的题目在20个左右。

语义差异量表

此量表在广告活动中更为常用，它是由心理学家奥斯古德（C.E.Osgood）等人在1957年发展起来的。这种方法是了解消费者对产品包装、广告宣传的看法和对产品的实际感受等方面的主要方法。语义差异法是依据人的联觉和联想建立起来的。例如红色总是与温暖的、光明的结合在一起。此量表设计成7点等级语义区分量表，用来研究消费者对某一事物或概念的态度，或依据前后两次同一组被试在量表上反应的变化，找出其态度的变化。其具体步骤是用成对的两极性的形容词，评价研究对象（如某产品名称或某一概念）。通常确定3个评价维度，即性质（如好与坏，重要与不重要等）、力量（如强与弱、硬与软、浓与淡等）以及活动（如快与慢等）；再选择具体评价的子项目与数量，其比例可视所评价的事物或概念而定，每个维度通常在 3 个以上。

此量表是 7 点量表，即每个题目都用 7 个等级来评定。每题从肯定的到否定的两极，如从好到坏的评分依次为 7～1，共 7 个等级。得分越高，反映出被试对某一对象的态度越肯定。

例如，用此法了解消费者对××牌啤酒的感受与看法，可设计成语义差异量表，下面例举其中几项（见图 1－4）：

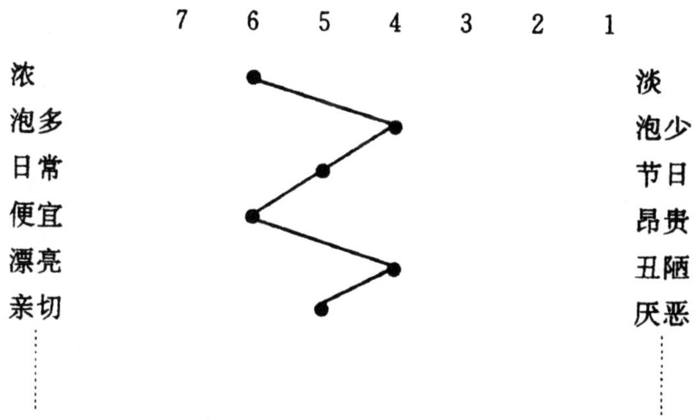

图 1－4

依据被测对象（或称被试）在每题的平均分画出上图。从中可找出消费者（即被试）对此种啤酒的感受与看法，例如他们认为这种啤酒的口味是较浓的，价格较便宜等。

语义差异法的优点是适用于有一定文化和经验的人群；实施与记分均方便；可在较短的时间内对众多的被试施测，省时、省力、省钱；结果可作统计处理，进行深入的数据分析，较客观地反映被试的主观态度。此方法的局限有，设计时要求设计者要全面考虑，否则容易造成一定的偏差；此量表要求每一题的两端形容词在意义上相互对立，因而在选词时也有一定的难度。

五、实验法

实验法是在观察与调查的基础上，在控制和改变某种条件的情况下，创设一定的情境，促使一定的心理现象产生，从而找出其发生的原因和变化的规律。它不仅是收集数据，还可人为地控制和操作某种变量。它可分为实验室实验法和自然实验法。

实验室实验法是在严格控制外界条件下，用心理学仪器在实验室中测定广告对消费者影响的客观指标的方法。如：速示器可用来测定消费者瞥一眼广告时所看到的广告的内容；眼动仪是用来测量广告对消费者注意力的吸引程度的客观指数；脑电图可研究消费者对广告是否有兴趣；还可依据消费者的皮肤电阻和瞳孔大小的变化测出他们看广告时的情绪变化。实验室实验中更多地依赖研究者的设计和科技手段的发展。

自然实验法是在日常生活情况下或模拟自然的情况下，适当控制外界条件，有目的地研究消费者某种行为与心理产生的原因与变化规律。在广告活动中，常用的方法如销售测验法，它是研究广告效果的方法。此法是尽量控制其他一切影响销售的因素，只让广告宣传成为惟一的外界影响因素。选择两个在各方面基本类似的区域（如某个地区或小城市），在其中一个区域进行某产品的广告宣传，该区作为实验区；在另一区域则无广告宣传，作为控制区；而两地同时投入某产品，经过一段时间，比较在这两个区域内产品的销售量。如果实验区销售量增加，且两个区域销售量的差异显著（可经统计检验得知），则表明是广告的作用。这种方法虽然有较高的可信性，但它费时、费力、费钱。

在测验广告效果时，还应用一种较简便的心理学方法，即模拟实验。例如，要测量报刊广告大小对广告效果的影响，可把大小不同、其他因素相同的各个广告登在样品杂志上，让被试一页一页地翻阅，速度不限。实验者可结合观察法从各方面研究被试的反应。如记录被试在每一页或某一页的某一部分花费的时间，并测量被试对不同大小的广告的回忆量等。

总之，实验法的方式有多种，可根据实验者的需要设计控制变量，从而达到研究目的。这种方法的特点是可透过这种人为的对变量的控制，揭示变量间的因果关系。因果关系即指某些变量是引起另一些变量发生变化的原因。相关关系是指变量之间有相互影响的关系。实验法有严格的设计要求，也有许多种符合统计要求的实验方法，此方面请仔细阅读相关的心理统计书籍。本书中不作更多的论述。

实验法中实验者是主动的，通过对自变量的一系列控制和对因变量的观察，可从复杂的因素关系中确认有关变量之间的因果关系，它有较高的效度。然而实验法中对变量的操纵难以避免人为化的影响，且在自然实验中对一些突发事件的影响也难以控制。这种方法要在大量的观察研究和测量的基础上实施。

对其结果可用计算机统计软件包，如 spss/pc + 进行处理。普遍应用的是对数据进行因素分析，找出其中某因素的影响大小，可分为单因素分析、双因素分析、多因素分析、多因素交互作用等。其中单因素分析即只改变一个因素，其他保持不变，如颜色对广告效果的影响；双因素分析即两个因素对结果的影响，如大小、颜色对广告效果的影响；多因素分析即两个以上因素对结果的影响，如电视广告中的颜色、音乐、情节、人物等多种因素对其效果的影响；多因素交互作用即两个以上的因素共同作用对结果的影响，如消费者对某个商品的态度的形成可从广告、文化背景、经济条件、商品本身等方面去考察它们的交互影响。

六、内容分析法

内容分析法是一种对第二手资料进行分析，用以揭示其中蕴含的规律的方法。[①] 它是传播学研究中的一种重要方法。在广告心理研究中，它常被用于广告活动的心理策略运用和民族心理差异的研究。例如，可以用此法比较理性诉求策略和感性诉求策略在某一媒体中的运用情况。

在广告心理研究中，还常常把内容分析法与其他方法结合起来，用于探讨广告作品的各种构成要素与广告效果之间的关系。例如，广告语的各种特点与其记忆效果之间的关系。

运用内容分析法进行研究时，常用的步骤有：

1. 确定要分析的问题，对每一个问题进行严格的定义，指定可以掌握、容易操作的内容分析标准和编码方法或评分方法。

2. 对现有的第二手资料（案头资料）进行科学合理的抽样，要求被抽到用于分析的资料具有代表性。

3. 对编码员进行训练，使其熟练掌握内容分析标准和编码过程，保证不同的编码员对内容分析标准的理解是一致的。

4. 对编码后获得的数据资料进行统计分析。

总而言之，在广告实践中有许多心理学的方法可借鉴和利用，用这些方

① 黄合水：《广告心理学》，东方出版中心，1998 年。

法可有效地了解广告对象对广告的注意率、记忆度等指标；并可测验消费者的动机与态度，以便能够有针对性地确定广告诉求内容；在广告的效果评估中也可进行有效地分析。

第四节　学习广告心理学应注意的问题

一、学习广告心理学的目的

看到前面的图表、条框、概念规则等等，会使有些人感到枯燥。而实际上，这只是给你一个概貌，并由此发现一些联系与问题，在以后的章节中会具体探讨这些问题。

如果看本书时，能够常常提出相关的某些问题，表明你已经进入了学习的状态，这些问题不仅有利于你在学习时理解、记忆与思考，而且可以使你进一步收集其他的书籍与资料，深入地探索并应用于实践。

广告心理学是一门心理学的应用学科，作为一门学科，它仍显得不够成熟，它更多的还是把心理学的研究成果应用于广告实践。因而，本书也着重强调此方面。在我的教学实践中，发现由于我国广告系的大学本科生没有开设心理学的基础课，因而我在授课时，把一些心理学的最基本概念和框架作了简略介绍，以期能够使学生头脑中形成某种图式。在本书中，我也假设读者没有学习心理学理论的经验，而对有关概念作了基本解释。

学习广告心理学的最终目的是学会以一种心理学的视角来看问题和从事广告活动。把你了解到的广告心理学的知识变成自己解决问题的一种工具，决不是死记硬背某个规则或效仿某个成功广告的范例。

二、学习广告心理学的原则

学习广告心理学时要做到既能“学进去”，又能“跳出来”。因此应注意遵守下面的原则：

系统性原则

参与广告传播的人在广告活动中的心理现象是一个复杂的系统，在研究探索其规律时应遵循系统性原则。

在中国的文化思想中，有“天人合一”、以“仁”为本等观点。所谓“仁”就是“人与人相互亲爱”[①]，是指人和人的关系。“天人合一”是说天和人的关系。可见在中国的文化思想中，非常重视对事物间的关系的研究，而对各种关系的分析正是一种系统的观点。中国的文化思想中十分重视各种关系的状态，追求一种和谐的效果。这正是一个系统可持续发展的状态。因此在中国的传统文化思想中渗透着深刻的心理学思想，即研究系统、整体的关系。因此在学习广告心理学时应沿袭中国文化中这种整体、系统地分析事物关系的心理学思想。

在此格外强调，虽然在现代心理学研究中借鉴了自然科学的研究方法，在研究中把各类心理学现象分开而论，而实际上，所有的心理现象都是统一在一起发生作用的，决不可割裂而定。在分析具体问题时要有整体系统的观点。

人的心理是个大系统。例如在广告中，不能只考虑如何吸引广告对象的注意，而不去考虑广告对象是否能理解、记住并接受。也不能只考虑广告的记忆度，而不顾及广告所引起的情感体验以及是否符合广告对象的需要等因素。因而在广告实践中，用心理学这种微观性的视角去指导时，系统的眼光是必备的。

同时从宏观上看，现代市场经济是整合式的，传播业也进入整合营销传播时代，营销也是一个大系统。此时广告不是营销的惟一手段，而是营销传播系统中的一个重要因素。在我国商品经济早期某个广告救活一个厂家的“神话”已不可能再发生了。广告要发挥其作用，就必须考虑在整个营销大系统中所处的位置，以及它与其他营销手段之间的关系与配合等因素。因此在学习与实践中，系统性原则时必须遵循的。

特定性原则

心理学的规则与“效应”都是有前提条件的，不是一成不变的，不可盲目滥用。前提条件变了，这些规则也会有相应的改变。这是因为人在生理和心理上具有适应性，即在一定的范围内，随外界情况的变化而有相应的变

① 《辞海》，上海辞书出版社 1979 年版。

化。因而在学习广告心理学时，在分析广告中人的心理现象时应遵循特定性的原则。把广告心理学的某个规则或“效应”应用于广告实践时，要具体情况具体分析，首先要分清它们是在何种特定的时空条件下总结出来的。然后再举一反三，根据现有的特定条件具体运用。

在市场细分化的时代，有效的广告一定遵循了其特定性原则，即针对特定的广告对象（who—对谁说），选择特定的时间（when—什么时间说）、地点（where—在哪儿说），传播特定的内容（what—说什么），并且满足其特定的需求与目的（why—为什么说）。广告还需要依据特定广告对象的具体的心理规律表现出来，使其更容易接受（how—怎么说）。把握住这些广告传播的具体要素，才可能使广告具有有效性。

因此把广告心理学的原理应用于广告实践时，应该把握特定性原则。

教育性原则

教育性原则是指广告中的元素（例如广告中所传播的某种观念、广告中所运用的画面、图片等）不应违反广告传播地区的受众所共有的文化道德理念。例如，某饮料的电视广告为了表达该饮料是老少咸宜的这一诉求点，设计了这样一个镜头：爸爸下班回家偷偷地喝了儿子爱喝的饮料，儿子发现后不依不饶、大叫起来，爸爸一脸迷惑与委屈，说：“我难道就不能喝吗?”这个广告虽然表现了该饮料的老少咸宜，但同时也传达给孩子们某种对待父母的态度，即好吃的东西只能我自己吃，父母是无权吃喝的。这种态度与我国悠久的传统孝敬父母的理念不一致。

广告在表现诉求观念时，要考虑传播地区的文化道德理念，尽可能起到积极的作用。例如，在中国如何使独生子女在生活中学会关爱他人，是现代教育的重要方面。许多广告在这方面起到了直接或间接的积极的导向。如佳洁士牙膏的一则电视广告：妈妈牙疼，小女儿砸碎了心爱的储蓄罐，给妈妈买了一支佳洁士牙膏。广告中既表现了佳洁士牙膏洁齿护牙作用，又传达出孩子对妈妈的爱。

又如，雕牌洗衣粉的电视广告：妈妈下岗了，出去找工作。小女孩想，妈妈总是唉声叹气，我要给妈妈一个惊喜。妈妈说雕牌洗衣粉只用一点就能洗得特别干净。于是小女孩用雕牌洗衣粉把衣服洗干净了。并给妈妈留下一张字条：妈妈我能帮您干活了。妈妈回家后热泪盈眶。这则广告既传达出雕牌洗衣粉的功能优势，在叙事表现上也符合了我国优良的道德理念。

同时也应该注意广告对儿童在观念形成及语言理解等方面的潜移默化的影响。例如某些广告随意改动有固定用法的成语或有特定含义的词语，影响了分辨能力较低的儿童正确地理解这些词语的真正涵义。我们可以在许多场合（如报刊杂志）中看到教师、家长及社会各界人士对此的批评意见。例如在《国际广告》杂志 2001 年第 6 期上第 114 页有篇标题为《"玩美女人"广告出格》的文章，文章指出在某地的地铁走道里，"一幅巨大的灯箱广告赫然印着'玩美女人'，这是一幅内衣广告，取的是其谐音：'完美女人'竟然成了'玩美女人'。"

我们在做广告时应该尊重教育工作者的合理的意见，时刻记住广告是传播的一种形式，它不仅有商业的目的，同时还具有对大众理念的潜移默化的影响。广告在促进营销的同时，还传递着某种概念。这些观念对广告受众尤其是儿童受众的价值观有着一定的影响，因此广告中所传递的观念应符合传播地区当时的文化道德标准。这样的广告也更容易被广告受众接受。近几年我国出现了许多很好的公益广告，他们对大众道德理念的提高起了积极的影响。

第二部分

这部分是对广告受众的心理分析。

广告是要有目的地影响广告受众的心理，并且尽可能使其传播达到自己期望的效果。要想做好它，重要的是确定两点，即：广告“说什么”和“怎么说”。

本部分重点阐述了以下的问题：

一是分析了广告“怎么说”才能符合广告受众的心理规律，使其更好地接受。

二是剖析了广告“说什么”（即广告如何定位）才能符合广告受众的心理需求。

三是论述了广告怎样影响广告受众的态度变化。

第2章

广告成功的心理基础

第一节　广告受众的注意

一、广告成功的第一步

让我们想这样一个问题：每天早晨当你睁开眼睛到晚上闭上眼睛入睡，这期间会看见多少个人？你会想到早上睁开眼会看到自己的家人；上班或上学的路上会看到迎面而来的、行色匆匆、千姿百态的，甚至成百上千的许多行人；职业不同的人在自己的工作中会接触到各种不同的人；凡此种种情形下，估计你会在一个工作日中看见数以百计、千计的不同的人。然而等你晚上入睡前闭上眼睛回想一下，你能在头脑中记住几个与你擦肩而过的行人的印象呢？回答肯定是寥寥无几的。广告信息对广告受众来说正如那些每天与你擦肩而过的行人，大多数是你看见的，但又没有在意识状态下加工并留有印象。只有极少数可能被你注意到，加工并留下印象。由于现代社会广告信息越来越多，对广告受众的注意的争夺也越来越激烈。就像第一章我提到的美国多年前的一项调查表明，每个美国人平均每天要在1500多个广告的包围之中，实际感受到的广告不到100个，而有意识地注意到、并在头脑中进行加工的广告只有十几个。只有那些被注意到、进入意识层面加工的广告才能更直接地影响广告受众的心理。

时下有个经常被引用的名词："注意力经济"，又有称"眼球经济"，指的是在当今信息纷繁的世界中，只有那些引起人关注的信息才能被人加工理解。就像前面所说的那些数以百计的与你擦肩而过的行人，能够留下印象的寥寥无几。换句话说，只有那些引起人注意的信息才能被加工、记忆和接受，进而才能产生经济效益，因而称注意力经济。研究认为，人的视觉系统接收的信息比其他感受系统更为多些，因此如何吸引人的眼球注意成为影响其经济的重要的第一步，所以又叫眼球经济。广告要想成功，无疑要从人的注意入手。

研究发现，广告信息作用于广告受众的感觉器官时，只有在注意这种有意识的觉醒状态下，广告受众才会进行信息的加工；在未注意的状态下，广告信息一是自行消退，二是进入广告受众的潜意识，当然也会对其潜意识形成一定的影响。然而，通常情况下广告传播更希望获得的是在广告受众的意识状态下，广告中的信息被其加工、接受，进而发生效力。由此看来，广告对广告受众影响的第一步是要引起他们的注意。日本学者顺腾久说："要捉住大众的眼睛和耳朵，是广告的第一步。"从这个意义上讲，广告成功的心理基础是引起广告受众的注意。

在广告界有一个被认可的关于发挥广告心理功效的原则，称为"AIDMA 原则"。即 1.A——Attention，吸引注意；2.I——Interest，引发兴趣；3.D——Desire，激起欲望；4.M——Memory，强化记忆；5.A——Action，促成行动。又有学者把此原则改为"AIDCA"，其中 C——Conviction，即取得信任。在这个原则中的第一步即吸引注意。可见，从广告对象接受心理上讲，广告能否吸引广告对象的注意是其成败的心理基础。

在此处再次强调"广告受众"和"广告对象"这两个概念的交叉与重合。具体到某一个广告时，广告受众是泛指能够接触到此广告的人；广告对象指这个广告所要针对的特定的目标人群。本书中，很多是"广告受众"和"广告对象"二者重合的情况，因此在此情况下这两个概念是通用的。从消费市场的角度看，"广告受众"和"消费者"这两个概念也有重合。

二、广告受众的注意及种类

绪论中谈到，注意是人的一种心理状态，它为心理过程提供一种背景状态。人在接收和加工信息时，是依赖一定的背景状态的。如在清醒的注意状态或非觉醒的睡眠状态下，认识过程的规律是不同的。

注意是心理活动对一定对象的指向与集中。例如，在你学习或工作时，你的心理活动或意识会指向和集中在你所需要的对象上，就像学生上课听讲时，不是四处张望什么都看，他的视觉聚集在看老师的一举一动和老师的板书，他的听觉也集中在听老师的讲解上。这时候，他是有选择地把自己的感知觉、记忆、思维等心理活动指向和集中在老师讲课的内容上。这种注意是由于工作与学习的目的而有意进行的，它可能还需要意志努力克服一些困难。比如，学生上课时想喝水，但却努力克服不去注意寻找水源，而集中听讲。像这样的有目的、有意志努力的注意被称作有意注意。

请想一想，广告受众对广告的注意是否与刚才所说的学生听讲时的注意状态一样呢？

当消费者已经做出决定要购买一种商品时，为了买到自己更满意的产品，他会主动寻找有关这类产品的广告信息。尤其当他要买的产品对他具有较大的意义时，如汽车或房子等。这种意义越大，越会使他主动地、有目的地注意有关广告，并用意志努力，克服一些困难，四处搜寻有关信息。这个时候，广告受众对广告的注意与刚才听讲的学生听讲时的注意一样，称为有意注意。

在更多的情况下，消费者面对广告信息是在一种被动的情况下，广告是单方面的向广告受众提供他们可能当时并不需要购买的商品信息，以期激发他们的某种购买欲望。这种注意的情形正是广告受众对大多数广告采取的注意状态。即：无目的，不需要意志努力的注意，把它称为无意注意。

假如你是按照一定的目的在街上寻找一个人时，例如寻找一个穿红色外套的女孩子，这种注意就是有意注意。广告受众对广告的注意状态如果是有意注意，当然是广告所期望的，然而这种注意取决于消费者个人当时是否有购买某种产品的动机。在有了购买动机的情形下，消费者希望从广告中获得的是有关产品本身全面的信息，这时，即使关于此商品的广告做得“不够艺术”，只要它传递出有关商品的某种信息，消费者都会主动去了解关注它。

而每一个广告的广告主都期盼在消费者不需要自己产品的时候，也能够注意到它，并且记住它，甚至由于广告的诱感而变得十分需要它。这使得广告所面对的绝大多数的情况，是广告受众在无意注意的状态下能否被广告所吸引。

还有的情况是某些人对广告有很浓厚的兴趣，对广告的注意处在一种有目的、有意识的关注，但不需要意志努力克服困难的状态，这种注意称为有意后注意（随意后注意）。许多广告人或广告爱好者对广告的注意就是处在这种有意后注意的状态。而大多数广告受众对广告的注意是有意注意（又称随意注意）和无意注意（又称不随意注意）状态。这三种注意状态是可以相互转化的。

三、广告受众注意的功效

注意是人的一种定向反射。当这种反射发生时，大脑皮层相应的区域即产生一个优势兴奋中心，优势兴奋中心使其相邻的大脑皮层区域出现抑制，从而使在优势兴奋中心内暂时的神经联系更容易建立。也就是此时优势兴奋中心保证了人对这个注意对象的心理加工活动。当外界刺激发生变化时，优势兴奋中心就从一个区域转移到另一个区域，优势兴奋中心的转移，就是注意方向的转移。大脑皮层上优势兴奋中心的出现，决定于刺激物的新颖性和刺激物对有机体的意义。

注意具有指向性与集中性的特点。

注意的指向性指人的心理活动具有选择的功能，它使人的心理活动在每一个瞬间都能够选择某个特定的对象，同时离开另外一些对象。广告受众在觉醒的任何时刻都可以从众多的广告信息中，选择出某个广告作为注意的对象，并且使心理活动在这个广告上保持一段时间，使得认识活动能够对它进行加工。广告受众的选择受到其兴趣、需要等个性倾向性的影响，以及广告信息自身特点的影响。注意的集中性，指离开一切与注意对象无关的东西，并且对干扰注意对象的刺激产生抑制作用，以保证注意的对象能够得到鲜明和清晰的反映。它体现出注意对心理活动的调节与监督功能。如果说广告受众注意的选择性是指其心理活动朝向某个广告，那么集中性就是指其心理活动在这个广告上活动的强度或紧张度。通常情况下，广告受众对某个广告的注意的紧张度是较低的。

广告受众对广告的注意具有以下的作用：

选择作用

在现代纷繁复杂的商品世界中，广告更是形形色色，五花八门。消费者不可能全部注意，他们的注意点往往是那些符合他们个人需要、兴趣，与自己有关联的和有意义的广告信息。众多的广告就像参加选美比赛的美人，只有那些被注意选择到的才能进入下一轮比赛。

维持作用

消费者在为购买而注意到某种商品广告时，其意识会保持到完成这一购买行为为止。广告受众在注意某个广告时，会保持一段时间，这使得他的感知觉、记忆、思维与认识活动能够有效地进行。注意的这一功能保证了其在传播活动中的各种心理过程得以完成，这样就为广告效果的发挥提供了前提。

对于不同年龄的人，其注意保持的时间长短是不同的。儿童注意在时间上的稳定比成人差。有人研究发现幼儿很喜欢看电视广告，这与幼儿注意稳定的时间短有关。由于电视广告的变化快和时间短的特点比较适合幼儿注意的特征，使得幼儿爱看各种画面变化快的电视广告。虽然他们可能不完全理解广告的意思，但仍会盯着广告画面看。由于存在这种现象，提醒广告人在做广告时，要肩负一定的社会教育的责任，因为广告传播会对儿童的各种价值观念的形成起到一定的潜移默化的影响。

调节监督作用

广告受众在注意到某个广告活动时，对其他干扰活动进行纠正，使其沿着原来的方向进行。如果注意极易分散或不稳定，则无法有效地获得广告信息。在广告受众无意注意时，这种调节监督作用的大小与广告的质量和心理效果有直接关系。

既然广告受众对广告的注意有这么多重要作用，那么广告要如何才能吸引其注意呢？

第二节 广告引起广告受众注意的方法

想想本章开头的例子，在你一天中看到的众多的陌生人里，能够让你想起来的那寥寥可数的几人是什么样子的呢？你会注意到有突出特点的人，如漂亮的、丑陋的、穿着打扮奇特的等等；再有就是和你发生了某种联系的人，如向你问路的人等。广告要想吸引广告受众的注意也要做到有一定的特点。

如果广告受众对广告的注意是有意注意，那么广告要满足其已有的要购买某种商品时所带有的对商品信息的需求。例如一个想买房子的人，在搜索房产广告时，会对房子的位置、环境、结构、价格等信息更感兴趣。但是更为常见的情况是，广告受众对广告的注意是处在无意注意的状态。在无意注意的状态下，可假定这些广告受众是一群对广告没有耐心的聪明的人。那么如何使他们注意到广告信息呢？这个问题可以从两个方面来分析：一个是广告信息这个客观刺激物；另一个是广告受众的主体反应。

一、广告信息的特点

广告受众对广告的注意是以无意注意为多。无意注意是一种定向反射。定向反射是由客观环境中的刺激所引起的有机体的一种应答性反应。因此，广告作为对广告受众的刺激物，其本身的特点，会影响广告受众对它的注意。例如广告信息的新异性、活动变化性、对比性和广告信息的刺激强度等。

新异性

喜新可谓人类的本性之一，它源于人类先天的一种无条件反射——探究反射。人对新异的事物有一种先天的趋逐的倾向，这是人的好奇心理。

广告作为对广告受众的刺激物，如果新鲜奇异，会吸引广告受众的无意注意。但是新异不能过度，不能只为求新而超过广告受众的理解接受程度。应做到既出人意料，又合情合理。广告信息的新异性可以表现在广告的各个方面，例如画面构图、创意情节、观念领先、广告人物、广告形式等。

当新异刺激出现时，人就会产生一种相应的运动，将感受器转向新异刺激，以便感知这一刺激。从感知觉的角度讲，广告受众如果长期接受类似的刺激，对其差别的分辨能力将随之下降。习以为常的刺激，不易引起较高的兴奋。一旦广告受众对某类广告习以为常、熟视无睹时，对它的反应也是淡漠的，这时只有新奇的刺激才能引起他们的关注。美国“美林证券分司”长期使用某个固定的电视广告片，效果平平。为了重新唤起广告受众对其关注，他们特别策划，创意出一个出奇不意的新的电视广告：一群健壮的牛对着镜头扑面奔腾而来，同时配上牛蹄踏地的动人心魄的隆隆巨响，使人感到耳目为之一震。随之推出“美林认为美国的行情看涨”的字幕。狂奔的牛群，暗示了证券市场上的“牛市”，表明美林会让你牛气冲天，财源滚滚。用震耳欲聋的模拟真实的牛群狂奔的隆隆声代替以往优美的音乐，新奇独特，令人耳目一新，一下子就抓住了广告受众的视听，使美林证券声名大振。这则广告之所以取得较好的成效，不仅是因其新奇的视听刺激，还有什么重要因素在起作用呢？请思考一下这个问题，在后文中会有分析。

下面还是再看看刺激物的新异性带来的吸引力。这是一则美国加利福尼亚州播放的为凌志赛车制作的电视广告，赛车当然要突出其性能好，马力大，若用平常思维一定是车在路上跑，而本片突破这种思维惯性，让汽车爬楼，片中赛车沿着一幢40层高的写字楼外墙爬了上去，最后停在了楼顶标有“总裁”的位子上。可谓新奇夺人。

再如《今日管理》杂志的一则印刷广告，画面是一位老板式男性坐在一个椅背燃起熊熊烈焰的椅子上，悠闲自得。椅子放在高山上，背景是蓝天白云，由于主人公从容自信地坐在椅背燃烧的椅子上这一反常情境，吸引了消费者去注意它，在主人公的椅子下面和他的头脑旁边写着广告语：“下次即使身坐热锅，也会头脑冷静。”①

这种新异性引起注意，不仅表现在感知觉上的变化，还表现在在观念上的领先。例如下面的例子：这是一则清香油在台湾的报纸广告。中国人素来喜欢吃炒菜，而炒菜则会有油烟，不仅使厨房很油腻，而且很呛人。于是除了厨房天天擦抹，还要安装抽油烟机。通常以为这样减少了油烟，就会轻松食用美食了。然而据最新的科学研究报道，油烟可能导致肺癌。此广告即从

---

① 《国际广告》，1995年第3期。

这一新观念出发，诉说其清香油无油烟，只有水烟的独特特性，而避免了许多食用油广告突出“此油做菜特别香”这一常用的诉求点，在观念上产生新异，引起广泛关注。在工作学习中也有这种情况，某一种新观点、新思想问世，总会引起一阵轰动，这正表明人们对新异观念的注意。

然而值得注意的是，这种观念的新异，在广告中运用不可过分超前，广告不是超现实主义艺术品，广告的标新立异如果脱离了其广告对象的文化背景与旧有观念，则可能因不被理解而受排斥。

例如，曾在台湾获4A广告创作银奖的台湾联广为SAMPO微波炉创作的一则广告，以“我家的猫煮了一条鱼”这一新奇的广告语和夸张的表现手法醒目地展示了SAMPO微波炉操作之简单的特点。然而在天津进行广告推广前的小范围测试时，不仅消费者表示无法理解，甚至一些广告同行也认为“太离奇”、“哗众取宠”。可见观念的标新，要有许多附加条件。

广告的新异可表现在形式上，如《中国电视报》1993年3月9日有一则广告，整个版面只有左上角一行字：“如有需求者，向阳一照看，便能找到希望”，其余部分全是空白。而在此页的背面是一则反印上的健胃药品广告。当读者按广告正面的小字提示把报纸对着阳光看时，此页背面的药品广告，即在广告空白位上显现出来。此广告一经登出，由于其形式新颖，很引人注意，相对其他单调的药品广告而言，获得了读者更多的关注。然而由于广告页背面的反印的广告字和广告页正面提示不够明确，也使部分读者误以为是报纸印刷错误，而打电话给报社。无论如何，形式的新异会引起读者更多的注意。

因为新异会引起注意，尤其是无意注意，于是广告人挖空心思想新招。你看到一个人在地上站着不以为然，但如果看到一个人倒挂在房顶上，则会格外注意。于是在广告大师的作品中，为了突出某种粘合剂的强力效果，在电视中把一个人倒立起来，鞋底涂上胶，粘在房顶上，于是此人就倒挂在房顶上了。这种创新引起消费者对产品效果的称奇，因而达到了广告的目的，可谓匠心独运。

活动变化性

请想一想在生活中，假如你观察别人的面部表情，你最先注意什么部位？答案肯定是眼睛和嘴，你为什么不去注意他的鼻子或额头或下巴呢？原因是眼睛和嘴的活动变化最大。同样，消费者对广告的注意也受到刺激物活动变化的影响。广告中的各种刺激物的变化性有不断变化和突然变化两种。不断变化指按一定的时间频率或空间位置有规则地连续变化，如霓虹灯广告忽明忽暗闪亮的图形与字体，要比静止不动的更能吸引广告受众的无意注意；突然变化指突发性的、没有固定规则的变化，就像一个人用惯了一种音频说话，突然改变了自己的音频时，往往最容易引起听者的注意。广告中常用这种突发性变化强调突出宣传的重点。

对比性

万绿丛中一点红，最能引人注意。记得有篇著名的小说《陪衬人》中描写漂亮女人如果在丑女的陪衬下，才更显得美丽。广告中常常用这种对比的手法，达到吸引消费者无意注意的目的。这种对比有颜色对比、声音对比、大小对比、空间对比等等。而颜色的对比用得最多。例如日本制造的“山水”牌音响组合系统在香港《文汇报》上的一则报纸广告，以气势磅礴的大瀑布的摄影照片充满整个广告，把底色印为深蓝色，而把瀑布印成黄色。蓝、黄二色的鲜明对比，使其在整版报纸中更显突出，在画面的右下角出现山川音响的实物照，广告语是“磅礴气势迸发非凡感受”。此广告以色彩鲜明的山水风景照突出了音响的品牌与品质。

还可以利用空间的对比来突出产品，增强广告受众的注意效果。在香港《文汇报》上有这样一则售楼广告，整版广告画面上只有一只飞翔的可爱的小鸟，在小鸟身后有这样几个字“阳光—清泉—碧草—美景在山庄……”画面中的其余部分是大片的空白，只在右上角注明“发售在即”，在画面最下面有联系的地址。这则广告由于大片的空白而显得与众不同。通常的售楼广告常常是有关楼宇的剖面图、平面图或透视图充满广告版面，以期尽可能多地告诉广告受众有关信息，这对已经做出买房决定的消费者是十分有效的，然而对那些对买楼没有更多考虑的潜在消费者却没有多少吸引力。上述这则广告则一反常态，以大面积的空白位来突出中心信息。空白位指广告四周的空位，适度的空白位可突出主题，产生对比的效果。上面这个广告的空白位不仅造成了强烈的对比效果（在密密麻麻的报纸版面中，空白更能引起注意），而且，还利用空白给消费者以想象的空间，并用简洁的词语制造一种浪漫的气氛，使得广告受众很想亲自去看看。

还可利用广告中文字大小的比例来突出主题，增加广告受众的注意。例如麦当劳在新加坡的印刷广告，用不同字体来突出“麦当劳”和其汉堡包“巨无霸”，并且在字词排列上不是一行一行的整齐排列，而是散乱放在一起，让消费者自己去读顺它。就像青少年都十分喜爱的一种串字联句的游戏一样。[①] 这样的设计既利用了字体大小对比吸引广告受众，又十分符合其广告对象——青少年群体的爱好特点。因而广告中全面考虑各种因素十分重要。

广告信息的相对强度

按照条件反射规律，刺激物在一定限度内强度越大，引起的兴奋越强。在广告中刺激物的强度包括色彩的明暗、声音的高低、节奏的快慢、版面的大小等等。值得注意的是，此强度指相对强度，即指某一刺激物与其他同类刺激物的强度相比较而言。例如，广播广告中常用与平常说话不同的音频来播广告语或用混声等造成与日常或平常播音效果不同的声音，以引起注意。同一个广告在不同强度的背景环境中会引起不同的注意效果，例如声音嘈杂的背景环境和宁静的环境下消费者对同一则广播广告的注意肯定不会相同。

广告信息呈现的方式、信息量和速度

人的注意是有范围的，这个范围被称为注意的广度，指在同一时间内能清楚地把握对象的数量。用速示器进行实验，证明在1/10秒时间内，正常成人一般能注意到8个左右的黑色圆点或4～6个没有联系的外文字母。因为在1/10秒内呈现刺激，眼球还来不及转动，在这种情况下，把握落入视野的全部对象几乎是不可能的，只能对某些对象有清楚的视觉印象，此时注意的广度也就是知觉的范围。研究发现，注意的范围与注意主体的活动和知识有关，还与刺激物的特点有关。刺激物排列越集中，越有规则，越能相互联系，则注意的范围也越大。因而在广告中，广告信息呈现的方式对广告受众的注意范围有一定影响。假如想让广告受众注意更多的信息，要十分重视信息排列的方式和相互之间的关联度，而且还要使信息与广告受众已有的知识有关联。即使这样做到了，针对无意注意下的广告受众，也需要冒一定的

---

① 《中国广告》，1997年第1期，《中国广告》杂志社。

风险，而且呈现的信息量要限定在一个范围之内，不可无限增多。

心理学家R·E·陶布曼通过计时器连续呈现出1～10次短促的闪光或声音，叫参加实验的被试报告看到或听到的次数。实验结果表明，刺激的数目越大，呈现的速度越快，被试报告的错误就越多。这种倾向对视觉刺激更为明显。受此研究启发，在广告中，如果在一定时间内出现的信息量过多，呈现信息的速度过快，则广告受众反而不能清晰地注意到广告信息的内容是什么。

二、选择广告的位置

广告的位置包括广告的空间位置与时间位置。广告的空间位置，以报刊广告为例，指广告所占整个报刊版面的比例，又指广告本身面积的大小。国外有研究认为，广告画面的尺寸扩大了会使读者的注意加大，但二者并未构成正比关系，还受其他因素的影响。广告的时间位置，以电视、广播广告为例，通常在收视率、收听率较高的黄金时间段中播出的广告，更容易被广告受众注意。

三、增加广告的重复率

增加广告的重复率包括广告出现频率的增多和同一广告中主题的重复。广告出现频率的增加，会扩大消费者对广告注意的机会。以电视广告为例，电视广告“决定性的注意瞬间”是在最初的3～7秒。如果在这一瞬间不能有效地抓住消费者的注意，则很难在后面的时间再引起广告受众的无意注意。国外广告设计者研究认为应在0.3秒下功夫，人眼扫瞄一下电视画面的时间约为0.3～0.4秒，户外广告的阅读率约在3～4字/秒和4～6字/秒。如此短暂的瞬间，但却如此重要！既要在广告的内容、形式上下功夫，又要增加这瞬间出现的机会。广告的重复对此十分有效。如果有效地把握住了这一瞬间，而此后却不能进行主题引导与重复，广告受众的注意力有可能渐渐减弱或转移，因而还应在同一广告中适时地重复强调主题，使广告受众能保持对广告注意的稳定性（稳定性指对注意对象指向与集中的时间长短），从而对广告内容产生深刻的印象。

四、符合广告对象的兴趣

广告受众的注意具有选择功能，而这种选择常常是依据自己的兴趣爱好而定的。广告受众在众多的广告面前，为什么单单注意了甲广告，而却未注意乙广告、丙广告呢？原因很可能是甲广告引起了他的兴趣。现代广告不是把所有的消费者都设定成广告对象，而是每一个广告都有一群特定的广告目标群，即它的广告对象。就是每个广告都应明确是要对谁说，这样才能更好地找出广告对象的兴趣点。

例如以NBA为品牌的体育用品专卖店要做聘人广告，征聘职员加盟专卖店的连锁店，以销售NBA的产品。此广告为台湾的报纸广告。广告画面是一群各具姿势排列一行的NBA篮球运动员，他们神态各异，身着有NBA标记的运动衣，十分潇洒。在这一排运动员中间有一个只画着运动员身体轮廓的人形图案，在它上面写着："这一次，我们要的不是梦幻球队，是你！"在它脚下是具体的征招说明。初次看到这则报纸广告的男性阅读者，都会被吸引，他们可能以为是著名球队来台湾表演赛的广告，因而十分仔细地阅读广告。这则广告利用男性对球赛的普遍兴趣，吸引男性注意而达到让他们仔细阅读的目的，并以运动员的雄姿与NBA的响亮名称，暗示读者加入NBA专卖店能使他感到骄傲。

了解广告目标群共有的兴趣并使广告符合他们的兴趣，则可提高他们对广告的注意度。

五、运用幽默增加广告的趣味性

增强广告趣味性的途径有很多，其中幽默是一种十分有效的方法。近年来幽默型广告日益增多，它常以漫画、卡通、拟人、夸张、变形、一语双关等等手法传递广告信息。例如，某打字机的广告语："不打不相识"；某电扇广告："××牌电扇是'吹'出来的"；法国一印刷公司的广告语："除了钞票，承印一切"；法国的克隆堡啤酒广告："法国的阿尔萨斯（啤酒产地）人十分婉惜地宣告，珍贵的克隆堡啤酒正源源不断地流向美国"，"阿尔萨斯人诚恳地要求美国人不要喝完我们的克隆堡啤酒"，"阿尔萨斯人真舍不得让克隆堡啤酒离开他们"；西德啤酒"你可见过有人在看西德啤酒广告时，起身上厕所吗？"这种语言上的风趣幽默可使单调的文字变得生动有趣。

幽默表现在画面上，常表现为漫画、卡通摄影等方式。如流浪的三毛漫画下面幽默地写着“大桥牌牙刷，一毛不拔”。再如 ELBEO 绅士袜，画面中一位绅士以袜子替代领带挂在脖子上，他的西服中写着广告标题：“足下的领带”，幽默地点明袜子是脚下的“领带”，要像对待领带那样对待绅士袜。

幽默会使人感到出乎意料，富有戏剧性。假如你在街上看到小吃店门前的广告牌上写的不是美味食品，而是“如果你不进来”，你肯定会驻足去想，我不进去那又怎么样呢？接下来的广告语是：“你我就要饿死。”这种幽默会使你回味无穷，这正是日本某家小吃店的广告。正因为幽默而又富有戏剧性，电视中常常用喜剧的情节来增加广告的趣味性。例如美国一部电视广告片是推销不用开瓶器的啤酒。画面上一位五十多岁其貌不扬的人用手拉开了瓶盖，面向观众说：“从今以后，我不必再用牙齿来开瓶了！”然后得意地张嘴一笑，人们却发现他少了两颗门牙。这种富有喜剧效果的表现，可引起观者的强烈共鸣。

幽默虽然可以提高广告受众对广告的注意及记忆效果，但幽默也不可滥用。与一些严肃的、涉及人身安全的，或关于疾病、死亡等有关的商品，不宜使用幽默形式。幽默也不是低级趣味。例如某个印刷广告是推销女式裘皮大衣的，画面中一位美丽的身着裘皮大衣的女士，拿着手枪对着你，文案是：“你可以取走我的金钱，也可以占有我的丈夫，但要是你胆敢碰一下我的裘皮，你就死定了！”另外，制造喜剧效果不可过分，如果引起哄堂大笑，却忘了广告的商品，这不是广告所追求的。

六、增强广告的艺术性

美的东西会首先被人们所注意，就像在本章开头部分所说，在迎面而来的众多陌生的行人中，通常你会被某个符合你审美标准的人所吸引。对美的追求是人类的一种本性，它始终存在着。而艺术可以给人们带来美的享受，可以满足人们追求美的需要，因而增强广告的艺术性，使广告受众产生美感，满足其对美的追求，自然可以吸引其注意。广告受众注意某个广告，其实质一定是广告符合并满足了广告受众的某种需求。如果广告十分符合纯艺术要求，是否就能获得成功呢？

请看下面的例子，这是奥妮首乌皂角洗发露的一部电视广告片（奥妮武打篇)，电视画面中以含蓄、飘渺的东方情调表现了现代人遐想传统武打场面中黑发飘逸的场景，一组组美仑美奂的画面和精彩的武打场景立刻吸引了消费者的注意，很多人以为是部古装武打影片，甚至有些广告受众依据其人物衣饰认为是明末清初的武打片。广告人物在一招一式造型优雅的武打后，推出首乌洗发露的产品形象，使广告受众在美丽的虚幻气氛下感到了迷惑不解。这部电视广告片虽然极力制造出一组组绝美的画面，以期迎合广告受众对美的需求。然而满足其对美的需要，却不是广告的最终目的，它仅仅是广告走出的第一步，即吸引广告受众注意。

增加广告的艺术性并不意味着广告就是艺术。广告的艺术不仅仅是其表现形式的艺术性，更重要的是如何让广告对象在被这种艺术表现吸引的同时，接受其传播的内容。

广告的艺术性不是使人看不懂。广告的艺术性要保持这样两点：第一，要使广告对象看得懂；第二，要让广告对象喜欢看。

七、了解广告受众注意的分配如何

注意的分配指在同时进行两种或几种活动的时候，把注意指向不同的对象。例如广告受众在听广播广告时，可以边做家务或其他的事边听广播。广告受众对同一广告中各种信息注意的分配是不相同的。研究发现，读者（尤其是印刷广告中）对和问题有关的信息给予了更多的注意，因而如果广告采用提问式，可使广告受众通过这种语言刺激而产生更多的注意。提问式的语句，可以提高他们的兴奋性，使他们更多地把注意指向与问题有关的信息。例如科科广告公司为斯科奇加德公司所做的一系列印刷广告，配合画面用了提问式的语言吸引广告受众，如“什么是红葡萄酒和白棉布之间奇特吸引力的科学解释?”“落在上面的比萨饼片为什么会消失?”等。

更有意义的是这种设问式广告句对广告受众的记忆也有帮助。蔡戈尼克(Zeiganik)于1927年研究发现了蔡戈尼克效应，即：由于某些问题尚未解决而产生的使欲望满足的迫切需求，使人们对这种未完成的事发生持续的兴趣而一直记着它，直到最终解决。他在实验中发现小学生由于下课时间已到而未完成的某几道算术题，到第二天，仍然会准确地回忆出来。在广告中如用这种设问式，也可提高广告受众的注意与记忆，正如上例。还可采用不完全广告，即问题与答案分开。如在杂志广告页中提出问题“谁能找到带O

字母的产品?”而在此页的后一页说出答案，这种情形即下面要讲的悬念广告。

八、利用悬念吸引注意

先想想生活中为什么有那么多的人喜欢听评书和看章回式小说，因为这类作品在每一章结束时总要留下一个悬念。例如，评书中说到主人公正在酒楼吃饭之时，忽然楼下上来一位不速之客，“要知来者是谁，且听下回分解。”这种悬念直接刺激了听者的好奇与想象，使他们主动去关注下文的结果。广告中常常利用这种手法，让广告受众对广告从被动的状态转为主动的状态，吊起他们的胃口，让他们主动去注意悬念的结果。悬念型广告是指广告信息不是一次，而是通过系列广告，逐渐完善与充实的。由于这种信息的不完善，刺激了广告受众的探究欲，并为他们留下了充分的想象空间，广告受众由此可能更加关注并寻找信息的线索。例如，在报刊中，这类悬念广告常常是一开始登出少量信息，留下悬念，并留有一大片空白位，而后，在后面的系列广告中陆续增添信息。有一则宣传新型燃气灶的报纸广告，第一次在整版广告的左侧用一小部分版面画了一种旧燃气灶并注明其缺陷，剩下大部分空白位，在版面最下面注明公司地址和联络电话。这样一则广告很让广告受众摸不着头脑，又很好奇。在第二次的广告中，在前一次的画面旁又画上了另一种改进过的燃气灶，且又注明了这种灶具的缺陷，剩余部分仍是空白位；第三次又增加了另一种再次改进的燃气灶，且也说明了此灶具的毛病，接着在空白位写明“一种新型燃气灶将于××日上市”。整套广告没有出现新型燃气灶的图形与文字介绍，但在系列的广告中已经表明了燃气灶不断发展更新的过程，且暗示广告受众此种灶具是克服了以往灶具的各种缺点。此广告的第一幅登出后，引起许多广告受众打电话询问，等到最后一幅广告刊出后，引来了更多的广告受众的咨询电话和上门求购。在最后的广告中仍然留有悬念，没有画出新燃灶的图形，也未说明其功能，引发广告受众想象，这种新燃灶到底怎么样？然而想象毕竟不是事实，就像猜谜语，猜出后要与正确答案对一对，广告受众为了证实自己的想象与实际的物品有多大差距，被这种心理驱使，常常会到销售点去实际看一看。这正是此套广告所要达到的目的，让广告受众关注并前往求购。当然广告受众看过实物后，是否真正购买，还要配合其他一系列的销售手段，如售点广告、售前售后服务等等。

电视广告中也常用此种手法。如某个汽车广告中没有一点汽车的影子，整个画面是崎岖的山路和路边优美的风光，就像你开车缓行欣赏沿途的风景，广告告诉你，这是××汽车给你带来的赏心悦目的感受。据调查，此部电视广告片子播映后，收到许多广告受众的咨询，包括不想马上买车的广告受众也十分关注此种车型的外型与性能。

悬念广告无疑刺激了广告受众参与并发挥创造想象的需求，它用一定的线索设置悬念，使广告受众从不自觉的被动状态转为自觉的主动状态，并积极展开想象，去解开悬念。这个过程使广告受众乐在其中，并可以使广告的作用时间在广告受众头脑中得以延长，加深印象，同时由于广告受众想象的作用，等于相对延伸扩大了广告的信息量。

第三节 广告成功的心理基础

一、广告成功的心理基础

商业广告是市场营销整体中的重要环节，广告的成功指它最终能够促使整体营销计划的完成，并促使其整体市场营销保持在积极的、可持续发展的状态。要达到这一点，广告传播应做到最终使广告商（广告公司）、企业厂商（广告客户）和消费者三方都能各得其所、各享其利，从而促使这一循环能够可持续发展。广告公司由于为广告客户服务而获得利益；广告客户由于广告的传播收到良好的市场营销效果，从而能够完成整体营销计划，因而获利；广告受众由于受到广告信息的积极影响，不仅知晓信息、获得娱乐，而且最终成为购买产品的真正消费者，并享受到使用、消费产品的乐趣。这样这个三方得益的互动过程才能积极地持续下去。在这个过程中，企业品牌、产品质量真正过硬是维持循环的必要前提。而在广告传播中，广告信息能否被其广告对象在心理上接受认可，是广告成功的重要标志。

要想让广告受众接收并接受广告信息，前提是要先让他们注意到。在注意的心理状态下，才能进行意识层面的有效心理加工。因此吸引广告受众的注意是广告成功的必要条件，是其迈向成功的第一步，也正是广告成功的心理基础。

二、广告成功的复杂因素

吸引广告受众注意的广告一定成功吗?

下面我们在回顾几个前面探讨过的广告实例。在谈到广告信息的新异性时举过美林证券的电视广告，我曾提出过一个问题，即：此广告成功仅仅是由于其利用了感知觉上造成的新鲜感吗？再看看前面所述广告受众对奥妮皂角洗发露武打篇的心理反映，此片之所以在开头十分吸引人是由于许多广告受众认为这是一部精彩的武打影片，而其辗转周折最终落在洗发露上，使广告对象备感迷惑，大失所望。回过头来看“美林”广告，以万牛奔腾的画面吸引广告受众的注意，而最终落在证券的牛市，联想到由此带来的资金的增长，充分表现了证券公司的特点。这种形象新颖与广告所传播的内容十分一致，让广告受众感到既出乎意料，又在情理之中，这正是其成功被接受的原因。

广告的最终目的是让广告对象在心理上接受，只有达到此目的才是真正的成功。而吸引注意只是向成功迈出了第一步，是否笑到最后，还要看后边的步子如何迈，落脚点在何处。

现在杂志上处处可见登有美女的广告，观者对美女已不感新鲜了。要使美女产生新异感，怎么办？让美女“长胡子”，长了“白胡子”的美女，由于广告信息的新异性肯定会吸引观者。生活中谁见过长白胡子的美人？几乎没有。然而生活中“白胡子”的事情却是人们熟知的。在你迫不及待地喝完一大杯香浓可口的牛奶时，一些奶液会留在嘴唇上，使你看上去像是长了白胡子。“长胡子的美女”正是为牛奶做的广告，这套广告不仅强烈地吸引了广告受众的注意，迈出了成功的第一步，更重要的是广告最终的落脚点合情合理，符合人们生活的逻辑，并突出了产品，诱发了你想喝牛奶的念头。这才是广告成功的核心。

如果广告只求新颖，以此吸引人，而最终落脚点不合情理，同样不是成功的广告。例如 xxx 牙膏的一则电视广告，把老虎牙齿的坚固和牙膏连接起来，引起广告受众的疑惑：老虎牙齿与 xxx 牙膏究竟有什么关系？下面是北京法华寺小学叶田田同学在《北京晚报》上发表的文章。“有一则牙膏的广告，它上面说老虎的牙齿很坚固，大家都想有一副坚固整齐的牙齿，这时画面出现了一位白教授。白教授问：我们怎样才能有牢固的牙齿？于是大家都想有像老虎一样的牙齿。这就让我奇怪了，因为老虎是不刷牙的，可是大家却异口同声地说：用xxx牙膏！这可就不对了，按这上面讲的，那么大家就应该说：不刷牙。这才对。如果这样讲的话，那就得给老虎刷牙，那牙刷就得有一米长，牙膏可就是一桶一桶的了。所以这个广告非常不合理。"①

广告在吸引广告受众注意的同时，更要考虑诸多其他的因素，如广告受众怎样才能记住它、广告受众的动机、广告受众的情绪情感、文化背景等等，这样才能使广告符合人心，获得成功。例如贝纳通时装广告，采用对人类有普遍意义的题材为广告主题，如环保、健康、暴力、灾害、贫穷等。如其一则广告"浑身油污的鸟"，海湾战争使数以百万吨计的石油漂浮在海面上，广告中一只浑身沾满油污的鸟，凝望着黑色油污的海洋，正等待着死亡。这种以类似新闻题材的摄影照片为广告，别具一格，具有很强的震撼力，成功地吸引了众人的注意，并且符合人们反对战争、保护生命的良好愿望。

然而，由于不同文化观念背景下人们的需求与理解不同，因而造成同一幅贝纳通广告在某地成功并获奖，而在另一地却遭禁忌。如贝纳通1991年的一则广告，画面是一对正在温情亲吻的牧师与修女。此广告在意大利受到禁止，在其他一些国家引起公愤，而在一些教会影响较小的地方得到理解，在英格兰获欧洲最佳广告作品奖。

由此而知，广告是一项十分复杂的工作，不仅仅要考虑吸引广告受众注意，还要考虑是否能让他们记住，更要考虑是否能符合他们的需要，使广告受众产生某种广告所期望引起的情绪情感。而这之中还有广告受众已有态度、观念的重要影响，还有许多客观环境因素。凡此种种，都提醒我们不可割裂地分析广告受众的某种心理因素。广告如果只满足了其中某一个或两个因素，比如能很好地吸引广告受众的视线或使其容易记住广告产品等，仅仅如此是绝不能说明此广告就是成功的广告。例如，某种方便面的品种"排骨面"的一则印刷广告，广告中选择了一很瘦的男人挺胸站立，胸前衣襟敞开，露出根根肋骨。广告中的人物形象突出，且他躯体的裸露部分与广告商品"排骨面"形成一定的联想，容易使人记忆加工。但其画面形象能否引起

① 转引自《国际广告》1999年12期。

人的食欲，值得怀疑。一种食品广告如果对广告对象的食欲不能产生积极的刺激作用，其广告的最终目的能否实现也是值得怀疑的。

广告是一个“复杂的工程”，做广告的人要有“系统的眼光”。请记住这样两句话：

其一，“漂亮地拍一个人比拍一个漂亮的人高明得多。”

其二，“优秀的广告像一扇窗子，只让人注意外面的景色，而不是它本身。”

第3章

广告受众对广告的接收心理

要想使广告获得成功，不仅要吸引广告受众的注意，更要使广告符合广告受众对广告信息的心理反映规律。

广告受众通过什么来接收广告信息呢?

最直观的回答是通过眼睛、耳朵来接收，但这并不全面，准确的答案是通过广告受众的感觉器官来接收广告信息并作出判断，即对广告进行感觉与知觉。因此广告受众对广告的接收依赖广告受众的感知系统。

第一节　广告受众对广告信息的觉察

一、广告受众的感知系统

感觉是人对直接作用于感觉器官的客观事物的个别属性的反映。客观事物（如广告等）直接作用于感觉器官（如眼、耳、鼻、舌、皮肤等）产生神经冲动，经过传入神经传到中枢神经系统引起感觉。心理学家把感觉分为外部感觉（即感受外部客观刺激）和内部感觉（感受身体位置、变化、运动及内脏的各种刺激）。而广告受众接收广告主要是外部感觉，它包括视觉、听觉、皮肤感觉、味觉和嗅觉等。其中每一种感觉器官只对某一种特定的刺激反映。如，视觉是眼睛这种感觉器官对光波反映的结果，而听觉是耳朵对声波反映的结果。因而每种感觉只反映一个事物的一个侧面。而消费者要对广告信息做一个整体的判断，需要靠知觉。

知觉是人对直接作用于感觉器官的客观事物的各种属性、各个部分的整体的反映。广告受众通过知觉整合各个感觉器官接收到的信息，对整个广告内容有一个完整的印象，判断出它是什么。由此知道感觉是知觉的基础，知觉是感觉的深入，二者不可分割。广告受众对一则广告的感觉越丰富，接收的信息越全面，对广告内容的判断也就越完整越正确。然而知觉判断不仅仅依赖感觉接收到的信息，更重要的是它受到广告受众已有知识、经验和思维的影响。例如桌子上放一个苹果，你只需匆匆一瞥，感觉到它的颜色与形状，就可作出正确的判断，知觉到它是一个苹果，无须你再去用鼻子去闻，用嘴去尝，用手去摸。在只有一种单一感觉器官接收和传导单一信息的时候，只要是以前曾经吃过苹果的、对苹果有过全面感觉经验的人，都可以借助经验的作用而判断出它是什么。这正是人类积累经验所带来的便利。可以这样来认识，感觉上是元素的，而人的知觉受到的经验影响是整体的，这种观念体现在心理学从元素主义到构造主义的发展中。心理学家冯特也从对心理元素的分析转而认识到“感觉和经验结合成为一个整体”。即便如此，元素主义心理学派从心理—物理学角度对感觉的深入研究，在广告中仍有一定的可借鉴价值。

二、广告受众的感受性

感受性

感受性是指感受器官对适宜刺激的感受能力，主要指感受器官对相对应的适宜刺激产生的感觉。感觉种类可参见表 3－1[①]：

其中广告受众对广告的感觉主要是外部感觉。

感受性是一个心理量，它说明了广告受众的主观感觉水平和感觉差异，指感觉能力的高低。不同的感觉器官有着不同的感受性，不同的人也存在着不同的感觉能力。而感受性的大小是由感觉阈限的大小来度量的。

---

① 曹日昌：《普通心理学》，人民教育出版社 1964 年版。

表 3－1　各种感觉的适宜刺激和感受器

感觉的种类		适宜刺激	感受器
视觉		光	眼睛网膜的视细胞
听觉		声	耳朵耳蜗的毛细胞
皮肤感觉	温	热（温）	皮肤的温点
	冷	热（冷）	皮肤的冷点
	触	压力	皮肤的压点
	痛	伤害性的刺激	皮肤的痛点
味觉		液体	舌头味蕾的味细胞
嗅觉		气体	鼻粘膜的嗅细胞
平衡感觉		身体的位置变化和运动	前庭器官的毛细胞
运动感觉		身体各个部位的位置变化和运动	肌、腱、关节中的神经末梢
机体感觉		内脏中的物体 化学刺激等	内脏壁等等的神经末梢

感觉阈限

感觉阈限是指能引起感觉的持续一定时间的刺激量。人对任何一种物理刺激的感觉都是有一定限度的，例如，对光的亮度的感受，当光的亮度太低时，无法觉察，而当亮度太高时，又会由于刺眼而回避它。那种刚刚能引起感觉的最小刺激量被称为绝对阈限，而被感受器觉察到的最大刺激值即为上阈限。相对于绝对感觉阈限的感觉能力称绝对感受性，二者呈反比关系，即绝对阈限越小，其感受性越高，反之亦然。可用 $E=1R$ 表示，E 为绝对阈限，R 为绝对感受性。就像人看电影一样，只有在一定的放映速度下才能看清影片中的图像，而低于或高于这个速度范围，均不能清晰地觉察图像。而刚好能使人清晰觉察的速度范围即绝对阈限。然而这个绝对阈限值并不是绝对固定的，在不同条件下，同一种感觉的绝对阈限也会发生变化，人的感觉有对环境的适应性。例如，初到一间洒过香水的房间中，会感觉到其扑鼻的香气，在房中呆一段时间后，这种感觉会渐渐减弱，长久置身其中，甚至不觉其香了。这表明人对事物的感受性是可以变化的。感觉的适应性使得我们可以帮助解释消费者对某种广告刺激熟视无睹的现象。在这种情况下，要让消费者感觉到广告有什么办法呢？还以人在洒了香水的房子为例。当人不觉得有香味时，方法之一是增加香水的浓度，以使人能再次感受到，然而增加到什么程度才可使人感觉到这种差别呢?这涉及到人的差别感受性和差别阈限。

差别感觉阈限是指刚刚使人能够觉察到两个同类刺激物之间差别的最小差异量，又称最小可觉差（J、N、D）。对这一最小差异量的感觉能力即为差别感受性。这二者也呈反比关系。心理物理学的研究表明，对刺激物的差别感觉，不取决于一个刺激增加的绝对数量，而取决于刺激的增量与原刺激量的比值。比方说，手上原有100克的重物，那么至少增加2克，人们可以觉察这种差别，假如手上拿200克重物，则需增加4克方可觉察这种差别。韦伯总结了刺激增量与原有刺激量之间存在的关系即用下分式表示：K = ΔII，其中I为原刺激量，ΔI即最小可觉差J、N、D。K是一个常数，这个规律称为韦伯定律。对于不同的感觉，其韦伯分数也不同，参见表3－2：[①]

表3－2　不同感觉的最小韦伯分数

音高（在 $2000H_2$ 时）*	$0.003=\frac{1}{333}$
重压（在400克时）	$0.013=\frac{1}{77}$
视觉明度（在1000光量子时）	$0.016=\frac{1}{62}$
举重（在300克时）	$0.019=\frac{1}{53}$
响度（在 $1000H_2$100 分贝时）	$0.088=\frac{1}{11}$
橡皮气味（在2000嗅单位时）	$0.104=\frac{1}{10}$
皮肤压觉（在每平方毫米5克重时）	$0.136=\frac{1}{7}$
咸味（在每公斤3克分子量时）	$0.200=\frac{1}{5}$

* 括号内是刺激强度的绝对水平

根据韦伯分数的大小，可以判断人对某种刺激的敏锐程度，韦伯分数越小，感觉越敏锐。韦伯的研究可以为确定一个广告的适当的规格提示一定的

① 彭聃龄：《普通心理学》，北京师范大学出版社1989年版。

依据，但这是相当有限的。韦伯定律只有在中等强度的刺激下，才能成立。

在韦伯研究的基础上，德国的物理学家G·费希纳认为任何感觉的大小都可用在阈限上增加的最小可觉差（J、N、D）来决定。他推导出一个对数定律：$P = K \log I$ 用以确定感觉大小与刺激程度之间的关系，其中P为感觉量，I指刺激量，K是常数。由此公式可知，当刺激强度按几何级数增加时，感觉强度是按算术级数上升（见图3－1）。这一结论为第二章所述的增加广告信息的强度可以提高广告受众对广告的注意提供了一定的依据。

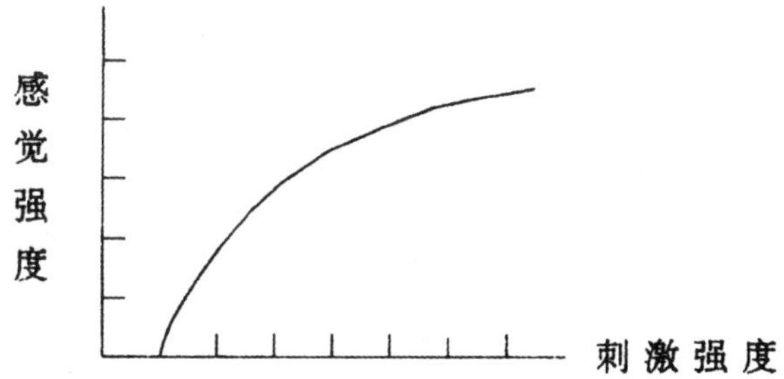

图3－1

由于韦伯定律只适合中等强度刺激，因而费斯纳定律也同样被限定在中等强度。因而广告中增大刺激强度引起感觉的增大而导致注意并感知，只是在相对的情况下才发生。有学者用此规律研究了报刊广告尺寸的大小对广告受众感觉的影响。认为尺寸的增大，有可能导致广告受众对其更多的感觉，而这之中仍没有更为明显的证据，因为广告受众对广告的感觉受多种因素的影响。

请想想，一个尺寸足够大，但设计十分恶劣的广告可以取代一个规格小而设计精妙的广告吗？因此，在相对范围内增加广告刺激物的强度（例如规格、声音、色彩等的大小），仅仅是在一定程度上提高广告受众对它的感觉与注意度。因为这不是惟一的影响因素。

三、最小可觉差的利用

广告主花钱做广告，肯定是为了让广告受众对其有所觉察。最小可觉差J、N、D，对我们有重要的启示。要强化刺激就必须和其他同类刺激拉开距离，显示出差别。看看国外早年一则咖啡电视广告，对煮咖啡时那种特殊的音响进行了夸张的表现，片中没有轻柔优雅的音乐和风趣的广告语。这则广告大获成功，立即引起广告受众的热烈反应。其中缘由，是他们听惯了悠扬的音乐、幽默押韵的广告词，此时其差别阈限（J、N、D）渐渐增大，差别感受性随之降低，优美动听已习以为常，很难在其中获得特别的感受，于是厨房的煮咖啡声出现在广告片中改变了广告受众的差别阈限。因为广告受众对这种从电视中传出声音的J、N、D是很小的，因而对其感受性也就较高，能够十分敏感地觉察出来。就像我在前文中举过的长时间呆在洒过某种香水的房中会不觉其香，此时，如果你换一种香味的香水洒在房中，会立刻引起对这种香水的感觉。

广告中表现手法的类同，也会加大广告受众对其的J、N、D，使其感受性变得不敏锐，而无法分辨。例如，1996年国内电视中的牙膏广告。在1996年1月，高露洁率先推出用贝壳作演示的牙膏广告。即用一只半侧涂有高露洁牙膏的贝壳，浸在酸性溶液中72分钟，拿出后用小锤分别轻敲贝壳两侧，涂过高露洁的一侧坚固如初，另一侧则破裂。广告以此来证明其牙膏的功效。同年4月，宝洁公司为其佳洁士牙膏推出一部内容类似的广告片。即，把半面涂上佳洁士牙膏的鸡蛋放入酸液中，1小时后拿出，受佳洁士独有的氟成分保护的那侧蛋壳依然坚固，而另一面则变松软。且不论二者谁跟谁的风，只说它们如此相似的广告内容，很难使广告受众觉察其差别。据高露洁公司的调查发现，许多看过两则广告的广告受众认为佳洁士是高露洁公司生产的！足见广告受众的最小可觉差对广告效果有重要影响。重视广告受众的最小可觉差，可提高他们对广告的区分度。

四、广告受众联觉的产生

“美味看得见”这是许多食品广告中惯用的手法，用视觉感受诱发出味觉感受。这种由一种已经产生的感觉引起另一种感觉的心理现象即为联觉，又称通感。在日常生活中，常常会有这样的经验，如看到味道，看到冷热等。文学作品中经常有这样的描写：“歌声端如贯珠”、“珠子般的音调”等，使无形的声音变成珠子的形状。钱钟书在《通感》一文中曾这样解释：“在日常经验里，视觉、听觉、触觉、嗅觉、味觉往往可以彼此打通或交通，眼、耳、舌、鼻、身各个官能的领域可以不分界限。颜色似乎会有温度，声音似乎会有形象，冷暖似乎会有重量，气味似乎会有体质。”《愣严经》中说："六根互为用……无目而目……无耳而听……非鼻而香……异舌知味。"

联觉是感觉现象中一种特殊的现象。本章开始就阐述了每一种感觉器官对应着适宜的刺激，说明每种感觉的神经传导通道是相对独立的。而联觉的存在表明，各感觉通道又会发生相互作用。美国生理心理学家汤普森指出了联觉的生理机制："一种感觉之所以会引起另一种感觉，是外界信息进入感官后，向神经中枢输送时，转辙改道的缘故。"当一种感觉器官接收到相应的刺激产生神经冲动，在传入大脑中枢时，转移了原有的路线，引起了另一感觉中枢的兴奋，于是发生了感觉相互替代的联觉现象。联觉的产生还由于人们的经验的作用。在人们的大脑中储存着关于某事物不同属性的有关信息，形成特殊而固定的神经联系。当感觉到事物的某一属性时，由于这种特殊联系，可能暂时地接通其他属性的信息，而形成联觉。广告更多地要借助大众媒介进行传播，因而它更多地借助于视觉、听觉，为了使广告受众由广告中的视觉、听觉信息而产生食其味、触其物的感觉，就必须借助联觉。常用的方法有由颜色产生味觉，实验材料表明，颜色可以给人以味觉感受，如黄色——甜味，红色——辣、咸味，茶色——苦味，绿色——酸味等。食品广告中运用色彩恰当可使广告受众感受到食品的味道。如香辣酱以红色为基调，咖啡以茶色为基调都可更加突出产品的特点。日本有位十分精明的咖啡店老板，做了一个色彩调查，让一些比较挑剔的消费者来品尝不同颜色的杯子中咖啡的味道，杯子的颜色分别是茶色、红色、浅黄色、浅青色。结果发现同样浓度的咖啡，放在茶色杯中被感觉味道最浓，而放在浅黄色与青色杯中则感到咖啡味不浓。由此老板把店中的杯子全部换上了茶色，这样就可降低使用咖啡的浓度而使消费者仍然感觉很好。这之中既有由颜色而产生的联觉（即味道感受），又有由颜色产生的错觉。

在广告中运用联觉十分重要。应用与研究最多的是由颜色引起的联觉，例如颜色可以引起人的冷暖感觉，因而有冷色调与暖色调之分。在食品广告中，依据食品的特性，用红、橙、黄色，往往会使广告受众产生味觉反应；而在电冰箱、空调机等商品的广告中常应用浅蓝等冷色调，使广告受众产生凉爽之感。心理学研究较多的是色听联觉，即听到一种声音会引起一种色觉。通常是低音引起深色感觉，高音引起浅色倾向，这常常被广播广告所利用，广播广告中通过播音员的声调变化来引起广告受众的联觉。研究表明对同一个人而言，音调和颜色的联系较为稳定。H·S·兰菲尔德（H·S·

Langfeld）在普林斯顿的研究表明：有些人在 7 年间一直保持着较为固定的色听联觉，c 音调产生红色联觉，d 音调与紫色、f 音调与粉红色、b 音调与明亮的铜色产生对应反应。这些研究对广告设计的具体细节有一定的帮助。

广告要使广告受众产生联觉，应考虑其两个因素：

一是广告受众的感觉经验。通常产生联觉的，是广告受众十分熟悉的有丰富感觉经验的事物，如草莓的美味早就存在于广告受众的感觉经验之中，一旦出现草莓诱人的形象就会触发广告受众的味觉反应。

二是联觉的产生有其神经联系的特点，它常常发生在那些不同属性状态上有部分相似之处，或不同属性性质上有部分相似的物体上。例如，在广告中为了突出某种化妆品使人肌肤滑爽细腻的特性，常常利用视觉上看到丝绸锦缎时产生的柔滑的触觉来比拟。再如，用形象的感觉体验来触发对其特性的联觉。日本某种除臭型电冰箱的电视广告，用了红色的切开的半个西瓜和一条红色的鲤鱼的形象重叠在一起，使消费者产生西瓜与鱼的味觉感受，进而表明冰箱除臭的功能，二者放在一起，不会使西瓜染上鱼腥味。

第二节　广告受众对广告信息的知觉

一、广告利用广告受众知觉的方法

我想用更多的篇幅来谈谈知觉的特性。在前文中，我提到判断一个事物，不仅受感觉器官传来信息的影响，更多的还要受到已有知识经验的影响。在知觉过程中，人脑将直接作用于感觉器官的刺激化为整体的经验，人在知觉的过程中，不断地增加经验，并依赖以往的经验。在本章前面，我提到元素主义心理学派用感觉元素去分析人的心理，这之中存在着许多偏颇，因为人的经验对感知觉有相当重要的影响，正如我曾说的熟悉苹果的人看一眼苹果的形状与颜色就可依据已有的经验作出准确的判断，而无须每次判断苹果都去尝它、闻它、触摸它。构造主义心理学派认识到这点，开始以整体的观点去分析心理现象，他们认为“总体大于其个体之总和”，即 1 + 1＞2。这也意味着每一部分的变形都会使总体形态发生一种心理上的变化（请看图 3 - 2）。

图中两个脸谱只在嘴上有所变化，但给整体上带来了巨大的变化。a 图是不满的，b 图是满意愉快的。甚至在眼神上都有了变化，显出完全相反的意思。这种现象表明广告中要十分重视各因素给整体带来的影响，一个被认为无足轻重的细节甚至可以使整体完全改变。因而在广告正式推出之前应做广告效果的前测。

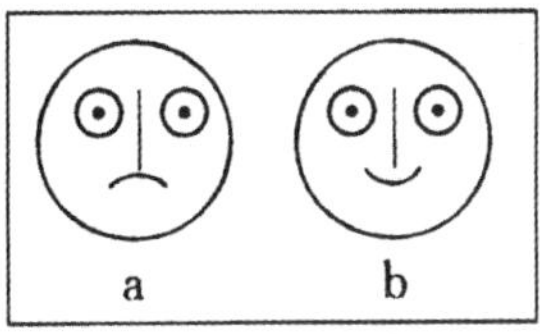

图 3-2

构造主义学派的心理学家提出“格式塔”即完形来解释心理现象，认为一切心理现象都是整体性的。格式塔的意思即指完形、式样或结构，广义上指组织结构和整体。用这种观点看待知觉，则认为知觉依赖于感觉接收到的信息和头脑中的固有经验，他们在头脑中进行整合作出判断。这种观点发展成现代图式理论，以鲁墨哈特为代表（1980 年），认为所有的知识都组成为一定的单元结构，这种结构即是图式。广告受众经历的事、学习的知识构成头脑中的图式，这些图式在他们知觉判断时发生影响。具体表现在如下几个方面：

整体性

整体性指当感知一个熟悉的对象时，只要感觉到了它的个别属性或主要特征，就可以依据以往的经验而知道它的其他属性和特征，从而整体地知觉它。究其原因，是由于图式的作用，图式的控制作用可类比于计算机，表现为概念驱动和材料驱动。概念驱动是说一个图式可以使属于它的下一级的图式活动起来，好像计算机的程序使得属于它的子程序活动起来一样。而材料驱动指下一级的图式活动引起了上一级图式的活动。图式活动的整个过程即由感知系统接收的信息自动引起下一级图式的活动，通过材料驱动，使得上一级图式被激活，又通过概念驱动，激活它下一级的其他图式，从而完整地知觉它。

仍用前文中苹果的例子，通过视觉获得苹果的外观信息，它引起下一级图式的活动，关于它的形状与颜色，由于头脑中具备其上一级的图式，即“苹果”这一概念，于是“苹果”这一概念的图式被激活，又进一步激活“苹果”下一级的图式，如味道、构造等。这种知觉的整体性十分依赖于头脑中旧有的图式的水平。假如它没有上一级图式水平，则无法认知。以前从未吃过与见过苹果的人，不可能仅凭看一眼苹果就完整准确地判断它。因而广告中应尽可能选择那些被广告受众熟知的图式去激活它。

这种知觉的整体性，在广告设计中常被应用，它使得在对广告受众已具有经验，构成完整图式的宣传上不必面面俱到。例如冰箱可制冷成为公认的基本常识后，假如要宣传冰箱容量大或省电的特点，只要突出其所要宣传的特点即可。虽然广告中不提制冷，消费者也会因已激活了冰箱的图式而知道其制冷这一基本功能。而当感知的对象是没有经验过的或不熟悉的事物时，知觉就更多地以感知对象的特点为转移，按照习惯把它的知觉组成有一定结构的整体。此时，将遵循以下的原则①，见图 3－3 至图 3－7。

1．接近的原则

图 3－3

此图更多的被认为两根接近的直线是一个整体。

2．相似的原则

图 3－4

此图中虽然各线间距相等，但更多的可能是把两根曲线看成是一组，两根直线为另一组。

3．闭合的原则

图 3－5

在这个图中人们更多地把它看成由三个方形组成，虽然这三个方形中间有断点，但人在知觉时依据经验与习惯，常以闭合的形态为一个整体。这种特点使得广告设计中可以在熟悉的字体间制造断裂点或把它变异而同样会被

① 华东师大心理学系公共必修心理教研室编：《心理学》，华东师大出版社 1984 年版。

认知，由这种变化产生出创新（参见第4章）。

4．好的连续的图形和好的形态都被认知为整体

图中曲线有多处断裂，但由于其为好的优美的图形而被看作是一条完整曲线。断裂分离地看它则不是优美的图形。

图3－6

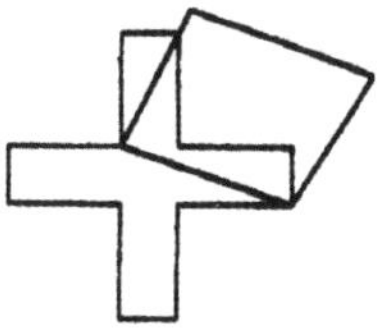

图3－7

在图3－7中由于十字形与菱形都是人们平时经常看到的好的形态，因而人们看到此图自然首先把它看成一个十字型与菱型的组合体。这种知觉的整体性使得在广告设计中要依据广告受众固有的图式来安排构造广告画面，达到突出产品的作用。

选择性

请先看看下面这几个双关图（见图3－8至图3－10）。

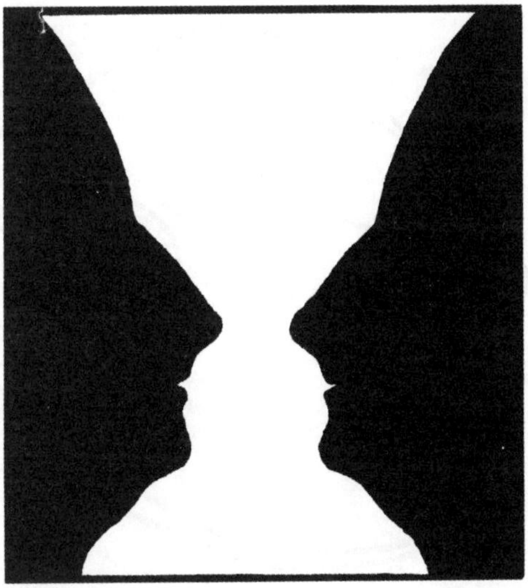

图3－8　花瓶—人像

图 3－10　少女一老妇

图 3－9　老鼠一老头

当你转换不同的对象与背景时，会发现同一图案中有不同的两种判断，而这正是由于你所选择的信息不同而造成的。

知觉的这一特性是由于注意的选择性所致，在一定时间内，人并不感受所有的刺激，而仅仅感受能够引起注意的少数刺激。而感受什么信息，受到已有经验、兴趣等个人因素的影响。

表现在广告的应用中，应使广告传递的信息尽量简洁突出，对象、背景十分鲜明，以利于消费者选择。例如一则驱虫剂的印刷广告，整版广告画面中，在中心位置画着一只小小的棺材，棺材内是一只虫子，其他均是空白位，这种以空白减少刺激信息而突出主体信息的手法，使消费者不必费心在广告信息中挑来选去，或由于经验与传达者不同而产生变异。简洁可使消费者明确地选择广告主体信息，一目了然。

一个十分有趣味性的实验证明了人的不同的观念会影响注意的分配，而造成知觉中选择的信息不同。这是戈埃茨等人（Goetz，1983）做的研究。在实验中要求被试（其中有警察、不动产代理商、大学生）按照三种观点来阅读一段文章，文章描述了两个男孩在其中一个男孩家逃学玩游戏的场面。被试具有的观点分别是：1. 假扮成盗贼；2. 假想自己是想购买房子的人；3. 不带任何观点。让被试读完文章即回忆文章中的细节内容。结果发现：1. 那些把自己假想成盗贼的人比第 3 组更多地回忆出文章中关于钱放在抽屉中的有关细节；而想象自己要买房子的被试则更多地回忆出关于房间宽敞等细节。这表明，不同的观点会激起不同的图式，被试将会用更多的时间去注意和选择那些与此图式关系紧密的信息进行加工。2. 被试的职业习惯形成的经验对他们的信息选取也有影响，不动产代理商会更多地关注那些关于房屋构造的描写。从这个实验中得到这样的启示：消费者在选择广告信息时更多地受自己经验的影响。而且消费者当时所具有的观念会影响他对广告信息的选择。

理解性

在一般情况下，对任何事物的知觉都是以已有的知识和过去的经验为依据来领会的。这表明知觉理解性与记忆有密切相关，人类由于有语言的功能而区别于其他动物，在知觉时常常要通过言语；用词来概括感知到的信息，因而知觉的理解性同语言、思维也有密切的关系。言语的指导提示能唤起过去的经验，从而理解其意义。请看图 3－11。

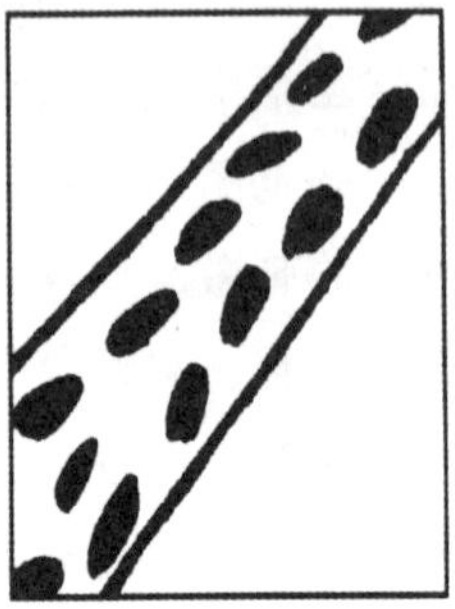

图 3－11

这样一个图形，由于每个观者自身的知识，经验不同，可以有多种不同的解释，假如此时我提示说这是一条公路，你立刻会理解其意义；如果我说这是一个从窗口看到的长颈鹿的脖子，也会唤起你已有的有关长颈鹿的图式而理会其意。这就是语言在理解中的作用。由于人类的理解，很大程度上依赖对语言的理解，广告受众在理解广告时也不例外，鉴于其如此重要我将在下章做专门的阐述。

在广告中应避免使用那些图像和文字上模棱两可的信息，模糊的信息会阻碍广告受众对广告的准确理解。如第二章提到过的奥妮首乌皂角洗发水的电视广告（武打篇），虽然通过图像画面制造出一个飘渺含蓄的梦幻气氛，其中武打动作造型也十分精彩，但由于其中画面信息没有清楚地阐释其主题“黑头发、中国货”，造成理解上的困难，使许多广告受众误解成一部精彩的武打电影。

恒常性

恒常性是指知觉中由于知识经验的参与，当知觉的客观条件在一定范围内改变时，我们对它的知觉映象在相当程度上仍保持着相当的稳定性，不随知觉条件的变化而改变。这种特性使得人们对客观事物的认识在一定范围内保持一致性。

例如一块肥猪肉，在日光下是白色的，而在红色灯光下，会变成粉红色，如果人能够看到红色光源照在上面，则仍然会认为是白色的肥肉，这体现出知觉恒常性。而如果没看到红色的光源，就可能发生错觉，以为是红色的瘦猪肉。

在广告活动中，如果广告使广告受众对某品牌建立了相当的了解，即使环境有所变化时，他们依然可以认知它。就像我们看到一个熟识的朋友，虽然他换了装束，仍然能够认出他。

综上所述，在广告活动中要综合利用上述规律，因为这些规律是同时发生在统一的心理过程之中，它们是综合在一起作用的。假如做到了这一点，是否可说大功告成呢？不可以！这仅仅是刚刚开始。

二、错觉在广告中的应用

上面我谈了许多有关广告受众感觉的话题，感觉是最初级的心理现象，是广告受众对事物的某方面的反映，在广告中还可更多地利用广告受众对事物的整体的反映，也就是知觉。在谈到知觉的特性之前，先谈谈在知觉中一种特殊的现象，即错觉。

错觉是对客观事物不正确的知觉，是在客观事物刺激下，产生的一种对刺激的主观歪曲的知觉。比如用手去比较一斤铁块和一斤棉花的重量，常常感到铁比棉花重；在火车上候车时，临近的火车开动时，常常以为是自己乘坐的火车在动。错觉的种类有许多，在广告中最常用到的是视错觉。例如透视错觉，1956 年霍尔茨舒赫尔牌汽车的两张推销广告照片。两张广告的标题与文案完全一样，整个画面的布局也雷同，只是两张广告中，一张是人物模特站在汽车的后侧拍摄的，另一张是模特站在汽车的前方拍摄的。这样车子本身的大小虽未变，但由于照片透视造成了错觉，即模特站在汽车前面的照片，人物突出，而汽车显得较小，而模特站在汽车后侧面的广告照片则汽车显得较大，人物较小。

在广告中可以通过拍摄角度等技术手段来制造视错觉。还可利用物体制造错觉，如商店店面不大，但在墙上装上大镜子，即可产生深远扩大的错觉，在包装及广告画设计中也常利用错觉。下面列举几种视错觉，如图 3－12：

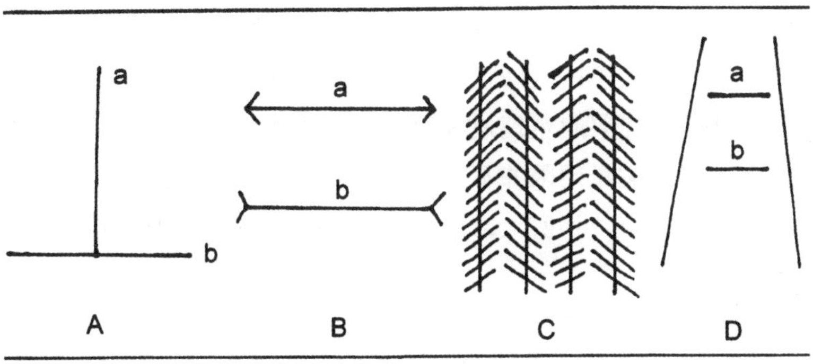

图 3－12

图 3－12A 中线段 a＝b，但会造成 a>b 的错觉。

图 3－12B 中线段 a＝b，但会造成 a<b 的错觉。

图 3－12C 中长的直线是相互平行的，由于附加的小短线段，使人感到长的四条直线是不平行的。

图 3－12D 中，由于透视作用造成深度感，使人产生线段 a>b 的错觉，实际上 a＝b。

在视错觉中，还有颜色错觉。明度高的颜色有舒张感，明度低的颜色有收缩感。例如，法国的国旗是蓝、白、红三色组成的色带。原来把这三种颜色的宽度定为一样宽的，但是总使人感到三种色带不一样宽，蓝的比红的宽些。后来修改了三种宽度的比例，在三者实际宽度不等的情况下，保持感知觉上的宽度一致。

上述这些错觉规则常常在广告设计中被综合应用。而在销售活动中，错觉的应用更广泛。例如对重量错觉的应用。台湾某茶店，经营有方。在称茶叶时，只许一次放少量的茶叶在秤中，之后再逐量增添，而不许一次放入多出消费者要买的茶叶重量，再一次次减少。老板发现，纵使一次放了超过消费者所要重量许多的茶叶，在一次次减少时，会使消费者感到这样可能会缺斤短两，而如果每次少放，之后再添加，则会使消费者较放心。可见错觉规则已被精明的商家充分利用了。

三、广告受众的阈下知觉

在本章开头，我介绍了广告受众的绝对阈限，即那种刚刚能引起感觉的最小刺激量。低于绝对阈限的刺激，我们是感觉不到的，但却能引起一定的生理效应。例如，低于听觉阈限的声音刺激能引起脑电波的变化和瞳孔的扩大。研究者把刚刚能引起生理效应的最小刺激量称为生理的刺激阈限。绝对感觉阈限和生理的刺激阈限并不完全等同。通常情况，生理的刺激阈限要低于有意识的感觉阈限。事实上，由于某种刺激，形成暂时的神经联系并不一定都引起感觉。

正如在第一章所描述的广告受众在受到广告信息刺激时，有可能由于这种刺激低于其感觉阈限，而进入潜意识，在潜意识中进行加工。我们把低于感觉阈限的刺激所引起的反应称为阈下知觉。

关于阈下知觉的研究和利用，由于科学技术手段的不断发展，而越来越受到一些学者的青睐。20 世纪 50 年代，某些广告主尝试用广告受众觉察不到的广告信息，对其进行阈下刺激。例如把阈下广告安置在电影中。可口可乐公司曾做过这样的广告，即在电影放映时，使广告快速地闪现在电影银幕上，以致于观看者在意识中对广告毫无觉察，但却发生阈下知觉，使信息进入潜意识。在观众不知不觉中做了暗含宣传，在一定程度上达到了促销目的。然而这种阈下知觉是否能真正有效地改变广告受众的行为仍未得到更为明确的证明，况且这种广告要求有较高的技术水平，并要符合广告播出国的法律规范，因而关于阈下知觉的广告并未成为研究的主体，也未受到广告商的普遍重视。

第 4 章

广告受众对广告的理解过程

第一节　理解的普遍意义

一、理解的内涵

面对一个新鲜的广告，广告受众会不由自主地去看它，去听它，但他们并不一定就明白它的涵义。而广告的目的却是通过这种传播方式，与广告受众沟通，让他们理解，让他们接受。在你说服一个人接受你的某种观点时，首先是要让他理解。

一个意思、一种观念可以用许多种语言表达方式，在此暂且不说形象的表达。想要知道哪种语言表达更容易让广告受众理解，要从他们如何加工理解广告语言谈起。国外有研究认为，文案、图案最初引起人们注意的百分比分别为 22%、78%，由此可知图案更能引起注意。然而唤起记忆的百分比是，文案为 65%，图案为 35%，可见人们在加工理解、记忆时更多的是依赖语言文字。

有人说沟通就是理解。广告传递出的语言文字，会在广告受众头脑中发生什么变化？假如知道了广告受众是如何加工理解这些文字符号的，将使这种沟通变得更直接，广告更有效。心理学认为理解是个人运用已有知识、经验以认识事物的联系、关系直至其本质规律的思维活动。不论是对事物外部现象的知觉，还是对事物内在联系的把握，都存在理解的过程，都是借助于已有知识经验而实现的。不同之处在于知觉中的理解是直接实现的，而对事物本质的理解则需要通过思维的过程，是间接实现的。

现代认知心理学派以信息加工的观点来分析解释认知过程，认为认知过程就是信息的接收、编码、贮存、提取和使用的过程。认知学派认为，个人在认识过程中，把新事物同化于已有的认知结构，或是改组扩大原有的认知结构，把新事物包括进去，这样的心理活动就是理解。可见一种新的观念，一个新信息或经验，不是被现有的认知结构所同化，就是改进现有的认知结构，或者是接纳新的经验产生新的认知结构。值得进一步解释的是“认知结构”一词。认知结构指个人在感知和认识客观现实的基础上，在头脑中形成的一种心理结构，它主要由过去的知识与经验组成。在认识过程中，新的感知同已有的认知结构发生相互作用，从而影响对当前事物的认识。这种认知结构被发生认识论者 J·皮亚杰称为是一种“图式”。皮亚杰认为个体所以能对刺激作出这样或那样的反应，是由于个体具有能同化这种刺激的某种图式，因而作出相应的反应。图式最初来自遗传，一经与外界接触，在适应环境的过程中，图式不断变化、丰富和发展起来。同化就是把环境因素纳入机体已有的图式或结构之中。他认为任何发展水平的认识（即 x 水平）都要求在这一水平之前（即 x－1 水平）已经获得的东西参与其中，而任何水平的认识体系，只是一种暂时的平衡。它向着新的可能性开放，表现出向更高水平的发展趋势。图式在同化过程中不断发展与扩大。

二、广告受众对广告的理解

由于广告受众对广告的注意通常情况下是在无意注意状态下形成的，只有在有目的地主动购买某种产品前才会采取有意注意。因而广告受众对广告的理解经常是处在知觉水平的理解，而在有意注意的状态下，这种理解更可能深入为思维水平。用图式理论来解释理解，更多地强调应用图式去同化新的知识。安德森（Anderson）等人在 1984 年的研究认为，一个人也可以改变他的图式去接受新的知识（参见第 7 章中有关信息差异的描述）。在此章中，我们将集中精力分析图式的同化作用。

现代社会中，工作生活节奏不断加快，人们的生活经常处在忙碌之中。由于信息的剧烈增长，被人称为“信息爆炸的时代”，人们在这种信息的包围之中，只能选取那些符合自己志趣和满足工作需求的知识去有意识、有目的地学习。在此之余，很少有大段的空余时间耐着性子认真地研究其他的信息。此时，对信息的理解是在一种无确定目的、不自觉的状态下，广告对广告受众而言在更多的时候是处在上述的这种状态之下。为了迎合广告受众的这种心态，更由于“时间就是金钱”这种经济上的原因，在现代广告心理的研究中更加注意广告受众对广告的理解过程，尤其是对语言文字的加工，现代广告中常常是“一字值千金”。

第二节　广告受众对广告词的理解过程

一、广告受众对广告词的加工过程

广告受众看到广告中的词，是如何在自己的认知结构上进行加工的？要回答这个问题，首先看看广告受众的这种认知结构是怎样的。先请你想想自己查字典的经历。再请看下面的研究，心理学家特雷斯曼（Treisman）1960年用“心理词典”来说明人对字词的认知。他认为心理词典是由许多词条组成的，这些词条具有不同的阈限，当一个词条被激活超过其阈限时，这个词就被认知了。学会了语言和阅读的人，都具有一个心理词典。理解一个词，就是在心理词典中找出与这个词相对应的词条，并使它激活达到一定的水平。在一个心理词典中，每个词条均包括了与这个词条相对应的词的语音、写法方面的表征以及词的意义表征。其中占中心位置的是词的意义表征。

贾斯特（Just）和卡彭特（Carpenter）1987年把心理词典定义为词的意义在人的心理中的表征。对词的理解，就是达到了认知心理词典中一个词的特征或意义成分。心理词典更多地被认为是一种语义网络。人们可以通过两种通道到达心理词典，即视觉通道（词形表征）和听觉通道（语音表征）。研究发现，通常人们对外界信息的获取有80%是来自视觉通道。

二、广告受众对不同类型广告词的理解程度

在生活中人们总是对熟悉的事物和人产生亲和感，并首先认同它。研究发现，对字词的理解也有这种倾向。在对字词认知的研究中，发现了“词频效应”。它说的是，在瞬间显示的情况下，字词频率的高低对字词辨认的影响表现为对高频字词的辨认率要高于低频字词的辨认率。在生活中常有这样的体会，对熟悉的、常用的词（即高频词），我们更容易理解。广告中的用词更要考虑广告受众的这种理解特点。关于词频效应的原因，研究者分别从各自的角度作分析，但仍不能说有了十分完善的解释。麦克卡斯克等人（Mc Cusker，Hi Uinger & Ho Ueywilcox）于 1979 年研究了词频效果在不同通道中呈现高频词与低频词所得到的平均反应时（毫秒），得出如下结果(见表 4－1)[①]：

表 4－1

词条类别	通　道（反应时　毫秒）	
	听　觉	视　觉
高 频 词	742	558
低 频 词	793	644
词频效果	51	86

（其中高频词指 181/百万，低频词 1.5/百万）

他认为，高频词是以视觉表征为中介的，在视觉通道中呈现时，对它的认知速度比较快；而低频词需要以语音表征为中介，在视觉通道中还需进行语音转录的过程，因而对它的认知速度较慢。他的这一研究在一定程度上解释了词频效应。无论如何，只要这种效应在我们的生活中存在，那么在广告中就不可忽视它。

更何况在人类的认知加工过程中，还存在一种统合作用。从视觉得到的信息，激活心理词典中相应的位置与自己原有的认知结构结合，再从口中表达出来。在这样一个加工过程中，信息已经发生了一定的变化。词频效应提

① 张必隐：《阅读心理学》，北京师范大学出版社 1992 年版。

示，高频词（也就是消费者常用的熟悉的词）常常更容易被从口中传达和报告出来。可以想一想下面这两句传递同样意义的词，哪个更容易被广而传之：“好极了”和“卓越”。显然，“好极了”由于被广告受众熟悉且常用，因而更容易被传颂，而达到广而告之。在某饮料广告中用“味道好极了”而不用“口感卓越”，这也是原因之一吧。

哪些字词更容易被广告受众理解呢？

显而易见，是那些被广告受众熟悉的、常用的高频词。字词的频率可从《现代汉语频率词典》中查到。

三、高频词在广告中的作用

为什么广告中常用高频词？

首先，由于有词频效应的作用。广告受众对高频词的理解更为直接和容易，高频词能够更快地激活认知结构中的心理词典的相应的词条。同时，广告受众看到高频词时，就像看到熟人的面孔，会立刻产生亲切感，从而更容易诱发广告受众的联觉和联想。而对低频词（平时很少用的生僻的词）则要经过更进一步的加工处理，理解的速度较之高频词更慢，且会产生陌生感。只有在闲暇空余时间，而且有积极性时才可能去探求它。而大多数广告受众面对广告的情形通常是被动的、不自觉的，甚至是不情愿的，他们没有像钻研学习那样积极的心态和精力去研究广告。况且像广播、电视中的广告词是转瞬即逝的，广告受众更少有闲情逸致去再次寻找和研究它。如果一则广播或电视广告不能在很短的时间内（即广告受众听或看到后），马上让广告受众在自己原有的心理词典中找到相应的落脚点，并立即编码，那么，广告受众通常会抛弃这则广告，而不会花费更多的时间去再次在心理词典中搜寻。广告对广告受众而言并不是一个科研课题！

我们可以观察一下初学识字的孩子。让他们看一张报纸时，他们会很快地，并且是兴奋地最先发现那几个他们已经学会并熟悉的字，例如“大”、“北京”等。这种理解的规则使得广告人不得不在选词造句上颇下功夫。而大多数广告受众熟知的字，常常是高频字。

其次，由于对高频字词的熟悉，广告受众对高频字的各种特征如字形、语音等已十分了解。因而在这个字信息缺乏、不完全的情况下也可以用自己对它的知识经验来弥补，使之完整。这使得广告可以利用高频熟悉的词创造新意，达到既新鲜又可快速理解。请看看登在《中国广告》杂志上的一个印刷广告，这是一个“油”字省去了三点水下面的两个点（见图 4－1）[①]。

图 4－1

其构思巧妙新颖，十分吸引人的注意。“油”字是一个高频字，由于广告受众的心理词典中关于“油”字的词条（包括词形、词义、语音等）已有十分丰富的表象经验，因而在其字形缺损的情况下也可以认知它，这体现出知觉的整体性。但如果只是一个“丶由”字而无任何说明，就像猜谜一样，仍会使许多广告受众产生歧义，因为除了“油”外，会使广告受众激活心理词典中类似的其他高频字。当然这种激活的速度与顺序还依赖于字的频率高低和对每个广告受众而言对这些字的熟悉程度。例如有些广告受众可能由刺激“丶由”而激活心理词条中的“迪”字。而这则广告好就好在它又用一句话提示了这个缺损字的含义，即“节油开源、刻不容缓”，既点明主题，又提示广告受众避免歧义，这也体现出知觉的理解性特点。这则广告之所以好，是由于它既考虑到了形式上的创新，又符合了广告受众的理解规律。如果原原本本用一个高频字“油”配加节油说明，虽然会使广告受众产生熟悉感并一目了然，快速理解，但却流于俗套，缺乏新意。广告用高频字的目的之一是促进快速理解，还有一个目的就是这种高频字可以在形式上创出新意与变异。假如是低频字，则由于在广告受众心理词典中有关的词条表征不丰富而无法产生这种效果。高频字在广告受众理解过程上的这些特点为广告带来一个丰富的创新空间。对高频字形式上的变异，既可吸引广告受众注意满足其好奇心，又可使广告受众温故而知新。

想一下广告受众看到这则广告时的视线轨迹。视线首先落在有缺损的大体字“丶由”上，引起好奇、猜测，而视线会最终落在右下角，在此处广告用小字点明主题，就像一个谜语亮出谜底。由于“油”是高频字，很快会被广告受众猜出，在视线终点看到谜底，刚好是自己猜到的，其中的快乐人人都体会过。此广告还成功地把握了印刷广告的特性，即，可以长久地保存，品味其中信息，因而才选用了上述这种让广告受众自已去补充完善的形式，所以在一则广告中要全面地考虑各方面的因素。

① 马谋超：《广告心理学基础》，北京师范大学出版社 1992 年版。

如果一个高频字的字形发生轻微的变化，依然能激活广告受众心理词典中相应的词条。见图 4－2，对高频字“高”、“算”、“闻”的变异[①]。“高”字以直上青天的云梯，风趣形象地表现了“高”字的涵义；“算”字用计算器表盘的形态突出了其特质；“闻”字则更以两个耳机形象地表现了其“听”的内涵。这些变异的高频字不仅能引起注意而且能被广告受众快速准确地理解。如果是低频字发生这种变异虽然会使人惊奇，但不会很快被理解，因为无法准确激活其心理词典中所对应的字条。

图 4－2

这正是在广告中应尽量使用高频字的原因。

四、熟悉感对理解的影响

广告大师曾谆谆叮嘱广告新人，广告的功效之一即是建立熟悉感。在前面我主要谈到了广告受众对“词”这种抽象符号的理解规则是广告要建立熟悉感的内在心理根由之一，那么对形象的人或事同样也要建立这种熟悉感。请想一想你生活中有没有这样的体会：生活在异国他乡，忽然遇到故乡人，你们可能素昧平生，或者并不是同道者，但由于你们是同根同族，这种民俗背景上的熟悉造成一种亲近感。“他乡遇故人”，会在心理上产生亲切感与认

① 《动脑》176 期，1991 年，台湾。

同感，这就是熟悉的作用。

广告中不仅要在用词上注意建立这种熟悉感，在选择人或事上也是如此。例如证言广告，即模拟生活中的真实情境，选择类似广告受众生活中的朋友式的平凡普通的人物，向广告受众介绍她（他）对某种生活用品的见解。例如她（他）告诉你，“我用的××牌洗衣粉如何如何”，用词与口气是平和的，不带任何夸张色彩，让你感到熟悉、自然，就像与邻居在聊天。她（他）向你推荐并证实此商品，使你在不知不觉中接受她（他）的说法。

这种熟悉感的建立，是使用广告受众熟悉的词、熟悉的人物类型、熟知的话题，但要从新的角度去说、使用新的形式来表现，这要求广告既要使广告受众产生视听差异，又要建立熟悉感。广告的主题和用词是大家都熟悉的，而广告的表现形式和描述角度却是广告受众未曾想到的。例如孔府家酒的电视广告（回家篇），利用了当时人们对收视率较高的电视剧《北京人在纽约》的熟悉之感，选择了与电视剧主题音乐类似的广告音乐，并选用电视剧中的女主角的扮演者作广告人物。尤其选取了人们熟知的“家”作主题以突出产品的品牌，渲染制造出一种“千万里，千万里，我一定要回到我的家”的浓烈思乡情绪。“我的家啊，永生永世不能忘”，配合电视画面，熟悉的主人公的表现，最终落在“孔府家酒，叫人想家!”上。朴实自然，却让广告受众在家与酒之间建立了深刻的印象，这就是熟悉的力量。

值得注意的是，在广播与电视广告中，由于媒体自身的特性，不仅要选用高频字词，用的语句，也宜选用口语化的词句。还应注意在汉语中有许多音同义不同的字词，假如只通过听觉传递，很容易发生歧义，例如“致病”与“治病”。广告中应避免选用这类字词，或加以说明。

第三节　广告受众对广告语句的理解

一、广告受众对广告语句的加工

在印刷类广告中，广告受众对广告语句的理解是一个心理认知加工的过程。在这个过程中，广告受众通过阅读广告语句，接受其中信息，并且运用它们来建构一种解释，即广告想要传达的内容和观点。因此广告受众对印刷类广告中语句的理解实质上是从这些广告文字中建构一定的意义。这种建构要建立在对字词理解的基础之上。在建构这种意义时，由于受到广告受众自身的知识经验的影响，广告受众是否能从广告语句中精确地把握它们，在自已的认知结构中建立与广告中传递的内容观点一致的意义，很大程度上受到广告语句本身的影响，广告语句的结构是否更容易使广告受众理解，有赖于这种结构是否符合广告受众理解句子的规则；尤其广告这种传达方式是在广告受众不太经意的情况下发生的，因此更加要求广告语句的遣词造句符合广告受众理解句子的心理过程。

在理解一个句子时，需要从句子中来建构意义。心理学研究发现，建构意义时，需要从语句中字词的排列顺序中建立起有层次安排的命题或称为子句。广告受众要从广告语句的构成成分中构建命题，就是说把一个句子分成子句，了解子句各层次的意义。这是需要时间的，必须先把构成成分中的词形和语音的表征保留在短时记忆（即工作记忆）中，也就是要在短时记忆中保留构成成分的逐字逐句的内容。而短时记忆的容量是很有限的，是 7±2 个组块（请参阅第五章），因而一个句子的表层结构在被加工成为命题（即建构了意义）之后，它的逐字逐句的内容很快就消失了，而保留在记忆中的是命题，也就是子句的意义，句子中的命题在记忆中以网络的形式被表征。

在金西和基南（Kintsch & Keenan）1973 年的实验中发现：句子中的命题越多，阅读的时间就越多，而且回忆的命题就越少。因而在广告中，简单句更容易回忆，因为简单句的命题少且简洁。例如，“车到山前必有路，有路必有丰田车”。更有广告只用简洁明了的词或短语，以利于广告受众理解与记忆。在 1990 年初，中美天津史克制药有限公司在京津沪进行了一次产品抽样调查，在 300 名被调查者中，有 95% 的人知道其产品肠虫清并了解它的疗效；从 3 岁的幼儿到小学生，只要说到“肠虫清”，就能得到“两片”的解释。这之中“肠虫清”的广告起了重要作用。这个广告只用了两个字的广告语来说明其用法，即“两片”，然而却达到了醒目、易懂、好记的效果。这则广告之所以用一句话中突出的词来表达是因为它首先是电视广告，在广告中可利用其他形象来补充其含义。在印刷类广告中，常常见到的是简洁醒目的短句，而不是词。

心理学实验还发现，在语句中上一级的命题比支持它的命题回忆得更好。因而在广告语句中，主题（或结论）要突出、简洁，这样更易于广告受众理解，而且应把它放在最醒目的位置，在句子的顺序排列中应把它放在最开头。广告受众对支持广告主题的子句的回忆就要逊色许多。

然而简洁醒目不是模糊不清。有些印刷广告，密密麻麻一大堆语句，原因是一怕句子少了表达不清，二怕字写少了消费者看不明白。按照广告受众理解语句的规则，语句越简明，越容易理解并记忆，而这种简洁是以清楚地表达出广告主题为基础的。广告中用什么词句，如何安排它们的结构顺序，才能更容易使广告受众清晰地、迅速地理解呢？

二、理解广告语句的途径

研究发现，广告受众通过两种途径达到对语句的理解：一是语义分析，二是句法分析。

语义分析

广告受众在看一个句子时，需要了解句中词的意义，并且能够通过对句中的词与词之间如何搭配才能产生意义来确定这句话的含义。例如在生活中有时说了不合语法规范的话，仍可被他人理解。而在这种情况下要被他人正确地理解，有个条件，即表达者与接收者之间有着较为相似的知识经验及认知结构，并且双方是主动地相互去理解。在广告中有时也会出现不合语法的语句，例如威力洗衣机的广告语“够威够力”，虽然简单醒目，广告受众也可以理解其中含义，但这种不合句法规则的语句不应在广告中出现，它会影响许多按句法分析方式来加工语句的广告受众的准确理解。

1．广告受众在进行语义分析时，更多地注意广告语中的实词，着重去获得实词的意义。眼动研究表明，广告受众更多地是注意实词而不是虚词。实词具有意义，例如，当广告受众看到“冰激淋、小孩、吃、粉色”这几个没有句法信息的词时，也会把它理解成“小孩吃粉色冰激淋”。广告受众的认知结构中有一定的内在逻辑，这与其知识经验有关。当然，在前面刚刚谈过广告中最好不用这种没有明确句法结构的信息。然而，从这个例子中，可以看出实词在语义分析时在意义表征上的重要性。在通常的阅读经验中也可体会出，阅读快的人主要是对实词进行加工。广告语句中，应更多地注重实词的选取与运用。

2．广告受众在运用语义分析理解句子时，常常是把更多的注意集中在句子中的动词，而且去寻找适合于动词语义要求的名词短语。

3. 在广告语句中，把广告受众已知的信息放在前面，新信息放在后面，则更易被理解。心理学家克拉克等（Clark）1977年研究发现，读者加工句子时，要首先从句子中区别出已知的信息，再在记忆中搜寻与已知信息相联系的信息，把新信息与头脑中已知信息联系起来，从而把新信息整合到记忆中去，所以广告受众已知的信息是加工整合新信息的切入点。暂且用这样一个不很恰当的比喻，把头脑中已有的语言理解图式比作一个网络，只有先找到可连接的点，才可扩展网络，接纳新信息。因而把已知信息放在前面，能更快、更方便地使广告受众找到这个切入点，这样可使广告受众对新信息进行全神贯注的加工理解，而且由于已知信息会使广告受众产生亲切熟识之情，这种情绪状态有利于广告受众对新信息的认同与接受。

假如没有旧信息的导入，而直接出现新信息，广告受众接受起来就十分困难。请回忆在20世纪80年代初"克力架"一词刚刚出现时的情景。"克力架"一词，广告受众以前没有接触过，按照旧有的知识经验，或许会联系到"巧克力"或其他什么"架子"等，因为广告受众不能在自已的心理词典中找到相应准确的词条，因而无法正确地激活头脑中的图式。事实上，"克力架"是英文"Cracker"的粤方言译音，它指一种薄而脆的饼干。广告受众对这一新词的接受，常常是在知道了它是饼干之后，找到了切入点，把"克力架"同化到饼干这一心理词条中建构图式。如果没有与旧有信息"饼干"的联接，会使广告受众茫然无措，而采取不理睬的策略，因为广告受众还有许多其他重要的事要做！广告的目的是让广告受众了解产品，而不是纯粹的猜谜卖关子。请想想，在消费时，谁会去买一件自己对它一无所知的产品呢？在以语言文字为主的印刷广告中，应明确旧有信息，并把旧有信息放在句子开头起导入作用，这样更符合广告受众对语言文字的理解规则。

而如果是有形象说明或场景情节的广告，则因为商品形象或广告情节中已经传达出消费者认知结构中已存在的信息，因而可省略语言上旧有信息的传达，以便更加突出新信息。如上例中，"克力架"一词如果出现在有饼干实物形象的广告中，则较易被理解。即使如此，使用新异的词句，尤其是外来词时，还须考虑其他许多因素，如民俗习惯、文化背景等等。"克力架"一词正是由于消费者觉得这种叫法华而不实，不符合我国人民的习惯而很少有人问津了。既然是饼干，何不把它直接叫做薄脆饼干，让人一目了然呢？

何必以其外文译音来哗众取宠呢？现在在商店中几乎很少再有把饼干直称为“克力架”的了。

4. 把句子和语境，即上、下句联起来，更易理解。广告语中不能是几个毫不相关的短句组合在一起，而应该注意其上下句中的相关度。

句法分析

句法在此指对于句子中的构成成分的系统的安排。心理学家贾斯特和卡彭特（Just & Carpenter）1987年研究认为，人们在思考时是按非线性的、观念的群集进行的。但是，在交流的时候却运用的是线性的通道，即词的序列。

句法为人们提供了一种编码，使人们可以用词的序列去传递信息、交流思想。广告受众在读一则广告中的句子时，句法分析可以帮助他恢复广告传达者要告诉他的观念及观念之间的关联。句法分析是把句子切分成构成成分，并确定它们之间是怎样联系的，从而建立起句子底层结构中的命题。运用句法分析的线索有五类，即：词序、词类、虚词、词缀和词义。但这并不是说每个广告受众都要对广告语中的词序、词类、词缀、词义与虚词进行分类，或许他不能说出每种词的类型，但只要他能够熟练地阅读，就具有一种关于这些句法的暗含知识。在通常情况下，广告受众并不一定意识到对广告语句中的句法分析过程，但当这个句子是复杂句时，他会有意识地使用句法分析。

在运用句法分析理解句子时，广告受众也更喜欢较简单的结构，对于复杂的句子，也是尽可能地使句子产生较少的构成成分，并且尽可能让它们在句法的层次中处于低层，因为这种结构可以减轻短时记忆（工作记忆）的负担（请参阅第五章）。因此，在写广告语时，修饰的子句要紧跟在它所修饰的直接的成分之后，否则会造成分析困难。

造成句法分析困难的情况有下列几种：

1. 广告句子中联接紧密的成分被分割，造成理解困难

例：《人民日报》1990年2月24日第8版中登载的一则广告中有这样的一段话：“我厂引进国外先进的醚化装置，工艺先进，技术可靠，整个生产过程采用仪表自控。经生产检测，产品质量达到国际同类产品先进水平，

是目前国内生产非离子表面活性剂数量大、品种齐全的专业化工厂。”

这段广告语由句号分为两句。第二句的主语是产品质量，而谓语则为“是……的专业化工厂”。主谓在句法结构上不能匹配，因而这两句中的句号应为逗号。实际广告的意思是开头的“我厂”为主语，对应连接着最后“是……的工厂”。在这段广告语句中，用句法分析很困难，因为其中修饰主语“我厂”的成分太多，致使广告受众要在读完修饰子句后，再回到最前面寻找句子的主语结构，这样就要求广告受众必须把这个最早出现的主语“我厂”一词在工作记忆中保持一段较长的时间，而前文说过，工作记忆的时间应在1分钟以内，否则就会造成工作记忆负担过重，而不易进行分析整合。如果按照句法分析的规则，这段广告语改为下面的序列，则更容易被广告受众理解。“我厂引进国外先进的醚化装置，是目前国内生产非离子表面活性剂数量大、品种齐全的专业化工厂，生产过程采用仪表自控，工艺先进、技术可靠，产品质量达到国际同类产品的先进水平。”

又如在《深圳特区报》1988年4月16日第2版的广告栏中，有一则潘高寿药厂的“蛇胆川贝枇杷膏”的广告语：“本品经广东省中医院、广州市中医医院、第一人民医院、肺结核病医院等单位临床用于治疗支气管炎，气管炎，肺炎，肺气肿236例的临床症状有效率为97%。用于治疗肺结核患者30例，有效率为86.7%。”在这个长句中标点符号错误多，且句子过长，几层意思纠缠在一起，很难一下子看懂。如果改为下文则显得层次更为清晰明了。“本品经广东省中医院、广州市中医医院、第一人民医院、肺结核病医院等单位临床使用，治疗支气管炎、气管炎、肺炎、肺气肿236例，有效率为97%，治疗肺结核患者30例，有效率为86.7%。”

依照前文所述，广告中应尽可能用简洁的短句，即使用复杂句，也不要割裂关联密切的词语，子句中最好是短句，且一层只含一个意思，尽量减少过多的修饰语。

2. 由于嵌入子句结构不合理造成分析困难

1977年心理学家拉尔金和伯恩斯（Larkin & Burns）研究发现，对一个简单的嵌入子句的句子，产生错误率为15%；具有两个嵌入子句的句子，解释的错误率为58%。可见嵌入的子句越多，修饰的成分越多，越容易造成理解错误。

例如下句："被广大消费者喜爱的专家认可的××电视，于元月一日至二月一日有奖销售。"在这个广告句中"被广大消费者喜爱的"嵌入修饰语，到底是修饰专家，还是修饰电视，让广告受众费解并产生歧义。这是由于在这样的句子中，要在工作记忆中保留现有的信息，并寻找相互匹配的名词与动词的正确用法，这使得工作记忆负担过重。上例中名词"电视"在主句中做主语，而在子句中又做宾语，其双重身份增加了记忆困难。在这种有宾语关系结构的句子中，需要更长时间去加工嵌入子句。霍尔姆斯等人（Holmes & O.Regan）1981 年用英、法文句子研究，以记录眼动的方法发现读者在阅读时，在词的匹配的区域停顿；对于宾语关系结构的句子的阅读需要更多的时间，且伴有更多的视线回归与注视。此实验表明在阅读与贮存有宾语关系的嵌入子句的句子时，需要更长的加工时间，因而这类句子不宜在广告语句中出现。

3. 不符合语言习惯的语句，可增加句法分析的困难

请比较下面两句话：

A. 高高兴兴来上班，平平安安去回家。

B. 高高兴兴上班来，平平安安回家去。

显然 B 句更符合语言习惯。通常回家不用"去回家"，而说"回家去"，而"来"放在上班的前后没有固定的语言习惯，因而 B 句更容易加工。

4. 半文半白、半土半洋及方言土语的广告语句，增加了句法分析的难度

看看下面的例子："'火腿切片'系提取金华著名特产——火腿的纯瘦肉经科学处理精制而成，具有很高的营养价值。食法：可清蒸，亦可当鸡、鸭、鱼、蔬菜的配料，食之鲜美可口，是佳品中的佳品。"此广告句中多处用了文言说法，如"系……而成"、"食之"、"亦可"，让广告受众在阅读时感到不流畅，不伦不类。

半洋半土的广告语句，也不利于句法分析。例如某水暖器材的广告："质量符合英国 CEMEC 标准。"再如录音设备的广告："独特的 ESBRID 物料"等。这些广告中专门术语洋化，使广告受众无法在心理词典中查找。如果商品是面向大众的消费品，则不宜用只有行家才能确切了解的专业术语，更不宜在表达时把它洋化，这样更增加了句法理解的困难。

再有是方言土语引起的障碍。如果在广告对象中没有某类方言土语的图

式，用这种语言做广告则不能与广告对象头脑中的心理词典相吻合，使之无法理解。就像如果广告对象不懂英文，而你却用英文做广告一样。有些广告如果是在特定的地区使用，可以用此地区的方言，以使特定的广告对象更容易接受，制造一种熟悉感。而如果广告对象不限于某一特定区域，且广告载体是全国发行的，则不宜使用方言土语，以免使其他地区的广告受众无法理解。例如某广东厂家向其他省区的消费者推销调味品，整篇广告中充满“豉油”、“汁”等方言，而却未表明它们是调味品，使得广告受众不知所云，无法与原有心理词典中的“调味品”接轨。

再如在全国发行的报纸上登出这样一则广告：“××牌靓油灰抵穗，唔怕唔识货，只怕货比货。”虽然广告对象主要是广州人，但因登在全国发行量较大的报纸上，会使其他地区的广告受众不解其意。如果广告选择登在发行范围跨地区的报刊上，显然广告受众不仅是广州人，如果广告中一味用方言，如“唔”、“靓”等，则会失掉其他地区广告受众对此品牌产品的了解。因而在此我又再次强调做广告要综合考虑所有的相关因素，如对象、媒体、消费者特点等。只有做到统筹安排，才是最合理、最经济的。

5. *在句法分析时，对不同类型的句子，广告受众加工速度与理解程度不同*

心理学家梅黑纳（Mehler）1963 年在实验中就已发现，被试对简单结构的句子的回忆比对复杂结构句子的回忆要好，而且被试在回忆中的大部分错误是由于句法造成的。正如前文所述，加工复杂的句子需要更长的时间，因而在广告用语中，句型宜用简单句，而不宜用复合句。研究发现，肯定句在句法与语义上都比否定句简单易懂，尤其对儿童而言。广告对象如果是儿童，则不宜用否定句与被动句。有实验发现，儿童对于一些很简单的否定成分也难以快速理解。对于双重否定句（－ －）、单一否定句（－ ＋或＋ －）和双重肯定句（＋ ＋）的实验发现，“＋ ＋”更容易理解，其次为“＋ －”，而“－ ＋”和“－ －”则较难理解，其中“－ ＋”要花费更多的加工时间，这种句型可能会产生更多的错误。

主动句比被动句容易理解，尤其是对儿童。唐建在 1984 年研究儿童对汉语主动句、被动句转换的理解时发现，儿童主动句、被动句转换能力的发展在年龄上有明显的转折期，正常儿童这一转折期在 10—11 岁。这一发现提醒了广告人在对 10 岁以下儿童做广告时，不宜使用被动句型。

广告受众对广告语句的分析方式

广告受众对广告语句通常采用什么方式来分析呢?

正如我们日常用语中的情形，广告受众在理解广告词语时，通常是先按照句子的意义来进行加工；其次才是按照句法来加工，因而语义分析比句法分析在理解句子中显得更为重要。而当二者产生矛盾时，常常是语义分析起决定作用。这就解释了有些不合句法的广告语，仍能被广告受众理解的原因。他们可以依据一般的知识经验去决定句子的意义，就像前面提到的“够威够力”这一例子。这是对于简单广告句来讲。而对于复杂的广告语句而言，如果不合句法规范，广告受众是没有耐心去猜测其中语义的，况且还可能发生许多歧义现象。在某种程度上讲广告是强迫性地施加给广告受众的，他们当然有权力拒绝它。广告受众通常面对媒体的广告是被动的。因而他们在理解广告语句时，无论是在语义，还是在句法分析时发生困难，都会拒绝这则广告。世界上有那么多事物会让他们发生兴趣，并去研究它，为什么要把宝贵的时间用在并不是他们主动选择的一则很难理解的广告上呢!

心理学的实验表明，在语文内容上正常的句子回忆得最好，对于稀奇古怪的句子回忆较差，对于异常的句子回忆最坏。因为人们需要从语句的意义中找到一种关系。在句法上，只有一个子句的句子比具有两个子句的句子要回忆得好。研究还发现，句子的语义异常性和句法的复杂性合在一起会更加降低对句子的回忆效果，而且语义的异常性比句法的复杂性更容易降低对句子的回忆。回忆的效果差说明理解的效果相应地差。因而广告句过分地标新立异，用广告受众费解甚至看不懂的广告词句，无疑是一种自取灭亡的举动。例如下面的广告语，××装饰城的广告语：“掀起装饰暴动”；××娱乐城的广告“感性高峰会”等等。这类广告企图以其奇异的语句吸引广告受众，以为这样会产生冲击力，实际上，广告受众会由于其句子语义怪异、不可理解而产生反感。

广告要让广告受众接受，首先要让他们能够看懂、理解。

广告语句中的歧义现象

在一个句子中，有时由于简短或用词含义模糊，广告受众依据自己的知识经验作出解释时可能会出现两种或两种以上的意义，或作出两种及两种以上的结构分析，这样的现象被称作歧义现象。这种现象体现出知识经验在知觉中的作用。而歧义现象应在广告中避免。

1. 广告中模糊的字词会造成歧义

例如，郊区的公路上有时会看到竖着“不开疲劳车”的广告牌子。“疲劳车”原意指驾驶员处在疲劳状态下开车，但也可理解为指“疲劳的车”。

在广播广告语言中，应注意同音词，而语义不同的情况，可能导致歧义。如“××食品治癌奇效”，其中的“治”也可理解为“致”。

2. 句法不清会产生歧义

句法是建构句子意义的最底层的结构，句法确立了句子各构成成分之间是怎样的关联。如果广告语句的句法不清晰，则容易造成受众理解上的歧义。

3. 特定的语言环境

正如前文阐述的，广告语句要注意其使用的语言环境。离开了这种特定环境，则不可理解，容易发生歧义。例如，某地商店中的宣传牌写着：“请勿吸流动烟”。经了解，这“流动烟”指售货员在柜台内边营业工作边吸烟，而不明细里的人可能会误以为是不允许在走动中吸烟。

综上而知，广告用语中尽可能使用广告受众熟悉的高频词，且尽可能地使用简单句。广告语句在语义上的异常性及在句法结构上的复杂性会增加广告受众加工理解时的困难。

第 5 章

广告受众对广告的记忆模式

第一节　广告受众的记忆过程

一、什么是广告受众的记忆

广告受众注意到的广告，一定能记住吗?

依据生活经验，答案是否定的。

广告受众注意并在当时理解了的广告内容，在用到时是否能回忆起来呢?

生活中常常有这样的体验发生在购买时，当你要请朋友在家吃个便饭，上街采购时想到要买火腿肠，你在记忆中搜索，记得曾在广告中看到过你十分喜爱的某个影星做过一个火腿肠的广告。当时你还十分欣赏这则广告，心想，要买这种火腿肠吃一吃，看看是否真那么好。当时并未去买，现在非常想买它，可站在柜台前一时却想不起来这个火腿肠是什么牌子的。广告主十分不愿意看到这种情况发生。

因此，广告即使引起了广告受众的注意，并在他们视、听广告时，领会了其中含义，仅仅如此，依然不会令广告主满意，广告主的目的是让广告受众不仅对广告感兴趣，而更要记住广告中的商品是什么，在他进行购买决策时，可以顺利地回忆提取出来。

在通常的情况下，广告受众并不是刚刚看完某个广告，就能立即购买。这之中有一个延时的过程。因而，广告不仅要让广告受众对广告信息注意、接收、加工、理解，还要让他能够有效地储存，并有效地提取。

记忆的内涵

记忆是经验在人脑中的反映。记忆和感觉一样，都是人脑对客观现实的反映。二者的区别在于：感知是直接作用于感官的客观现实的反映，而记忆是对经验的反映。记忆中反映的经验和直接作用在感觉器官上的客观事实不可能完全相同。记忆是心理过程在时间上的延续，它使先后的经验联系起来。因此，可以说记忆使心理活动在时间轴上成为一个连续的、发展的、统一的过程。

记忆的三个基本环节

记忆是通过识记、保持和再现三个基本环节在人们头脑中积累和保存个体经验的心理过程。识记是人对反复感知过的客观事物形成较巩固的联系；保持是进一步巩固已形成的联系；再现，可分再认与回忆两种水平，指经历过的事物再度出现或不在面前时能够把它确认出来或重新回想起来的过程，也就是识记与保持的内容在一定条件下可以恢复的过程。记忆的三个环节是相互联系、相互制约的。

20 世纪 50 年代以后，一些心理学家用信息加工的观点来研究解释记忆，认为记忆是人脑对输入的信息进行编码、贮存和提取的过程。可与前文的记忆的三个基本环节相对应，即编码是识记，贮存是保持，提取是再现。人对客观事物的感知，都会在脑中留下相互反映的痕迹，但由于在对信息进行编码、贮存和提取的过程中出现了一定的障碍，以致有许多的痕迹被湮没了、遗忘了，没有建立巩固的联系。这种观点可以解释像前文中广告受众购物时所发生的记忆障碍。因而我在这里详述一下此种观点及研究。

二、广告受众的记忆加工过程

记忆加工流程图

按照信息加工理论的观点，信息进入感觉器官即产生了瞬时记忆，如果被进一步注意到进入短时记忆加工，经过重复进入长时记忆。按照保存时间的长短把记忆分成三种：瞬时记忆、短时记忆和长时记忆。其工作流程见图 5－1。

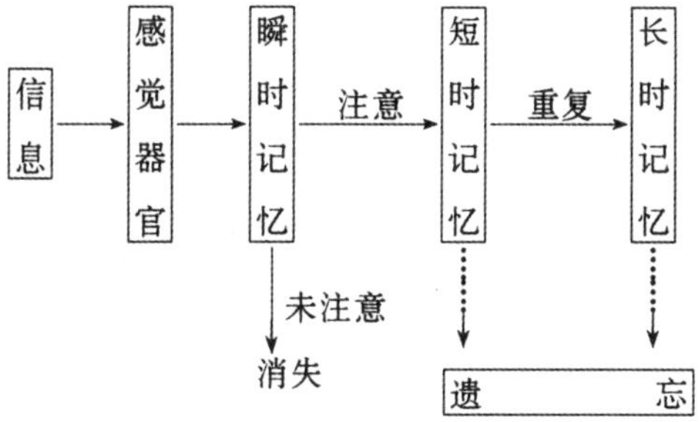

图 5－1

1. 瞬时记忆

瞬时记忆又称感觉记忆，它指当外界信息作用在感觉器官后，感觉信息在一个极短的时间内被保存下来。在此阶段，外界信息进入感觉通道，以感觉映象的形式保持瞬间，因而又称感觉记忆。它保持的时间大约在 0.25～2 秒。此时信息贮存的方式具有鲜明的形象性，十分接近客观刺激的本貌。此阶段的记忆容量相当大。如果在此阶段，这些感觉信息得到进一步注意，则进入短时记忆。

2. 短时记忆

短时记忆是瞬时记忆和长时记忆的中间阶段，指信息一次呈现后，保持时间在 1 分钟以内的记忆。

贮存在瞬时记忆的感觉信息大部分会迅速消退；只有受到注意和复习的小部分信息才转入短时记忆。短时记忆包括两个成分：一是直接记忆的成分，即输入的信息没有经过进一步的加工处理；另一种成分是工作记忆，即输入的信息经过再编码，与长时记忆中已贮存的信息发生一定的联系，必要时还可将原来贮存在长时记忆中的信息提取出来解决当前的问题。工作记忆是短时记忆的重要部分，因而又有研究者把短时记忆称为工作记忆。

短时记忆的容量十分有限，研究表明它的容量大约为 7±2 个组块，即最少容纳 5 个组块，最多容纳 9 个组块。从这个角度上可以解释上一章中提到的为什么消费者在阅读广告时，不易理解那些有复杂句法成分的句子。因为这种句子加重了工作记忆的负担，阻碍了在记忆中对其进行编码、加工。

3. 长时记忆

长时记忆指信息经过充分的和有一定深度的加工后，在头脑中长时间保留下来，它的保存时间从 1 分钟以上到许多年甚至终身。它的容量几乎没有限度。其信息来源是短时记忆中贮存的信息，经重复并编码，与个体经验建立丰富而牢固的意义联系；也有极少是由于印象深刻一次获得的。这些信息在个体需要时可以被检索并提取，从而得到再现。在长时记忆中，信息大多数以自然语言为中介进行编码，视觉表象也是常用的编码的中介。现代认知心理学研究表明，长时记忆中的信息，是以命题网络的结构方式被保存的。当需要再现时，激活其中有关的部分，有关信息被提取而转入短时记忆，随之得以再现。长时记忆中的信息是有组织的结构系统。

瞬时记忆、短时记忆、长时记忆的区分是相对的，它们之间是相互联系、相互影响的。任何信息都必须经过瞬时记忆的登记，短时记忆的加工，才可能转入长时记忆而储存在头脑中。而在这个过程中，假如不去注意，则信息就从感觉记忆中消失了。经过注意的信息在短时记忆与长时记忆中都有可能遗忘，而只有经过重复的学习，才能建立牢固的联系。记忆的生理机制是人脑在外界刺激作用下形成的暂时神经联系，是一种主客体相互反映留下的痕迹，这些痕迹在复习时经过强化得到巩固；再现时，旧痕迹被激活。

广告受众对广告的记忆

广告信息在广告受众的记忆系统是怎样被加工的呢？

广告受众对广告的记忆也要经过上述三个阶段。吸引注意是使广告信息进入消费者短时记忆的必要条件。在短时记忆中对广告信息进行编码，初步加工，留下印象，即痕迹。如果经过多次复习，这种痕迹一次次加深，成为牢固的联系，并被进一步加工，与头脑中已有的命题网络建立了意义上的稳固的联系，则进入长时记忆。进入长时记忆的广告信息才可能被保存更长的时间。在这个过程中，即使进入长时记忆的信息也会发生遗忘，在提取时出现故障。而此时需要经过反复学习，进行强化，才可加深印象。

广告受众在实际购买某物时，常常是搜集现有的广告信息和提取原有的贮存信息作为购买决策的参考。而后者对购买决策影响更多些，因广告受众在接受广告当时，或多或少要经过一段时间，才发生购买行为，正如本章开头的例子。因而进入长时记忆的广告信息更能有效地影响广告受众的购买。

广告如何使关键的信息进入广告受众的长时记忆并被贮存起来，进而像广告主期望的那样，在购买时有效地被提取出来而发挥效力呢？要回答这个问题，还要先从短时记忆说起，广告信息只有经过短时记忆的编码与加工才能进入长时记忆。

三、广告受众对广告的遗忘

在记忆的过程中会发生遗忘，前面谈到了在识记编码时，如果不能使信息组织化，则不能扩大记忆的信息量。记忆的内容在保持或提取时发生困难就是遗忘。

什么是遗忘

遗忘是识记过的事物在一定条件下，不能或错误地再认和回忆（如在本章开头所举的例子）。广告受众对广告的遗忘有各种情况，如不完全遗忘，即当广告再次出现时能确认，但广告未出现时不能把广告中的事物在头脑中重现；完全遗忘，即不能再认也不能回忆，再次看广告时就像以前从未看过，第一次经历它一样；还有临时性遗忘，即一时不能再认或重现，就像本章开头的例子；永久性遗忘，永久不能再认或回忆。

遗忘规律

德国心理学家H·艾宾浩斯（H. Ebbinghalls）最早研究了遗忘的发展进程。他受到心理物理学家C·T·费希纳（C. T. Fechner）的自然科学实验方法的启发，对记忆进行了实验研究。他采用节省法，以无意义音节作为记忆的材料，计算出保持和遗忘的数量，对像记忆这样复杂的心理现象进行了数量化的研究。其具体方法是学习材料到刚好能背诵时，之后间隔一段时间重新学习，达到同样能背诵的程度，然后比较两次学习所用的时间和诵读的次数，可得出一个绝对节省值，进而计算出节省百分数。即

节省百分数 = 初学时间 − 重学时间初学时间 × 100%

他的实验结果发现，遗忘在学习开始之后立即开始，而且遗忘的过程在开始进展最快，以后逐渐减慢。见图 5－2[1] 和表 5－1[2]：

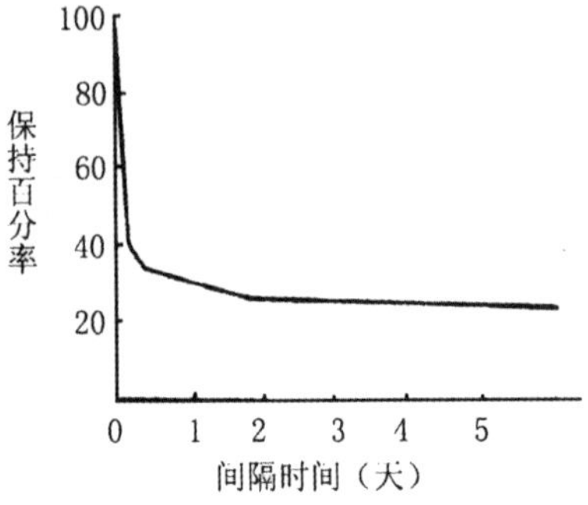

图 5－2　遗忘曲线

表 5－1　遗忘的进程

次序	时距（小时）	保持的百分数	遗忘的百分数
1	0.33	58.2	41.8
2	1	44.2	55.8
3	8.8	35.8	64.2
4	24	33.7	66.3
5	48	27.8	72.2
6	144	25.4	74.6
7	744	21.1	78.9

从图表中可知，在学习了 20 分钟之后遗忘就达到了 41.8%，而遗忘到一定程度后，遗忘的进程就减慢了许多。这条曲线即是被称为艾宾浩斯遗忘曲线，它表明了遗忘是一个先快后慢的过程。即识记之后，最初一段相对较短的时间内，遗忘得较快，以后遗忘逐渐缓慢，到了相当一段时间，几乎不再遗忘，达到一个相对稳定的水平上。遗忘现象普遍存在于人的记忆系统之中，广告受众对广告的遗忘同样符合上述规律。

---

① 朱智贤主编：《心理学大词典》，北京师范大学出版社 1989 年版。
② 彭聃龄：《普通心理学》，北京师范大学出版社 1988 年版。

遗忘的原因

关于遗忘的原因，有以下解释。

一是“干扰说”，认为遗忘是因为其他刺激的干扰使记忆痕迹产生抑制的结果。一旦干扰排除，抑制被解除，记忆也就得以恢复了。遗忘中的抑制有两种，即前摄抑制与倒摄抑制。先学习的材料对识记和回忆后学习的材料的干扰作用，是前摄抑制；而后学习的材料对保持和回忆先学习的材料的干扰作用称为倒摄抑制。这对广告信息的顺序编排有很大的指导作用。

二是“消退说”，认为遗忘是由于记忆痕迹得不到强化而逐渐减弱，以致最后消失了。心理学对记忆的上述研究成果，为回答广告如何让广告受众记住有效信息提供了理论依据。

三是“压抑说”，此理论可以解释动机性遗忘。弗洛伊德认为人为避免某种感受（如痛苦感受）在记忆中再现，而将意识中的这些经验刻意压抑到潜意识中，无法在意识中提取。这提示我们，广告不宜使广告受众产生痛苦的感受。

解释遗忘的原因众说纷纭，每种理论能够说明遗忘的部分原因，在学习和应用中不能以一概全。在广告中，广告受众对信息的遗忘主要可以用干扰说与消退说来解释。

第二节　广告让广告受众记住的方法

广告如何才能让广告受众记住呢？

一、重复

重复不仅可增加广告受众对广告的注意机会（参见第 2 章），对广告受众的记忆也有非常重要的影响。在本章前面的图 5－1 中，显示了经过重复可以克服遗忘，使短时记忆进入长时记忆。心理学家关于学习的理论研究证实了此论点。心理学中著名的刺激—反应理论学派认为学习即一种刺激与反应的结合体，某种程度上记忆体现了这一过程。桑代克（Thorndike）在动物实验研究中发现学习的效果要靠复习。耗子被放在迷宫中，复习的次数越多，则越能较快地找到正确的路线。桑代克把它叫做“练习律”，说明如果反应在某一种确定的刺激状态下经常重复的话，那么就会出现“练习律”，即学到一种刺激与反应的结合。其生理依据是暂时神经联系的建立，即条件反射的形成。这之中还有另一个因素，即促成刺激与反应结合的主要因素是这种结合对耗子有一种积极的效果。例如，实验中在迷宫的终点上放有食物，而耗子走迷宫时处于饥饿状态。这个起积极强化作用的条件产生的效果即被称为“效果律”。而对人类来说，这种强化效果不仅有其生理上的好处，还包括心理上的。例如，广告受众不自觉地经常在电视上看到某个牙膏的广告，由于广告十分吸引人，且经常重复播出，广告受众记住了这个品牌，这是练习律的体现；当他有机会买了这种牙膏，在使用时的确感觉很好，则增强了他再次买此产品的念头，这即是一个积极的强化，是效果律的体现。在广告中经常会强调这种积极正面的效果，而避免负面的效果，但这归根结蒂还要商品本身品质好。而上述的研究的确证实重复对于记忆效果有着重要的作用，因而在广告传播中，重复是使广告受众记住广告的必经之路。

用遗忘的理论（即消失说）也可解释重复对刺激在大脑中留下的痕迹产生的作用。刺激在大脑中相应的反映部位留下变化的痕迹后，随时间的间隔，痕迹会减弱，如果经常重复同一个刺激则在大脑前同一反映部分加深痕迹，就会减少遗忘。

重复一方面体现在广告的播出（登载）次数，广告不应该只播出或登载一次（寻物广告除外）；另一方面体现在一则广告中也应反复重复主题，以增强记忆效果。例如孔府家酒的电视广告（“回家篇”）中，以“家”为主题来突出产品，其广告词中重复了4遍“家”字，“千万里，千万里，我一定要回到我的家”；“我的家啊，永生永世不能忘”；“孔府家酒，叫人想家”。而且为了加深记忆效果，前边两句是由观众喜爱的歌星用歌曲唱出来的，而后面一句是被人喜爱的影星说出来的。一说到“家”时，电视画面最后落到孔府家酒瓶上的一个大大的“家”字上。这种运用综合手法的重复，给观者以极深的印象。

国外更有十分强调重复的广告。例如，“蕾格丝”裤袜在1969年的30秒电视广告中，从开头出现的巨大字体的品牌名称到结尾，“蕾格丝”一共重复了12次之多。其目的是表现“蕾格丝”（L'eggs）的象征意义，即Leg与egg的组合（腿与蛋），并把包装设计成蛋型，以此来表明其女性化特征。

二、广告重复的时间分配

根据遗忘规律，可知广告受众在刚刚接触到一个新广告后很短的时间内遗忘得更快些。为了抑制这种遗忘，减缓遗忘的进程，巩固记忆，在首次推出广告的一个相对短的时间内，应加大广告播出（登载）的频率，重复间隔很短。还可同时用各种媒体相互配合反复宣传同一广告主题内容。在广告推出初期集中一段时间，反复播出与强化，以期克服或抵消广告受众识记初期出现的快速遗忘现象。这是一种“重炮轰击”的方式。而在经过了一段时间的“轰击”之后，考虑到经济上的原因，可以减少播出频率，重复间隔也可加大。例如1年的广告播出计划，如何分配？可考虑在推出初期密集“重炮轰击”，之后可减轻“火力”，目的是起提示作用。这样一个过程在1年之中循环使用，目的是唤起更多的广告受众的注意与增加他们的记忆。而何时是一个循环周期要考虑商品的具体情况（如商品生命期和商品的适应季节等），以及媒体特点和整体策划等。这样做可使广告经费得到更合理有效的分配，相比一年之中间隔一样的重复播出要经济实惠有效得多，而且更能促进广告受众的有效记忆。

如果仅仅企图依靠密集的重复，使广告受众能够“死记硬背”，而牢记接受，这是不符合心理学原理的。因为在大多数情况下，广告受众是被动地接收广告，广告密度并不能决定广告受众的接受度，一则低劣的广告不能吸引广告受众，重复的次数再多也无效；而被广告受众反感的广告重复的次数越多，越加大这种负效果。

值得提及的是这仅仅是把广告受众看成被动接受时，假如广告受众已经决定要购买而又未决定购买什么品牌时，处于一种主动寻求信息的过程，如果此时广告的信息恰好提供了消费者作购买决策时的某项标准，或对购买起重要作用的信息时，记忆的效果最好，即被再认与回忆的准确性高。

三、广告的内容要形象、有意义

对遗忘规律的进一步研究表明，如果用有意义的材料作为识记对象，则遗忘的进程虽然也是先快后慢，但保持的百分比相对无意义材料要高得多。材料越有意义，越形象，保持率越高；朗朗上口的有韵律的材料，保持率更高。心理学中有一个生动效应，即生动形象的信息更容易被加工，因此广告中各种信息元素都要力求形象生动。

情节可以造成一定的意义，提供给广告受众编码的线索，有利于广告受众对广告的加工记忆。在广告中突出有意义和形象的信息可采取各种手段，例如，比喻、象征、制造情节等等。

四、广告编排的位置

研究发现，学习材料的安置顺序，很大程度上影响着人们的记忆。在材料的开头和结尾更易被记住，而中间部分更难记住，这可以用前摄抑制与倒摄抑制来解释。开头和结尾分别只受倒摄抑制和前摄抑制的单一作用；而中间要受前摄抑制与倒摄抑制的双重作用，被抑制的程度加大，遗忘的可能性加大，阻碍了记忆。最先呈现的材料较易回忆，可称为首因效应；最后呈现的材料易记忆，称近因效应。

广告中应把最重要的信息放在开头或结尾，如果一则广告能够首尾呼应地突出同一重点信息，则更容易使广告受众记住有效的信息。在印刷广告中，有研究发现，由于人们的视觉习惯通常是从左至右看，因而为符合这种习惯，把重要的信息放在版面的左上或右下部位，可以达到首尾突出并且呼应的效果。

例如“中华好风尚”的一则公益广告，在整版的左上角写出广告标题“注意一点，干净一片”，右下部是母子俩把空饮料杯丢到垃圾桶中的图案，其余部分是空白位。这则广告把重点信息安排在左上部的视线开始位置和右下部视线最后落脚点，并为突出主题，以大量空白位作对比，显得主题鲜明简洁，此广告获银奖。

再如庄臣婴儿护肤品的印刷广告[①]，把婴儿手、小屁股等部位的大照片安置在广告几乎整版的位置上以吸引注意，而把它的产品形象放在右下角的视觉落脚点上，以加强记忆。可爱的婴儿作为视觉导入的线索，使视线最终落到重点信息产品上。

广告的编排位置还包括把广告安放在什么媒体的什么时间或空间，如果两则类似的广告，前后播出（或登出）的时间间隔很近，则相互的干扰最大。学习材料越相似越易产生抑制作用。如果材料完全不同，则抑制效果最

① 《国际广告》，1996 年第 7 期。

小。因而内容相似的广告应尽量避免时间与空间位置的接近，并且广告应避免雷同与模仿，以免使广告受众误解，并造成记忆混乱。

在相近的地方（如版面空间上）刊登同一类产品的广告，也常常造成不利于记忆的情况发生。另外还要考虑广告安排的空间和时间，尤其是在大众传媒上登载的广告，安置在什么栏目（节目）前或后，都会影响广告受众的记忆。假如广告在一则引起广告受众恐怖情绪的栏目（节目）后，则会由于广告受众被激起的情绪而影响对广告的看法和记忆的效果。

五、广告信息量符合短时记忆容量

广告内容要简洁

在本章前面说过，短时记忆的容量十分有限，是 7±2 个组块单位。这是否意味着广告中最多只能说 9 个字，超过了就不可能被正确编码呢？如果是这样，做广告就将是一件最容易的事情了，那将意味着广告词越简单越好记。例如要推广某种新产品，这种新产品有许多优点广告受众都不了解，如果说起来肯定是超过 9 个字。但为了让广告受众好记住，干脆用一个字来代替，那就只能说一个“好”字了。这当然方便了广告受众的记忆。一个“好”字十分简单，但并未让广告受众了解任何确切的信息，所有的产品都可用一个“好”字，广告受众凭什么因为这个简单的信息就去购买产品呢？由此而知，过于简单的信息量，虽然容易加工，如果没有特定的符合广告目的的确切信息，并不能构成有效的广告。我在前面的章节中曾一再强调：广告要简洁，简洁绝不是简单！虽然一字之差，内涵却大不一样。

简洁指简明扼要，干净清爽，主题突出。

广告的简洁是要突出广告的主题，即一则广告中最想让广告受众记住的信息，而这个信息一定与广告的最终目的相连接，让广告受众在短时记忆中容易加工，最终记住广告中最有效的信息，如品牌名、商品名或企业名等。这就是简洁的真正含义！

例如“今年爸妈不收礼，收礼还是脑白金。”这句广告语朗朗上口，并且主题突出。记住的人都会知道这是产品“脑白金”的广告，在广告受众头脑中留下的记忆链接是“收礼－脑白金”。既突出了广告诉求点“送礼”，又和产品“脑白金”紧密相连，使记住它的广告受众在要买礼品时就会联想到脑白金，从而完成了“让广告受众记住”这一层目的。但仅此还不能说明它一定能达到广告的最终目的。还要考虑广告受众对它的情感与接受程度等因素。只让广告受众记住产品的名称但不想买它，并不是广告的最终目的。

如果广告语容易让广告受众记住，而在其中又没有突出广告产品的品牌或企业，使广告受众无法在记忆中将广告语和广告所宣传的品牌或企业相链接，那么即使广告语再容易记住，也无法顺利达到广告的目的。

请看一年一度的“广告金片金句”活动的结果①。

本次调查用开放式的方法，让被调查者在无提示的情况下写出印象最深的广告语和影视广告片等。调查对象为参与“莫比”广告奖展映活动的广告人及相关专业的师生和社会上的广告爱好者，因此调查结果更多地反映出一种圈内人的看法。以下是排名在前8位的广告金句：

a. 钻石恒久远，一颗永流传

b. 科技以人为本

c. 味道好极了!

d. Just do it

e. 更多美味，更多欢笑，仅在麦当劳

f. 人类失去联想，世界将会怎样

g. 让我们做得更好

h. 大宝明天见，大宝天天见

请回忆一下这些广告金句中，那些是记起广告句，就能想起广告产品的品牌或企业名的?

哪些句子更容易让广告受众加工呢?

上章中谈到，在句型上简单句更容易被加工；熟悉的词句更容易被加工。

因此，广告的简洁一定要主题突出，让广告受众在短时记忆中容易加工，并容易记住那些最有效的信息。

广告内容要组织化

在日常生活中，我们觉得在1分钟之内并不是只能记住7个字或7个

---

① 《国际广告》，2001年11期。

数。例如我们会一下子记住一个电话号码，如：13221143967。这个号码包括了 11 个数字，但也能很容易地记住它，可见这个短时记忆容量并不是简单的 7±2 个字或数。

再请回忆短时记忆容量的单位量是组块（chunk）。组块指能够处理并记忆的信息单元。组块可以把几个小单位组成大单位，即短时记忆容量的每个单位是一个信息组块，而不一定是一个单字或单个数目。组块的大小没有一定的标准，与个体的经验有关。以上面的电话号码为例：通常人们是把前面 4 位数作为一个组块，即 13223，中间 4 位数作为另一个组块，即 1143；再把最后 3 位数作为一个组块，即 967。这样一划分这个号码一共只有 3 个组块单位，因而即使短时记忆容量最少的人（5 个组块的容量），也可顺利地记住它。数字可以组成组块，文字或图形也都可以形成组块。

看下面的图 5-3，瞬间看图 A，然后回忆图 A 中“△”的数量；再瞬间看图 B，然后回忆图 B 中“△”的数量。

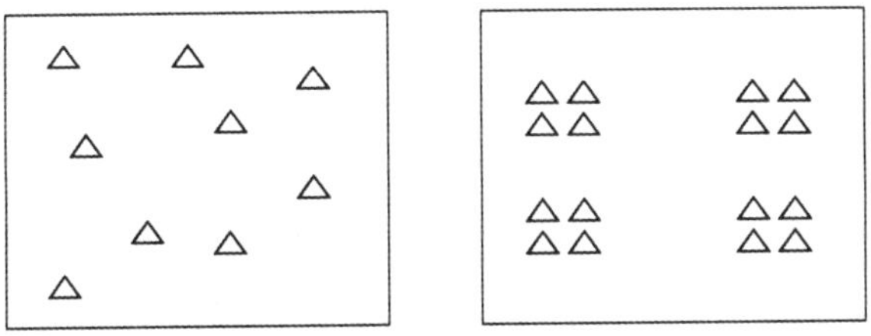

A　　　　B

图 5-3

在图 5-3 的 A、B 两个图中，一分钟之内，显然 B 图比 A 图更容易记住。虽然 A 图中的“△”比 B 图中的少，但 A 图中的“△”是无组织的，分布散乱的，其中每个“△”都只能是一个记忆组块，一共有 9 个组块，因而增加了记忆的困难。而 B 图中的“△”是按一定的规则排列的，每 4 个“△”可以构成一个记忆组块。虽然一共有 16 个“△”，但按记忆组块计算却只有 4 个组块。因此 B 图更易记住，而且信息量也更大。

由此而知，在一则广告中，信息量只有按一定的意义与规则组织起来，才能提高广告受众记忆的信息量。例如广告图形的安排有一定的意义规则，语言文字上的合辙压韵等。例如小霸王学习机的广告语就利用几乎人人都会的拍手儿歌来组织信息。"你拍一，我拍一，新一代的学习机；你拍三，我拍三，学习起来很简单；你拍四，我拍四，包你三天会打字；你拍五，我拍五，为了将来打基础；你拍八，我拍八，学习游戏顶呱呱；你拍九，我拍九，21 世纪在招手。"用人们喜闻乐见的儿歌把信息组织化，从而增大了记忆的信息量。

在此要格外注意的是，广告在进行组织化时所用的规则或意义一定是广告对象所熟知的经验。就像前面（图 5－3）B 图中每 4 个"△"是一个组块，共有 4 个组块，而这之中的规则是成人众所周知的运算规则，即 4×4＝16。在形成组块时，是以其熟悉的经验为前提的。当这个规则已被其所知，能够迅速地从长时记忆的命题网络中提取到工作记忆中，才能对其记忆有所帮助。否则，组织化的意义就不存在了。例如图 5－3 中，如果在瞬间把其中的 B 图给一个两岁的儿童看，他是无法正确加工这个图的。因为在两岁的儿童的经验中还不知道 4×4＝16 的规则，他无法把 16 个"△"组织成 4 个组块，对于他来说，图中每个"△"都是一个记忆单位（即组块），加起来共有 16 个组块，已经超过了短时记忆的容量（7±2 个组块）限定。因此广告不仅要把信息组织化形成组块，限制在广告受众短时记忆加工容量之内；而且还要深入地调查了解广告对象的经验、认知结构等，按照其熟悉的规则进行组织化。这样才能使组块成为广告对象有意义的记忆加工单元。

在无意注意下，通常把广告受众的短时记忆容量定为 5 个组块以下更为可靠。也就是说，广告信息在 5 个组块以下，广告受众在短时记忆中能进行较为正确的加工。

组块的意义应用于广告中，还可以通过不同的侧面与角度去组织信息，提高广告受众记忆的信息量。假如文字中没有说出的，可以用色彩、图像等加以补充。通常一则广告中，语言文字常常是用来突出主题的。假如此时在语言文字方面已接近 7 个组块时，可用色彩等方面来补充信息，烘托主题。

增大广告受众短时记忆的信息量，意味着广告要帮助广告受众把信息组织化。也就是说，广告信息要使广告受众明确这种把信息编成组块的规则。就像图 5－3 中的 B 要把 16 个"△"按一定的规则排列成 4 组，避免散乱地分布。如果信息不明确，概念规则不鲜明，会造成广告受众编码的困难。这种情况不仅在广告的语言文字中出现，在电视广告的图像中也常有表现。有些电视广告片，故意玩花样搞噱头，以为只要"佐料"加得多，广告受众就喜欢看，而不太考虑这些“佐料”与广告的主要信息是否相关或有联系。例如，某个电视广告片，开始画面上出现一辆奔驰而来的红色小轿车嘎然而止，车形华丽现代，观者被吸引，以为是一则汽车广告；镜头一切换，接下来的是驾驶座上一位绝色美女正妩媚地对着镜头微笑，观者跟着想，美女为汽车增色更具诱惑力；此时镜头又从美女的脸部移到她的脚上，出现了一双式样新潮的高跟鞋的特写，此时观者会似有所悟，认为这可能暗示此车的刹车格外灵，或偶有思维灵活者或许会猜测这是否是鞋的广告而推翻开头的设想；但这并不是结局，镜头又转到了驾驶室中的美女身上，见她伸出纤纤玉手拿起了驾驶室中放着的一罐饮料，对着镜头说：“你也来一杯！”原来是则饮料广告。观者顿感突兀，汽车—美女—鞋—饮料，这之中的转折，牵强费解。这个广告中让观者印象更深的是豪华的车和靓丽的脸。因而画面形象的连接与表现，同样需要让广告受众感到信息有组织，才能增加记忆的有效信息量。

六、减少信息变异

记忆不像一面镜子，机械静止地反映镜外的事物，一成不变。记忆是一个动态的过程。在保持阶段，储存的经验会发生变化，保持的数量会随时间下降。由于每个人知识经验的不同，加工组织的方式不同，保持的内容会受到头脑中已有图式的影响，发生变化。人在记忆时是按照自己的图式进行编码、加工，此时，记忆表象在某种程度上被自己的想象和已有经验补充着，因而每个人对客观事物的记忆都夹杂着自己的固有经验与想象的成分，因而会在一定程度上产生信息变异。这种变化有以下几个特点：

1. 内容趋于概括化，不重要的细节会渐渐遗忘。

2. 内容趋于意义性，按照已有的图式解释其意义。

如果广告不能使广告受众头脑中的记忆信息按照广告所期望的方向加深，即使曾在广告受众头脑中留下了概括化的商品信息（如商品品牌名称）及其对广告受众的有意义的信息，也可能会发生信息歧变，而违背了广告主的初衷。广告受众对于一则广告内容的初期记忆是较为完整的，时间长了，记忆的内容就有可能模糊、分解或与新的内容重新组合。如：对广告中的品牌名称、商标、产地等加以变更；或把同类商品类似形式与内容的广告混在一起；或对广告内容增加或减少或产生歧义；在复述广告时，脱离原文，等等。

要避免这种现象应注意：

第一，广告要避免与同类产品广告雷同，避免跟风模仿，造成混淆；

第二，要重点突出，多次重复，尤其是突出商品的名称这类概念化的东西；

第三，广告语言顺口易记，即规则化、组织化的信息。

七、运用多种感觉器官

研究表明，多种感觉器官同时参加的识记，记忆效果优于单一感觉器官的识记（见表 5－2）。

表 5－2

组别	识记方式	识记效果（%）
1	视觉识记	70
2	听觉	60
3	视、听	86.3

为了帮助广告受众能更好地记住广告内容，应尽量考虑广告载体是否能更好地调动广告受众的多种感觉通道，多种感官的同时作用可加深印象，增加记忆效果。

八、运用联想

什么是联想

联想是指由当前感知的事物想起过去或未来的有关的另一事物，或由一种事物的经验想起另一事物的经验的心理过程。简言之，即从一事物的观念想到另一事物的观念的心理过程。

巴甫洛夫的条件反射学说认为，“联想是神经中已形成的暂时神经联系的复活”。客观事物是相互联系的，在头脑中形成的经验也是相互联系的。联想体现了客观事物之间的相互关系。联想既可以帮助唤起对过去的回忆，还可以引起对于未来的想象。

广告中经常运用联想这种手法帮助消费者在头脑中创造建立某种固定的联系。如由于广告的诉求，使广告受众看到西部牛仔会联想到万宝路香烟，在记忆中建立了西部牛仔—万宝路香烟的连接。就是说，在广告创意中，广告人把自己独特有个性的联想，在广告中表现出来明示给消费者，帮助他们也建立这一联想（可参看第 11 章）。

在广告中还常常用某种手段刺激广告受众产生联想。例如可口可乐广告，用红色的基调刺激广告受众，使其由红色联想到青春；而冰箱广告，也常用冰雪使广告受众联想到冰箱的制冷作用。

广告中更要十分注意利用广告受众头脑中已经存在的固定连接，即某个词使人产生的第一个联想的词 。如“天安门”使大多数人首先联想到的是“北京”、“首都”或“中国”。在广告中如果可能，应利用广告受众头脑中已有的第一个联想的词。如养生堂的“清嘴”口含片，其电视广告片中一个青春美丽的女孩儿问“你知道清嘴的滋味吗”。听到这句广告语的人，由于声音的相似，大多数都会把“清嘴”与“亲嘴”相联接，使人产生与自己的情思相连接的进一步联想。这句设问式的广告语，因为语音的相近，既能较强地吸引广告受众的注意，又能很好地产生联想记忆。

联想的种类

联想可以分为简单联想和复杂联想。简单联想是把具有类似特征的现象，或时空上接近的事物，或相对立的现象联系在一起。它包括类似联想、接近联想和对比联想。

例如，古代故事中，某公为试其子的能力，让他们就纷飞的雪花咏诗一首，结果一子由雪花联想到柳絮，巧妙新颖；另一子则由雪花联想到白色的盐落满大地。这两种联想都是一种类似联想，即它们之间有着类似的特点即白色。而从这个故事里可看到联想受已有经验的影响，同时也受想像力的影响。接近联想，例如从河想到桥，从船想到桨，表现一种时空关系的接近。对比联想则表现从某一事物想到与其矛盾的另一事物，如由水想到火等。

复杂联想是由见到某种事物而联想到它的意义及它与其他事物的关系等。由此又称为关系联想或意义联想。它包括因果关系联想、种属关系联想、部分与整体关系联想以及作用与效应关系联想等。

广告中既要运用简单联想，又不能仅仅停留在简单联想之上。简单联想容易使广告作品产生雷同现象；而利用复杂联想，发现事物间的深层联系，巧妙地表现，则会体现出其独特品质，产生与众不同的效果，也更有利于消费者深入加工记忆。

联想的规律

联想遵循四种规律：接近律、类似律、对比律和因果律。

1. 接近律，指对时间或空间上接近的事物产生的联想。例如，节日与礼品是时间上的接近，提到节日很容易想到礼品。广告可利用这种联想，如“节日送大礼，乖乖大礼包”，把产品名称与礼品联接，到了节日就会联想到此产品。

2. 类似律，是将形似、义近的事物加以类比而产生的联想。这是由于当人对某一事物感知时，会引起对和它在性质上、形态上或其他方面相似的事物的回忆，这是暂时神经联系泛化与概括化的表现（泛化即对相似的事物不能分辨而作出相同的反应；概括化即指对不同的事物的共同特征作出的反应)。例如：用绿色比拟生命。广告中可借用拟人、象征、比喻等各种手法来表现类似的关系，以利于广告受众用十分熟悉的事物来解释新事物。

3. 对比律，指对于性质和特点相反的事物产生的联想。有些事物在某一种共同特性中具有较大的差异，由此差异引起联想。这种鲜明的对比十分引人注目，广告中这种手法也是常见的。

4. 因果律，指对逻辑上有因果关系的事物产生的联想。例如，清晨起来，看到窗外地面潮湿，会联想到可能是夜里下了小雨。在广告中常用这种关系揭示某产品可以满足广告受众的某种需要，把商品观念与需要观念联系起来，以建立一种深层的关联，突出产品个性，达到便于记忆的效果。例如20世纪90年代初期，“凤凰”自行车针对青少年做的一则广告。首先了解到这一代青少年具有一种长大成人，想追求独立生活的强烈愿望，于是推出这样的广告：“独立，从掌握一辆凤凰自行车开始”。帮助广告对象把商品与其自身的需求产生关联，效果较好。

综上所述，用联想手法，可帮助广告受众更好地记住广告。这要求广告人在创意时，需要准确了解目标市场、广告对象及商品特性等，从而揭示出合理而独特的关系，使广告受众按广告意图联想。在许多广告中我们都可以看到各种联想手法的综合运用。

另外，广告引起广告受众的情绪，会影响其记忆。而动机对广告受众的记忆效果也有重要的影响，满足动机可提高记忆效果。

说到这里，是否可以认为广告如果让广告受众记住了，就可起到促销作用呢？有许多时候广告受众对某一品牌有印象，但他却并不去购买。因而使广告受众记住，仍然是实现广告促销的一个必要条件。著名广告人奥格威曾说过，“真正的好广告不是你记得那个广告，而是你不记得那个广告而你采取了行动”。购买行动的最终动力是消费者的购买动机。

在以上的章节中讲了广告“怎么说”才能让广告受众更好地接受、理解和记住。下面说说广告要“说什么”，才能达到广告的目的，也就是广告的定位。广告之所以存在，是因为它和消费者的需要发生了联系。广告的定位就是找到所宣传的产品或企业与消费者的哪些需要发生了怎样的关系。

第 6 章

广告受众接受广告的心理动因

广告受众为什么看广告？广告能够存在并且飞速发展，必然有其存在的合理性。广告传播使商品和广告受众（消费者）连接起来。在现代社会中，广告传播的这种桥梁作用不仅使商品获得更好的流通，广告主和广告公司获利，而且它一定是能够为广告受众提供某种好处，才可能使广告受众接受它，从而使广告行业得以持续发展。

如果从更深层来分析广告受众为什么会接受广告，就要从分析广告受众接受广告的内在动力是什么入手。

在绪论中我们知道人对事物的解释和行为受到其个性心理倾向的影响，如兴趣、需要、动机等，这些正是一个人做某个行为的内在动力系统。

由于现代社会传播渠道的快速发展，人们每天都要面对纷繁的信息，广告信息就是其中之一。当你看一个精彩的电视剧时广告会插播进来打断你；当你走在街上，映入眼帘的是各种路牌广告，甚至飞驰而过的公交车的外车厢上也印满各种花花绿绿的广告；当你回家乘坐电梯时，无论是在电梯门外还是在电梯厢内都可以看到各式各样的广告；打开收音机是广告；买张票，票的背面也是广告……我们生活在一个被信息包围的环境中，只要我们的感官是正常的，就无法拒绝广告信息的进入。虽然表面上在多数情况下我们接收广告信息是被动的，而实质上广告传播是广告传者和广告受众的一个互动过程。只有广告受众接受了广告信息，才可能达到双赢，也才可能使广告传播变成可持续发展的过程。

在常规社会情况下，影响人们行为的渠道大致有两个方面，一是硬性的，通过国家制度、法律法规、国家机器等直接影响人们的行为；二是软性的，通过影响人们的思想、观念、态度等心理因素来间接地影响其行为。广告传播属于这种软性的影响，它用广告信息影响广告受众的心理，不仅要让广告受众注意、理解、记住，更重要的是满足与激发他们的某些需要，并使其形成或改变某种态度，进而间接地影响其消费行为。因此广告传播是一种“攻心策略”。古人云：攻心为上策。既然是上策，自然难度、要求就更高，所谓“知己知彼，百战不殆”。广告要达到其目的，首先要了解广告对象到底想从广告中得到什么才能满意。解决这个问题，也就是解决广告要“说什么”的问题，即广告的定位问题。

总之，广告受众接受广告的动力最主要的是广告满足和诱发了消费者的某些需求。

心理学中对人行为的动力的研究有许多理论流派。例如，精神分析学派从本能论的角度去分析人的行为的原动力，弗洛伊德分析了精神病患者的动因，认为人最根本的原动力是力比多，他称之为性本能；人本主义学派心理学马斯洛（A·H·Maslow）从似本能的角度分析健全人，提出需要的层次理论。本章重点用马斯洛的理论分析消费者的基本需要，从而了解广告受众（即消费者）接受广告的内在动因。

第一节 需要的理论

一、需要的概念

广告给了广告受众什么？

有调查发现，人们喜欢看广告的原因之一是从广告中可以获得娱乐和美的享受。广告符合了广告受众感受美和获得轻松娱乐的需要，这仅仅是广告给他们带来的利益之一，同时也是广告获得成功的一种手段。

广告能够生存和发展的真正原因是什么呢？

奥美广告公司1991年在台湾做过一项调查表明（详细资料见第7章表

7－1)，92.0％的受访者认为广告是了解新产品的好方法；90.6％的人认为广告是能获知市面上有什么产品或服务的好方法；84.8％的人认为广告是一种能获知产品功能或服务内容的好方法；77.2％的人认为广告会让人们想去获得自己并不真正需要的东西。

在黄合水所著的《广告心理学》中引用过一些关于消费者接触广告的调查结果（见表6－1、表6－2)。

表6－1　您看广告的目的是什么（％）

	上海	广州	北京
①主要是为了购物和了解市场动向	43.3	38.8	40.0
②比起一些节目，广告更有意思	5.9	7.0	4.7
③作为一种消遣	19.0	20.3	11.0
④等下面的节目	30.0	30.0	35.8
⑤其他、无回答	1.8	4.0	8.2

表6－2　消费者感受到广告各种影响的比例（％）

影响的方面	上海	北京	广州
①有了广告，市场环境变化了	18.7	23.8	15.7
②同以前相比，电视台的节目有了很大的改变	24.2	34.8	20.3
③买东西时经常会想起各种广告	35.8	32.0	32.2
④广告信息常常是朋友家人交谈的话题	16.5	18.8	16.9
⑤年轻人、妇女模仿电视广告演员的衣着打扮	16.7	8.8	11.1
⑥艺术团体的演出有浓厚的商业气息	8.3	9.0	6.3
⑦少年儿童模仿一些广告词、广告歌	20.3	20.5	13.5
⑧人们热衷于名牌货与外国货	28.2	25.5	18.4
⑨其他	0.2	1.8	4.0

同样在1994年的关于中国广告意识的调查中也可看到受众对广告的看法（见表6－3)。

表6-3　对广告的看法

	同意和比较同意	说不清	不太同意和不同意
①广告可以提供商品信息，促进经济发展	88.8	2.2	1.8
②广告会刺激高消费，对社会发展不利	5.9	2.2	70.9
③真正好的东西不要做广告，刊播广告是一种浪费	6.4	6.0	73.7
④广告刺激企业竞争，促进企业不断提高产品质量	73.1	8.0	10.1
⑤广告使商品价格上升，增加消费者负担	21.5	15.5	48.3
⑥广告可以给人们以艺术享受	69.7	9.2	10.2
⑦广告干扰人们正常生活内容，是强加于人的	4.0	4.9	75.2
⑧广告收入能支持大众传播媒介发展，丰富人们文化生活	61.1	16.2	8.8
⑨广告助长了社会文化庸俗的倾向	6.5	12.3	65.3
⑩广告有助于更新消费观念，推进社会进步	72.8	8.5	7.4

资料引自：《现代广告》(1995)

综上调查而知，广告能够生存与发展的真正原因是它使商品和消费者联接起来，在二者之间架起一座桥。商品的固有功能是满足消费者的某种需要，而这种信息消费者如何得知？重要的途径就是广告传播。广告主通过广告公司借一定的媒体把信息传递给广告受众（即消费者），而且还要达到影响广告受众的心理，使其能够接受的目的，从而完成广告作为营销的重要环节的作用，达到促进销售的目的。在这一过程中，广告只有通过影响广告受众（在此泛指消费者）的心理，激发起其对此商品的需要，使其消费态度发生变化，才能使其购买行为有发生的可能性。因为消费者的需要是其购买行为的内在动因，也是商品存在的根本原因，因而如何使消费者知道并接受某种产品能够满足他的某种需求，且激发起消费者的这种需求，就成为广告成功的真正秘密，也是广告给消费者心理带来的最终利益。

请先回顾一下自己为什么去买某种商品。当生理上产生某种缺乏感和在心理上激发起某种欲望时，此时如果外界环境许可，则会发生购买行为。购买行为受到消费者内部因素（如需要）和外部环境因素的共同影响。

消费者的需要指消费者有机体的内部环境和外部生活条件的要求在其头脑中的反映。需要是个人的心理活动和行为表现的基本动力。消费者的需要常常以一种“缺乏感”来体验，即消费者由于某种东西的缺乏而引起的内部紧张状态和不舒服感，它使其产生欲望，是购买行为的内在驱动力。

“需要具有以下特点：第一，需要总是具有特定的内容，总是指对于某种东西、某种条件或活动的某些结果的需要。需要的具体内容表明需要的性质；第二，需要具有周期性，许多需要（特别是一些基本需要）能重新产生、重新出现。需要的周期性是有机体对其内部或周围环境周期性变化的反映；第三，需要是随着满足需要的具体内容和方式的改变而不断变化和发展的。这是需要发展的最一般规律。”①

“需要是与人的活动联系着的，需要一旦被意识并驱使人去行动时，就以活动动机的形式表现出来，需要是个性积极性的动力，它激发人的活动朝着一定的方向、追求一定的对象以求得自身的满足。需要越强烈、越迫切，由它所引起的活动也就越有力。当人通过活动使原有的需要得到满足时，又会产生新的需要。而这种需要又会激发和推动人从事某种朝向新的目标的活动。”②

在生活中许多需要是未被消费者意识到的。马斯洛认为：“被我们称之为基本需要的东西，通常大部分是无意识的，虽然对于富有经验的人，借助于恰当的方法，它们可能变为有意识的。”而当需要成为明确意识到的，且成为维持行为发生与完成的动力时即成为动机。购买行为的内在动力即购买动机。

动机的发生有两方面因素：

一是消费者内部的需要达到一定程度，使其明确意识到；

二是外部诱因诱发其潜在需要，使其明确意识到。广告正是这个外部诱因之一。

需要是动态的、发展的，从某种角度讲，需要是人类发展的内在动力。需要是有一定条件的，需要的变化也是有条件的，所谓“食必常饱，然后求灵；衣必常暖，然后求丽；居必常安，然后求乐。”人们感到需要什么，就会留意关心什么，而一时不需要什么，就不会去关注它。需要属于一个人的个性意识倾向性，它影响着人整个的心理过程，如认识活动、情感过程和意志过程。例如，当一个人感到十分饥饿时，不仅在他的肠胃功能上有生理上

---

① 《中国大百科全书·心理学》，中国大百得全书出版社 1991 年版。

② 同上。

的反应，甚至他的心理过程也有变化，他会比平时更容易发现有关食物的信息，比别的时候更容易记住有关食品的广告，他的情绪也会变得焦躁不安，他思考的问题也会更倾向于如何吃一顿，这一切变化都是需要的影响。

二、消费者的基本需要

美国心理学家马斯洛提出需要层次理论。他认为需要的满足是人的全部发展的一个最简单的原则。他把人的基本需要分成五个层次，即：生理需要、安全需要、归属与爱的需要、尊重的需要、自我实现的需要。每种需要的表现形式是丰富多彩、千差万别的。在消费活动中是如何体现的呢？

消费者生理需要

消费者生理需要主要体现在对饮食、睡眠、性等方面，有关这些方面的各类商品就是为满足消费者的这类需要而设计、生产的。

消费者的安全需要

消费者的安全需要，如保障自身安全、财产安全的需要，由此使得各类防身、防窃工具层出不穷。还有人们对稳定的社会秩序的追求；对有保障稳定的职业的追求；渴望有一定的财产作保障；对各类保险的需求；对衰老死亡的恐惧，这种需求使得各种延年保健品和化妆品迅速发展；还有许多成年消费者想借助某种商品重新体验婴儿时代在母亲怀抱里的安全感。消费者“寻求安全与稳定的努力”，还表现在“一种极为常见的偏爱：偏爱熟悉的事物，而不是不熟悉的事物”[①]，这从消费者心理的深层揭示了为什么广告要更多地建立熟悉感。

消费者的归属与爱的需要

消费者的归属与爱的需要，体现在消费者都希望被某一群体承认，隶属于某个群体；广告中常常激发这种对群体的认同需求，而诱导消费者产生购买行为（参见第 7 章）。人都“渴望同他人有一种充满深情的关系，渴望在

① 马斯洛著，许金声等译：《动机与人格》，华夏出版社 1987 年版。

他的团体和家庭中有一个位置，他将为达到这个目标而作出努力”。在某种时刻，“他将希望获得一个位置，胜过希望获得世界上的任何东西”。如果此时广告告诉他某种产品可以使他获得这个“位置”，试想他将如何呢？爱是一个永恒的主题，许多商品正是因为间接或直接地满足了消费者的这种需要得以畅销。如：“爱妻”牌洗衣机。许多的广告也从这个角度诱发着消费者对爱的需求，这之中包括情爱、友爱，对父母、子女的爱，对民族、祖国集体的爱等等，消费者对社会交往的需求也体现在此。

消费者尊重的需要

消费者尊重的需要，表现在他们都希望通过某种产品提高自己的地位、声誉，受到别人的认可与尊敬；每个消费者都希望自己是独特的，与众不同的，被人注目的，他们希望通过使用某种商品而掩饰自己的缺欠与不足，突出自己的优势，使自己更自信、自尊；消费者也希望某种产品能使自己体现出具有征服与支配别人的力量等等。

消费者自我实现的需要

消费者自我实现的需要，体现在消费者具有通过某种商品充分发挥自己的才能与创造力，开拓自己的潜在能力，追求理想、知识等需求。

马斯洛认为有一些条件是基本需要满足的先决条件，如认知和理解的欲望（即“好奇心，对于知识、真理和智慧的追求以及解释宇宙之谜的一成不变的欲望”①）和审美的需要等。因而广告中可以利用消费者的好奇心、探究需要等来吸引消费者的注意。例如广告语采用设问句式等；还可在广告中用各种艺术技巧来满足消费者对美的一贯追求，以期增加对产品的好感。在这样的前提下，广告如果能够诱发消费者的某种基本需要，并告之它所宣传的产品可以使其需要获得满足，那么这个广告一定是成功的。

---

① 马斯洛著，许金声等译：《动机与人格》，华夏出版社 1987 年版。

三、广告利用消费者的优势需要

需要的波浪式阶梯层次

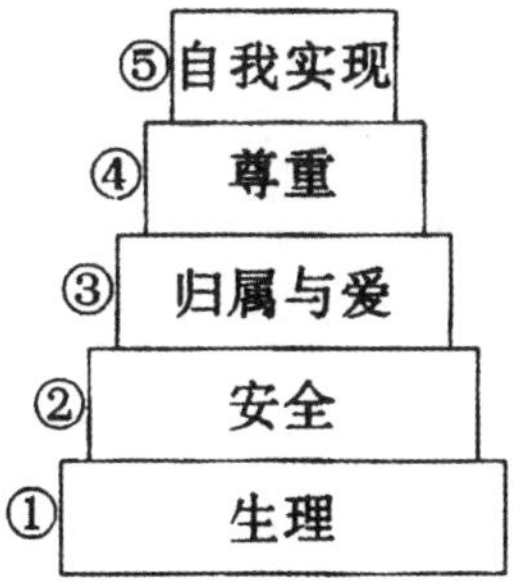

图 6－1

前面仅仅提到马斯洛把人类的需要分为五种基本需求。他还认为，这五种需要是有层次的，生理需求是最低层次的，五种需求依次递增，自我实现的需要为最高层次（如图 6－1）。

当人们的低层次需要得到满足后，需要会向高一层次发展，各级需要层次不是间断的阶梯，不是一层需要满足后才有另一层的需要。个体需要结构的演进是波浪式前进的，一级的需要高峰过后，较高一级的需要才起优势作用(见图 6－2)。[①]

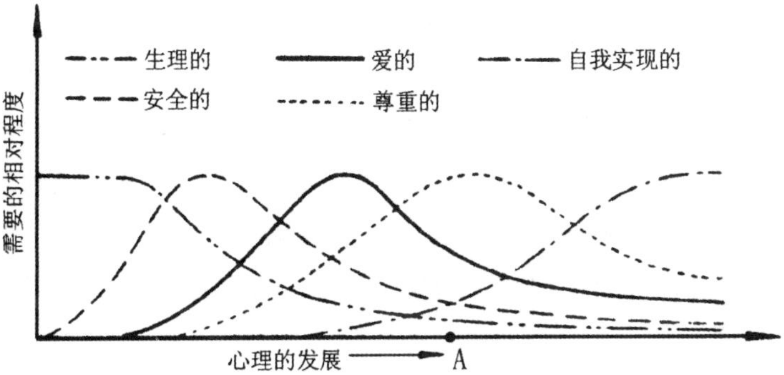

图 6－2　马斯洛的需要层次

消费者的优势需要

各级需要层次的产生与个体发育有密切的联系，每个不同的时期同时存在着各种基本需要。但在每个不同的发育阶段，各种基本需要的强度各不相同，其中强度最大的被称为优势需要。

① 《中国大百科全书·心理学》，中国大百科全书出版社 1991 年版。

例如婴儿期主要表现出生理需要，而后是安全需要；归属与爱的需要在青少年期更为强烈；而中年期更多的是尊重的需要；青年中晚期后，自我实现的需要开始逐渐强烈。

请看图 6-2 中 A 点这一心理发育时期，优势需要是尊重的需要，它的强度最大。其次为归属与爱的需要，再次为自我实现、安全及生理需求。这一心理发育时期大致相当于生理发育年龄的中年期，中年期由于已成家就业，归属与爱的需要基本获得满足，于是被人尊重及获得权力、事业有成等需要就上升为强度最高的优势需要。例如这一时期尊重的需要成为最希望被满足的需要，生活中的点点滴滴都会渗透出对这种需要的渴求。在这个时期的人对那些出言不逊、言语不恭的人更为反感。在消费中如果经济上许可，他们更愿意购买那些能够显示或表现出他们身份的商品。但这并不是说其他需要不存在了，它们只是相对变得次要了。

马斯洛认为基本需要不会因被满足而消失。上述描述是按照人的整个心理发育阶段来看各时期的优势需要，它可提供我们在不同年龄阶段的消费者，对商品的需求不同；而同一商品对不同年龄段的消费者来说，如果能分别满足他们的不同的优势需求，也就是说这一商品能够满足消费者的需求层次越多，就可以具有范围更大的购买者，商品只有在最能满足消费者之所需时，才能够卖得出去。在这种情况下，广告也可以以此年龄阶段的优势需要为线索，找到这种需要与产品的关联，以此为诉求点。

然而消费者的需要多种多样，因人而异，因地而异，因时而异，存在着许多个体差异。在广告中不可能仅仅是从人的总体发展趋势上去找优势需要，因为许多产品都可与这种总体上的优势需要相关联。而针对每一个不同的商品，还要找到它在消费者群中所能满足的各种需要比例。

例如，某种棋类产品，通常认为是娱乐的需要为优势，消费者买棋类产品，多数是为了自我娱乐，由此可以用此种功能作为主要诉求点。但如果多数同类产品都以此为诉求点，则使每一品牌都不突出，而无个性，这样广告就只能起到宣传此类产品的作用，而不是为这一个品牌产品做促销宣传。因而在了解产品可以满足消费者各种需要时不仅要看其优势需要，还要考虑其他同时存在的需要。因为购买行为决不仅仅是某一种需要的单纯作用。此例中，买棋类产品还有发挥智力和增加交友机会等需要。

需要的相互转化

马斯洛认为优势需要与次要需要在一定条件下是可以相互转化的。这个“一定条件”体现在消费活动中，广告是一个重要的诱因。还是看上述某种棋类产品的例子，如果此时广告极力诱发次要需要，使消费者明确意识到此次要需要，则它的强度增大，可转化成优势需要。如此例中，假如其他同类产品都极力突出棋类供人娱乐的功能，而××牌棋，在广告中却宣传此棋可使人有更多的机会结交志同道合的朋友，则可使该品牌的产品个性鲜明，增强其次要需要的强度，而且可避开与其他同类产品的竞争锋芒，扩展销售市场。

消费者对某一商品的优势需要，在广告中何时应用效果最佳?

当此产品能够满足消费者的优势需要，而且是在同类产品中第一次作出这样的广告传播时，会使产品的优点十分突出和诱人。但假如你的产品并未争取到这样一个“第一”的好机会，则不宜跟着别的产品来诉说同样的功效，此时要去发现消费者对产品的其他次要需要中，哪种需求更能使你的产品别具特色，把此点在广告中加以强调，使消费者对此种需要的强度增大，进而成为对你这一个产品而言的优势需要。在一定条件下，消费者对某产品的优势需要与次要需要可相互转换。

还记得前文提到过的马斯洛的观点吗?他认为基本需要不会随着获得满足而消失，某需要被满足后，它不是消失，而是退为次要或潜在需要。人不会由于吃过一顿美餐后，就再也不饿了。这使得广告有了很大的用武之地，它可以充分发现那些没有被别的广告所宣传的潜在的需要，十分艺术地加以宣传，对消费者进行强化，以此使消费者明确意识到这种需要的存在，并且增大这种需要的强度，达到优势需要的转换。

第二节　广告对消费者需要的诱发

一、选择恰当的动机或需求

人们的一个行为常常不完全是由某一个单一的动机所驱使，动机或需求通常是复杂的系统，有些动机消费者是可以公开说出来的；而有些动机由于某种社会评价标准的限制，消费者是不愿说出来的。广告到底要诱发消费者的哪些动机呢？尽可能把广告诉求定位在那些社会评价标准许可的范围内，消费者愿意公开表现出来的动机上。

再回顾一下第一章中速溶咖啡的例子。20 世纪 50 年代速溶咖啡在美国初上市时，并未像广告商预想的那样引起轰动。市场销量平平。广告商请了心理学家作动机分析，发现以家庭主妇为主要购买者的广告对象中，认为广告中所宣传的速溶咖啡只是方便而已。由此容易使他人对购买者的动机产生深层的否定评价，即购买速溶咖啡的主妇是懒惰的。而人们喝咖啡的另一个需要是由于它新鲜美味。于是广告改变了诉求点，突出速溶咖啡的新鲜可口，更重要的是这个需求是消费者愿意公开的，不会引起与社会评价标准的矛盾。从而能使消费者由于味美而心安理得地购买为她们提供方便的速溶咖啡，使速溶咖啡销量大涨。

又如，李奥·贝纳广告公司为 P & G（宝洁公司）的一种新型片装洗洁剂“喝彩牌”所做的广告。以往大包装的洗洁剂，妇女们在每次用时，常常是凭感觉来量出一定量的洗洁剂，这使得洗洁剂的分量不正确，达不到洗洁剂真正的效果。而“喝彩牌”为消费者量出了正确的洗一定衣物的分量，并制成片装，使使用者感到十分方便。但为此要使消费者付出很小的额外费用。在试销期间的调查中，妇女们提出这种洗洁剂太贵了，而实际上这种额外的价格差异并不引人注目和使人为难。为什么妇女们仍然说它太贵了呢？经过动机调查发现，她们觉得片装洗洁剂仅仅是为了方便而增加了价格。此时广告如果是以方便为诉求点，则不可能达到很好的效果，因为当时许多妇女认为为了方便而多花钱并不合算，此时她们真正的需求是使每次洗衣放的洗洁剂刚好合适，因为正确的分量可以使洗涤效果更好。因而，广告以此种品牌的产品可以使你正确地放置洗洁剂量，使洗衣更洁净为诉求点而赢得了成功。妇女们不再认为这种牌子的洗洁剂更贵了，因为她们认为贵有所值。

更具有说服力的是李奥·贝纳在 20 世纪 30 年代末期为明尼苏达流域罐头公司的罐装豌豆所做的广告。提起罐头食品，其显而易见的功能是保存期长，然而这也是所有这类食品的特点。人们对食品的需求是既希望它方便易贮存，又希望它新鲜可口，而在消费者头脑中罐装食品常与不新鲜相联系，让罐装食品尽量保持新鲜的味道是消费者更进一步的要求。于是这则广告选择了消费者这一要求，广告的标题是“月光下的收成”，文案如下：

“无论日间或夜晚，‘绿巨人’豌豆都在转瞬间被选妥，风味绝佳……从产地至装罐不超过3小时。”由于广告诱发了消费者对罐装食品的进一步的需求，使消费者把“绿巨人”与新鲜联接，销量可观。

假如广告诉求不注重对消费者需要的甄选，则不能完成广告在商品与消费者之间架起一座沟通桥梁的使命。例如，1970年美国第三大广告公司扬鲁比肯为东方航空公司创作的“人的翅膀”的系列广告，更多地表现飞翔之美，而不是推销飞机的舱位。其中一则60秒的电视广告中是一个跳水运动员从墨西哥阿卡普尔科悬崖跳入海水的镜头；另一则是拍摄巴西丛林上翱翔的鸟群。消费者，尤其是那些潜在的顾客反映，广告十分优美，然而对东方航空公司却一无所知。消费者真正需要的乘坐飞机的安全和舒适等问题，才是当时顾客购买舱位的真正原因。

二、突出产品独特的功能，占据第一

假如产品有其他产品中没有的特别的功能，则应突出此功能带给消费者某种需要的满足感。例如R·里沃斯为M & M巧克力糖果所做的广告，他发现此种巧克力糖是第一个用糖衣包裹的，于是“只溶在口，不溶在手”的创意立即出现。这种独特的功能给消费者带来的好处立即被消费者所接受，满足了消费者爱吃巧克力又怕它被体温溶化弄脏手的需要。这一广告主题从1954年一直沿用到20世纪90年代，并成功地进入中国市场。

这种做法也十分符合R·里沃斯（R. Reeves）提出的USP独特的销售主张或销售点说（Unique Selling Proposition or Point）。此学说认为广告应给消费者一个强烈独特的主张，即强调产品具体的特殊功效，而这是其他产品所无法提供的。而一旦这个主张与产品相联接，则会在消费者头脑中保存较长时间，因为它第一个诱发了消费者的某种需要。这也证实了第一印象的不易改变。广告说出这个“第一”，先声夺人。广告如果使产品在消费者的某个需要领域占据了第一的位置，使产品品牌和消费者的某种需要之间建立了第一联想，那么后来者要取代这个“第一”的位置将要付出大得多的努力。

例如，让你说出一家复印机公司的名字，一下子会使你想到“施乐”，因为“施乐”首先占据了这个位置。而夏普、理光、佳能，甚至IBM、柯达也都在制造复印机，然而，没有谁能比得上施乐在消费者头脑中占有的复印机的地位。同样，IBM 更可能使消费者想到电脑，柯达对消费者而言则首先想到是照相设备等。既然一个产品已经具有了第一的条件和地位，已经首先满足了消费者在这方面的需要，那么它最好保持这种需要，它可使产品受益良久。就像那些由于“第一”而出名的老字号或老品牌始终受到消费者的偏爱一样。这并不是说以独特功能占据第一的产品就可以停滞不前了，任何产品都有其生命周期，都需要更新。例如施乐可以在复印机领域轻而易举地起到领导潮流的作用，而很难在电脑行业中占据一个领先的位置，即使它在电脑行业上有出色的技术，但在消费者心中它不代表电脑，而是复印机。因此施乐如果致力于复印机的更新换代，可能更容易受益。

广告如果已经使商品在消费者心中占据了某种独特的位置，首次与消费者的某种需要相联系，并已形成了固有的联系，则应在以后的广告中充分利用和挖掘它。然而许多产品并没有占据第一的位置，又将如何呢？

三、找出商品的使用价值和附加心理价值

请想一想，食欲并不一定仅仅是由于饥饿而导致的。又如你指名购买一瓶洗发水，也不会仅仅因为护发的需求。因为在此之前，你也一直在使用某种洗发剂护理着头发，指名购买该品牌的洗发水，更有可能是受了广告的影响或亲朋好友的传授，广告中模特的自然优美可能诱发你想保持形象、引人注目的需要；亲朋好友或许会告诉你××牌子的产品物美价廉。

由此可见一个消费者购买某种商品，并非只出于一种需求，商品提供给消费者的也不仅仅是其使用功能，还有更多的附加心理功能，这正是商品满足了消费者的社会性和需要的多层性所致。

在机器化大生产的社会中，同等技术条件下，同类产品的品质上的差异变得越来越小，提供给消费者的物质需要，即使用价值越来越相似，这时广告如何使消费者区分出不同品牌，要更多地从商品带来的附加心理价值上去找出路。例如，众多的洗发水广告都在说其含有××物质，对头发有××作用时，你可以从另一个角度告诉消费者，××洗发水，可以使你更加迷人。又如，使用××产品，可以使你显得更气派，等等。

由于对商品的使用，使消费者在更高层次的需要上获得满足，这是商品的附加心理价值。例如，商品可增加消费者的自尊心、荣誉感等。

例如在现代社会这种快节奏下，人们已经习惯了省时省力、味道不错的

速溶咖啡，此时煮咖啡似乎已被人们淡忘了。于是美国“福尔格牌”咖啡利用电视广告大肆宣传煮咖啡的方法，并告诉家庭主妇，煮咖啡可以显示出你对“家庭的尽职与真心”，更可反映出你“高雅的社交能力”。由于这个广告宣传，使得煮咖啡这种费时费力的活动，成为一种显示个人品味与能力的象征，满足了消费者显示自我的需要。

借助对商品附加心理价值的宣传，可以赋予商品独特的个性，使其从同类产品中脱颖而出。例如，香水，不仅仅是满足了人们的嗅觉感受，更重要的是它创造了某种气氛，满足了人们更高层的需求。

广告中常常宣扬香水使人感受到异性、爱情和浪漫，但是如果都从这一个角度来宣传香水的附加心理价值，则仍然难以区分同类商品。实际上消费者的附加心理价值并不仅仅是一种。美国 20 世纪 70 年代瑞芙蓉有限公司的“查理”香水（即生活方式型香水）畅销的事实，就是由于在广告中成功地宣传了产品的某种附加心理价值。当时，美国正风行女权运动，妇女开始显露出与男性比试高低，努力发现和重新认识自身价值的愿望。广告中把“查理”香水与这种需要相联系并塑造了一个新时代男性化的女性形象——“查理”，广告中的“查理”是一个年轻好动、朝气蓬勃的潮流领导者；更是一个交际场上的活跃分子；还是一个崇尚独立、热心事业、乐于冒险的职业工作者……由于广告迎合了当时女性希求摆脱男性束缚、表现独立自主的需要，使得许多女性把抹“查理”香水作为实现自身价值的一种体现，促成了这种香水在竞争激烈的市场上一举成名。可见产品的附加心理价值不仅可以与其他同类产品区别开，还可扩展产品的市场。此例中，“查理”使香水不仅成为爱情与浪漫的标志，更成为一种独立生活的象征，后者具有更广阔的市场。

广告选择商品的附加心理价值作为传播主题，不要忘记与当时的文化背景相结合。

广告宣传商品的附加心理价值还可体现在消费者的兴趣上。例如“统一”方便面在台湾的促销广告，同类品质的方便面多以美味作宣传主题，“统一”面也曾如此而获成功。为了扩大市场，吸引更多人尝试食用，“统一”发起了一次有奖促销。为了避免通常消费者认为有奖销售中奖率低且奖品无吸引力的问题，“统一”面采用被老少男女都十分喜爱的金庸的小说为奖品，每份奖品价值不高，使中奖率加大，且对消费者而言十分有兴趣。其报纸广告也十分抢眼，它登在分类广告中配金庸小说中的插图引起消费者的兴趣，诱发其需要。买“统一”面既可饱口福，又可享眼福。由于迎合了消费者对金庸武打小说的兴趣，使这次促销十分成功。

四、发现潜在的需要并说出来

仔细发现别人没有注意到的消费者潜在的需要，并把它说出来。

许多广告的成功，在于它诱发了很多人没有注意到的、同类产品广告中没有说出来的消费者的潜在需求。这也正是商品生存的秘诀，它不断地发现消费者的需求，并加以改进，使得消费者对产品保持一种持久的需要。

例如我国“露露”牌杏仁露饮料，由于长期的电视广告宣传和其优良的品质，已在市场具有较高的知名度和占有率。如何扩大这一成果？调查发现，夏季是这种饮料销售的黄金旺季，春季秋季是维持季，而冬季则是淡季。原因在于人们把“露露”看成是冷饮。人们在冬季十分喜爱喝热的饮料，那些即冲即饮的饮料，如热茶、热奶、热咖啡、热果珍等，即被选用。而对罐装饮料的一贯看法是把它作为冰镇冷饮，由于冬天喝热饮的习惯，使得许多在夏季十分喜爱“露露”的消费者在冬季就很少喝它了。如果能让人们在冬季一样喜爱“露露”，这将是一个十分巨大的市场。实际上，对像“露露”杏仁露这样不含汽的罐装饮料加热后饮用，依然令人回味无穷。只是这种饮法没有人告诉消费者，使得他们的思路和行为固定在原有的习惯上。由于发现了消费者冬天喜爱喝热饮的需求，“露露”及时在广告中告诉消费者冬天喝热露露，同样美味有营养，并演示其加热的简便方法，可谓一语点醒梦中人，诱发许多喜爱把“露露”当冷饮喝的消费者冬天喝“露露”的需求。

实际上，消费者对商品有许多潜在需求，它可能是次要需求，是消费者未意识到的需求，而在这些需求中存在着巨大的潜在市场。广告人如果细心发现它，在广告中加以宣扬，即可诱发消费者的潜在需求，使它变得明朗和迫切，成为购买行为的动力。这需要广告人善于观察和创造（参见第十一章）。

在排除了同类广告已作过宣传的方面之后，再从更加细致的地方去发现其他同类广告中没有说过的东西，从中找到并诱发消费者潜在的需要。

例如“达茨”奶糖，原是一种针对十多岁的青少年顾客已有较好销量的糖果，为了扩大销量，希望进一步扩大市场。在调查中发现，人们在影剧院中观看电影时，很喜欢吃糖果类的零食。而许多糖类的包装与糖块的大小不适合人们在影院看电影的过程中食用。独立包装的糖块的长度不够，使得糖块放在嘴里很快就吃完了。而在看电影时，常常希望糖块在嘴里慢慢溶化，直到电影结束。“达茨”奶糖采用了小盒式包装，一盒中有 15 块用赭色纸包裹的奶糖，以便消费者边看电影边慢慢品尝，直到电影结束，刚好一盒奶糖也享用完了。当然吃糖的速度还要因人而异，通常情况下，“达茨”糖比其他软糖更耐吃，于是广告从吃糖的速度着手，表现“达茨”奶糖可以满足消费者“耐吃”的需求，这成为“达茨”糖广告的新的定位。这一定位使“达茨”糖在以后的几个月中销售量超过了该公司的历史记录。类似此例的广告实践都表明，从消费者的角度去寻找他们对某种商品潜在的需要，将对广告十分有益。

这个例子很符合现代营销的理念，即在同类产品竞争剧烈的情况下，要更加关注消费者的需求，更加仔细地调查寻找消费者的潜在需要，不断更新产品，从中发现产品的新增长点，并在营销传播中表现产品的新特点，诱发消费者的潜在需要。广告是整个营销传播中的重要环节。在以消费者为中心的现代营销中，从创新产品、生产产品到销售产品，是一个不断发现和满足消费者需要的过程，贯穿始终的重要因素是消费者的需要。广告要符合这种理念，必须把消费者的需要作为一个核心问题来考虑。

一位推销家说了他成功的经验，即在推销的时候，只要一心一意地考虑如何为客户服务，让客户满意，千方百计地满足客户的需求，这样客户自然就会把钱掏出来给你。他的经验给了我们同样的启发，广告要有成效，首要考虑的是消费者需要的诱发。

五、避免诱发产生不良社会影响的需要

广告在诉求时要考虑到其诱发的需要及表现的方式是否符合当时当地广告对象的文化理念和道德标准，是否能使其产生积极的情感体验。广告传播作为传播的一种，除了其促销的最终商业目的，同时，还负有影响社会文化与道德倾向的责任。如果广告诱发了那些违反社会道德、社会责任和暴露隐私等方面的需要，不仅对社会文化与道德倾向产生不良影响，同时还会使广告对象对产品产生消极影响。

例如贝纳通的一则广告中，称前美国总统里根患了艾滋病。原因是他当年对艾滋病不屑一顾，以致此病未能及时控制而盛行。此广告一出即引起世界各地贝纳通销售商的抗议之声。

更有甚者，以声名狼藉的战争犯希特勒为广告人物以求引起轰动。这是为亚洲电视台（ATV）在香港所做的广告。此广告刊登在香港“South China Morning Post”上，画面左侧是希特勒及党卫军的照片，右侧是广告标题和文案。标题是：“90％的欧洲在他的统治之下，但他还是输了这场战争”，“感谢上帝他没有在亚洲电视台做广告”。文案则表示，如果亚洲电视台当时为希特勒做广告，可以针对年轻的目标做广告，同时也不损及年长的核心支持者；在结尾还明示：“当您决定最后方案之前，请打电话给你的广告代理商，或亚洲电视台。”广告登出后，收到许多人的电话，但不是订版面，而是责问，使得亚洲电视台及广告代理商公开道歉，为此，甚至连刊登此广告的媒体都付出了相当大的代价。

上述两例广告失败之原因，是由于他们只顾新奇，引起轰动，忽视诱发消费者积极需求的重要作用，反而触发消费者的否定需要，违背消费者现存的观念而使消费者难以接受。在广告中，如果引用名胜古迹，也不可违背消费者原有的价值观念。因为许多名胜古迹和历史名物及艺术品，都是由于满足了人们一种探究历史和追求完美的需求而被人们所喜爱的，如果在广告中运用不当，则会因阻碍人们对其原有的这种需求的满足，而受到拒绝。例：女用内衣广告，给维纳斯穿上内裤，戴上胸罩；一位女士将太阳神阿波罗圣像推倒，以示男女平等；意大利一家公司将在希腊雅典古城堡的胜利女神庙中的4个石柱女变成可乐瓶，引得希腊人认为玷污了其宗教信仰，使得此广告不得不收回。

诱发消费者某种不负社会责任的需要的广告应避免。如我国某广告中，为表现××家具城的吸引力，出现一位出租车司机拒绝其他乘客乘车的要求，而选择一位去此家具城的乘客。把这种违反职业道德的行为用在广告中，暗示了对社会的不负责任，会引起许多有社会责任心的消费者的不满。

再如，某床垫广告，为了说明其舒适，闹钟响了，小孩伸手把闹钟摔在地上，仍然大睡。这则广告被家长普遍认为是诱导了小孩睡懒觉和毁坏东西的需求，而受到强烈的反对。

还有一些关于性隐私及不宜暴露的需要不宜在广告中突出。如国外某个广告中一个小女孩说她妈妈比她漂亮，所以她恨妈妈；另一则广告中，一群“小大人”在议论父母的性生活。类似这样的广告，不仅没有对社会负责，没有对儿童社会化负责，而且过分地暴露人的“本我”，使得人的“超我”不能认可，在“自我”中加以拒绝。

弗洛伊德认为，人的行为受到三个“我”的支配：1. 本我，是潜意识中的我，它只遵循自我快乐的原则，而无所谓责任与道德；2. 自我，是现实中表现出来的我，像一扇门一样，把不合道德规范的本我的欲望压抑下去，或以升华、象征等形式表现出来；3. 超我，是道德规范的我，它支配自我压制一些违背社会规范的欲望。因而在广告中如果想诱发消费者某种不合社会规范的需求，由于超我的压抑作用，会使消费者在自我中拒绝它，或对他产生消极的情感体验。

六、激发与消费者处境相符合的购买动机

购买动机就是被消费者明确意识到的且想实现的，能引起和维持消费者购买行动的需要。当消费者由于外部和内部的刺激，出现某种需要时，机体内部便出现一种不平衡的现象，表现出一种缺乏、紧张的状态，这时心理活动便自然而然地指向能够满足需要的具体目标。当具体目标出现后，机体的紧张状态就转化为活动的动力，产生指向目标的购买行为。当目的达到后，需要得到了满足，紧张状态也随之消失了。这种情况是一种动态的循环往复的过程。

当消费者的需要必须通过购买行为才能获得满足时，需要即成为购买动机。购买动机是复杂的。当消费者同时产生两个以上相互抵触的动机时，会产生内心的冲突，即动机冲突。之所以这样，其原因是购买行为的发生不仅受动机的影响，还受到环境的限制。

动机冲突有三类：

1. 趋向—趋向冲突。当消费者面对两个所喜爱的商品，又不能同时都购买时，难以取舍，他们常常会花较长时间，反复比较。在这种“鱼与熊掌不可兼得”的情况下，广告适时的传播，及售货员或其他消费者指点迷津，可促使其下决心选择其中一种商品，而解除内心的冲突。

2. 回避—回避冲突。当消费者遇到两个以上都不想达到的目标，但又不得不选择其中一个目标时所产生的冲突。例如，某消费者在做菜时发现没

有盐了，不得不去买。但一想到附近的商店售货员那可恶的服务态度就感到恶心，可到别的商店去又要花较长的时间与较远的路程，何去何从，会有冲突。结果可能是他选择宁愿去远一点的商店，受点累，也不愿去较近的商店受售货员的气的方案。东西买到了，这种内心的斗争也就消失了。

3. 趋向—回避冲突。指消费者面临的是一个积极与消极并存的情境，即在面对两种具有吸引力和具有排斥力的目标作出选择时产生的动机斗争。要满足某种需要就要付出一定的代价，由此而引起的冲突即趋向—回避式。

在动机冲突时，外界因素（如广告等）对消费者解除这种冲突有重要影响。广告应诱发与消费者所处情境相吻合的需要，以使其尽快作出购买行动。

例如美国米勒酿酒公司，原先给米勒“High Life”牌啤酒的定位是“一种乡村俱乐部的产品”，即把啤酒与某种身份联系起来。但发现在乡村俱乐部这种上流社会人士聚集的地方，啤酒的消耗量并不大。在美国，80%的啤酒是由30%的饮酒者所消耗的，这些人主要是蓝领工人、大专学生等，并不在乡村俱乐部。根据这样的情境，米勒公司重新定位广告主题，创意出“米勒时间”，即在完成了一天紧张的工作和学习之后，用米勒“High Life”啤酒来自我奖赏，而不是为了标定某种身份而喝啤酒。喝米勒啤酒是为了享有米勒时间。这样使得米勒啤酒能够诱发大多数经常喝啤酒的消费者的需求，这种需求与他们的处境相符合。

总而言之，一则好的广告要把商品与消费者的购买需要联系起来，激发消费者的购买动机，这样更有利于消费者对它的感知、记忆和态度的改变，从而使其发生购买行为。好的广告既要符合广告对象的认知心理规律，又要能够与其内在心理需求相符合，诉求点出人意料又合情合理。

第 7 章

广告说服的心理机制

广告不可能强迫消费者发生购买行为。广告只是一种传播方式。它只能采取影响消费者态度的途径来间接地促进销售。广告的实质是通过有效的信息诉求，达到所期望的传播效果。广告传播效果的最高层面就是使广告受众(即消费者) 能够按照广告传播的目的形成或改变某种态度，进而促进其发生购买行为。因而从影响广告受众态度的角度讲，广告就是一种说服的沟通方式。我在此说的广告说服是通过大众媒介对一定广告对象进行传播，寻找最佳的手段，将最能满足消费者现实的或潜在的需要的产品信息或观念表现出来，并艺术地使其接受。

第一节　消费者的态度

一、什么是消费者的态度

心理学观点认为，人们的实际行为要受到两方面因素的影响，一是内部因素；二是外部的环境。内因就是第 6 章谈到的心理的内部动因，它常常是通过某种具体的态度反映出来。

行为与态度之间并不一定是一一对应的，它们之间是这样一种函数关系：B=f（A·S），即行为=态度×情境。消费者的购买行为同时受着态度及消费环境的影响，而其中消费环境包括外界的市场环境、现场购买环境和与消费者自身相关密切的小环境，如消费者的经济条件、离商店的距离，购买所需的时间、家庭、个人身心状态、社会背景等等。

上述这些环境因素不是依靠广告可以解决的，它需要整个的营销活动。广告可以发生作用的是影响广告受众的态度。在这里说服即是对态度的影响。

"态度"一词在心理学中有着各种界定，综合其共同点得出，态度是个人指向一定对象，有一定观念基础的评价性持久反应倾向。

态度的结构包括什么

消费者的态度指消费者依据自己的观念对态度对象所产生的一种评价性、持久性的反应倾向。它的结构由三部分组成：

1．认知成分

即对态度对象的认知。例如，消费者通过各种渠道（例如广告）探究、知觉某消费对象（例如某种商品）的特点，对这些特点赋予不同程度的重视，而这些对于预测消费者的评价和行为倾向具有基本意义；并制约着消费者对商品的评价与购买行为。

2．情感成分

实质上是对态度对象的评价，表现了消费者对态度对象的好恶和对态度对象的情感体验。情感的强度反映了态度的强度。

3．行为倾向

指购买意向，是对消费对象（如广告宣传的某种商品）的反映倾向，是购买行为的准备。

上述三种成分在态度的结构中是相互依存，相互制约的。其中情感的因素在态度结构中起重要作用。情感因素最容易影响态度的改变。例如，曾问过一位老烟民："吸烟是不是会影响自己的健康？"他会回答："是"；再问："吸烟会不会污染环境？"回答："会"；再问："那你为什么还吸烟？"回答是"喜欢"、"吸烟使我快乐"。仅仅是情感上的喜欢，就足以使他对烟抱有积极的态度，从而促发购买行为，虽然他在认识上也了解吸烟的危害。这可以说是许多广告都在情感方面做文章的原因之一。

态度的认知成分是基础。通常情况下，这三种成分是一致的。但在态度改变的过程中，这三种成分并不完全统一，如上例。

消费者的态度有什么特点

1. 消费者的态度不是与生俱来的，而是后天习得的。从某种意义上讲，态度也是一种学习倾向，它是在社会中不断学习得到的。因此广告才有可能去形成和改变消费者的态度。

2. 态度有一定的对象。消费者的态度必然指向一定的消费对象，它可以是某产品、某企业、某广告或某个人等消费活动中的具体的客观事物，也可以是某种抽象的消费现象或抽象的消费观念、思想等。

3. 态度有一定的稳定性和持久性，消费者的某种态度一旦形成，将会持续一段时间，在前后时间上表现持久一致，行为表现上具有稳定的倾向。不会像娃娃的脸，5 分钟前是哭，5 分钟后是笑。由于此特点，广告一旦促使消费者形成某种态度，将会保持一段相对较长时间的稳定性，从而使广告的经济价值和影响效力得以体现。

4. 态度是内在的心理体验，它可以通过行为表现出来，也可以不表现出来。态度与行为是否一致，还取决于环境的因素。情境适宜则态度与行为一致，情境不适宜则可能不一致。正如本章开头所提到的。由此而知，广告并不能单独推动消费者发生购买行为，它只是整体营销活动中的一种促销手段，因而期望靠一则广告使产品保持持续营利的想法是不科学的。要求一则广告做到这一点也是不现实的。

态度作为消费者购买行为的倾向是实际行为的心理基础，消费者的购买行为必定要受到其态度的支配与影响。消费者的态度可通过专门的态度测量而知，广告对消费者态度的影响也可通过态度测量与比较而得到，因而可以由此间接地预测消费者的购买行为。

二、消费者态度的功能

态度的基本功能归为下列四种：

调整功能

行为主义心理学家认为，行为是遵照奖励最大、惩罚最小的原则。所以消费者在消费活动中，竭力发展能够提供最大利益的态度，因而在广告中也尽力告诉消费者商品的好处，给消费者做出某种为其带来利益的承诺，以期对其态度产生影响。而那些直接明示不用此产品会带来某种不良后果的广告，则需冒一定的风险，消费者更习惯于接受那些积极的正面强化。

态度被消费者作为一种适应的工具与方式。态度的形成直接依赖于消费者对得益与受损的体验。如果消费者对某个商品广告产生好感，广告满足了他的某种需求，产生了愉快满意的情绪体验，那么对该产品的态度会向肯定倾向增加，由此更可能促成购买行为。如果消费者对某商品或广告的满意程度越大，肯定的态度越强，态度也越稳定。

自我保护功能

这是消费者的一种自我防卫机能在起作用。它使消费者倾向于有利于自我保护的态度。消费者可以通过选择有利于自己的态度，以维护自我价值体系。当遇到不利于保护自己形象的信息时，会倾向于拒绝或回避它。

态度的这一功能，可使消费者保护自身形象，从而减少焦虑与不安，使由此带来的心理冲突转移方向。例如，某消费者认为巧克力会使人发胖，而她又非常注意自己的形象，则会对关于巧克力产品的广告都采取消极的态度或回避它。对于吃不到的而又想吃的葡萄，说它是酸的，就可以减轻心理的不安。再如，在商场中，常见到促销小姐见到脸上或长有粉刺或长有黄褐斑的人就上前宣传其某种特效化妆品，结果常常使顾客感到自我形象受到损害，拒绝接受此产品。虽然这种产品可能为他或她带来某种好处。由于每个人都不愿意自己认为不利的某种特点被人发现且被公布于众，这样会使他认为自己的形象受到损坏，于是自我保护机制发生作用，因而对此产品会产生消极拒绝的态度，不把自己列入需要用此产品的人群之中，以此使自己得到安慰。没有哪个消费者愿意在公众面前被人揭开自己的缺陷，所以在促销中应避免使用过于直白的语言，使消费者感到暴露了他的短处。否则，消费者会采取否定的态度。

价值表现功能

在消费活动中，消费者总是倾向于选择能表现自尊和体现自身价值的态度，消费者会努力把自我价值的观念转化成外在的、实在的东西，以使他人了解自己。如果消费者认为穿轻便运动鞋是展示青春活力和跟上时代的一种标志，那么他会对运动鞋采取积极肯定的态度。许多广告正是成功地找到了消费者的某种观念与某种商品之间的这种关联，及时地告诉并引导消费者建立相应的态度，才取得了预想的好效果。

认识功能

每个人都有了解和支配周围环境的要求，只有确定了对周围环境的态度后，实际行动才有明确的方向。态度可以帮助人们选择和吸收外界环境中的信息，从而认识世界，并不断丰富头脑中的图式。消费者在消费活动中，从各种途径获得有关信息，与原有经验结合，并依据自身的需要而确立对事物的评价，形成态度。消费者又依据已形成的态度，选择接受并储存有关信息。通常消费者更会倾向于那些引起他们兴趣的，他们愿意了解的商品的信息。

研究发现，态度对注意、理解、记忆有影响。研究者以球迷作被试，给他们播放一段他们支持的球队与其他队比赛的录像，之后让他们判断双方犯规的次数，结果发现，由于球迷对本球队采取的支持肯定的态度影响了他的注意及判断，他更多地关注对方球队犯规的次数，而忽略自己球队的犯规次数，与裁判员对双方球队犯规次数的实判相比较，被试对自己球队的犯规次数的判断明显减少，而对对方球队的犯规次数作判断时有明显的增加。这表明人们已有的态度会影响注意的选择和准确的理解。

琼斯（E. E. Jones）在 1956 年的研究表明，人们对支持自己既有的态度材料学习起来更容易，信息更容易被自己的记忆系统所吸收，回忆起来也更准确。表现在消费活动中也是如此，消费者一旦对某商品发生肯定的态度，则在以后的活动中会更去注意和记住那些有利于这个商品的信息。假如他购买了此产品，则这种倾向会更大。这也解释了第一印象形成后，对消费者的导向作用的内在原因。从消费者自我价值保护的角度，可说明这种现象，消费者一旦形成了对事物的某种态度，由于追求一致和保护自我价值的倾向，他更愿意选取和接受那些支持其态度的信息，而回避那些否定其态度的信息。谁都不愿意否定自己的看法。形成一种态度较容易,而改变一种态度更难些。这使得广告在说服消费者时,不得不充分考虑其原有的态度与所宣传的观点之间的差异,采取恰当的手段。

第二节 消费者态度的变化

一、消费者态度的形成

态度的形成与态度的改变是同一个问题的两个不同方面，态度的形成是从无到有的过程，态度的改变是由于某种信息的影响而使原有态度发生变化的过程。旧有态度的改变就是新态度形成的过程。态度的形成是一个学习的过程，受到众多因素的影响。从大环境来说，文化背景、风俗、民俗等对个体态度的形成起着重要的作用。从个体的角度出发，消费者态度的形成受以下一些因素的影响。

通过亲身经历形成态度

消费者可以通过个人的经历，尤其是重要的经历，以及与这些经验相关联的情绪体验，而形成态度，例如，童年时第一次购物经历等。而外界的强化，如广告宣传，可以加速和巩固这种态度。

通过观察学习形成态度

态度还可依靠模仿性的观察学习而形成。儿童态度的形成常常是观察他人，并在心理上认同一定的对象，模仿并学习他的行为，由此获得与此相应的态度。例如儿童在消费购物上会观察模仿父母而得到最初的态度，而少年更会受到同伴的影响。成人在消费中，也会因模仿而形成一种态度。以服装流行为例，许多消费者在着装上并不考虑自身的特点，而是观察模仿影星、服装模特等人的着装，或观察发现街上流行什么着装，而去模仿。由此对此种着装方式与服装款式形成某种态度。广告可以利用广告中的人物制造这种流行，以使消费者效仿。

通过学习知识形成态度

消费者也可以通过知识的获得而形成态度。在学习知识的过程中其认知结构会产生相应的变化（参见第4章）。

群体的压力促使态度形成

如果某消费者把自己归属于某个团体，并十分认同这个群体，那么这个群体的态度，会对个体消费者造成某种压力，进而促使其形成与群体相同的态度。

例如，在广告中诉说白领丽人是如何使用某种商品的。于是在消费者中把自己归属于白领丽人群体的女性，就会受此影响，认为这一群体的人就是这样消费的。既然群体中其他人都如此，个体要保持与群体的一致，于是形成与广告中白领丽人一致的态度。在此所说的个体，是对某个群体有着很强的归属感的人，所以才能因为群体压力而形成某种态度。

需要的满足可以形成态度

当消费者的某种需要得以满足时，会产生愉悦的情绪体验，同时会对满足他此种需要的事物产生好感，作出肯定评价，形成积极的态度；当消费者未得到满足时，会使其心理受挫而产生消极的情绪体验，从而对未能满足其需要的事物作出消极的评价，形成消极的态度。在本书的第6章详细阐述了有关需要的理论，请参阅。

二、消费者态度的改变

态度的改变的阶段

态度的改变是在一定的社会影响下，在原有态度基础上形成新的态度。在人和社会的相互作用中，态度的不断改变正是体现了人的社会化发展的过程。

凯尔曼（A. C. Kelman）提出态度改变有三个阶段：即依从、认同、内化。

1. 第一阶段：依从。

在这个阶段，人们由于外在压力，为了达到一个对自己更重要的目标，而改变自己的态度或表面行为。这是最表层的态度改变。消费者的从众行为，体现出受这个层次上态度改变的影响。从众即“随大溜”，例如上文所举的流行这种现象。这种层次的态度的改变常常发生在对商品缺乏了解的情况下，此时消费者会觉得大家都用的商品，可能更好些。还有一种情况是消费者受到某种团体压力，不得不为之。例如某些单位规定着装要求，消费者只好改变自己的态度，依从这种要求。

2. 第二阶段：认同。

在此阶段消费者在态度的情感成分上发生了变化，或与某群体或个人产生情感联系而改变态度。例如，广告打动了消费者或消费者由于受到亲朋好友的影响而改变态度；或消费者受到广告中十分喜爱的影星的影响，由于对影星的喜爱之情而接受他所说的观点，发生态度改变。

因为发生了情感联系而改变态度，是态度改变的认同阶段。此阶段的变化水平高于第一阶段。在这个阶段，消费者态度的变化是出于自愿的，而第一阶段的态度改变则往往是迫于外界压力，由于在认同阶段的态度改变已经发生了情感上的联系。如果广告能使消费者的态度长时期保持在认同阶段，则有可能导致态度在根本上的转变，即在下一个态度改变的阶段发生作用。

广告可以把产品与某类社会群体相联，树立一个此集团的榜样形象，会使认同此集团的消费者心甘情愿地追随效仿这一榜样形象。例如：“××产品专为漂亮的女人而做”。认为自己漂亮的女士们会十分乐意，产生认同的态度。然而这样做可能会失掉与此群体相悖的另外一些群体的消费者的认同，因而首先要考虑产品的特点和针对性。

3. 第三阶段：内化。

这是态度改变中最深刻的层次。它指人们获得了一种与价值观相联系的新观念，而此观念已成为个人价值体系中的一部分。消费者这一层次的态度改变常常指在与价值观相关联的某种消费观念或文化观念上发生的变化。内化了的态度不易改变。

上述三种态度改变阶段普遍存在于消费者态度的变化中，不仅仅指受广告影响而改变态度。在此我主要针对广告这种传播如何改变消费者的态度而言。

广告对消费者态度的影响

从传播的角度来看广告如何影响消费者即广告对象的态度，可借鉴心理学家霍夫兰（C. I. Hovland）在 1959 年提出的一个态度改变模式（见图 7－1）。

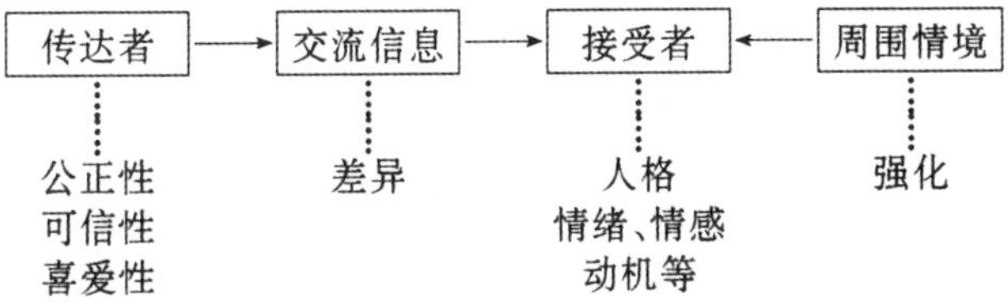

图 7－1

在广告传播活动中，这一模式具体表现为下面的形式（见图 7－2）。

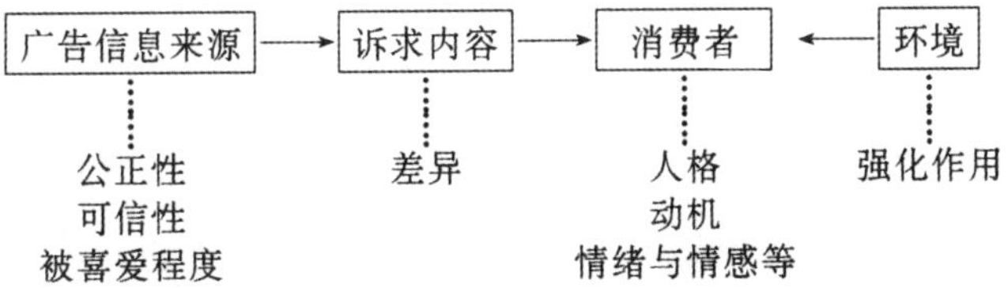

图 7－2

在这个模式中，作为传播接受者的广告对象，在态度改变时，受到主观因素，如动机、情绪、人格等的影响，此方面影响在各章中均有所述，不再赘述；另外还要受到来自传达者即广告信息来源的影响，包括广告传达者的公正性、可信性、被喜爱性等，以及广告对象周围环境的强化作用，包括小环境，即广告对象身边的亲朋好友，和大环境即整个广告市场。在这个模式中，一个主要的因素，即广告传递的信息与广告对象原有信息的差异。

第三节　广告对交流信息差异的利用

一、认知不协调理论

霍夫兰认为任何态度的改变都是由于信息差异造成的，这种差异造成一种心理紧张，使得人想改变消除这种紧张压力。究其原因，可用认知不协调理论来分析，费斯廷格（Festingen.L）1957年提出当一个人的各认知成分之间出现一种不协调的关系时，会产生心理压力，使个人去改变有关观念与行为，来减少这种压力，重新达到协调。态度的改变，即是从不协调到协调的过程。而这种过程是一个动态发展的过程，当新的信息刺激时，又会产生新的不协调。

在广告传播时，传达者与接受者之间交流信息的差异程度影响着不协调的程度，它是态度改变的重要影响因素。

二、交流信息的差异适中

如果在广告传播时，传达者与接受者之间交流信息的差异过大或过小，都不利于接受者态度改变。广告交流信息差异过小，对广告对象没有新异性，心理压力少而没有足够的改变动力。假如无差异，则失去了说服的意义；而差异过大，造成过大的心理压力，自我防卫机制发生作用而回避它。过大的差异造成广告对象在加工理解时的困难。

用图式的观点可进一步分析，安德森认为人在接受新信息时，先要对新信息进行检查评价，来确定它与已有信息之间的差异。差异适当时，用图式去同化新信息。

在信息不一致时，有两种策略：

一是拒绝新信息；

二是改变原有图式。

在此之前，人会先评价新信息是否可靠和有说服力。如果遇到的新信息与他们认为正确的已有的解释不一致时，他们会拒绝此信息。采取这种策略，还有一种自我防护作用。在信息差异过大时，为了保护自信与自尊，人会不自觉地先否定外来的新信息，而肯定自己的原有信息。

在广告中，如果交流信息之间差异过大，且与广告对象已有的解释相去甚远时，他们常常采用拒绝的策略。例如，广告诉说“××药会使胃病改善”，广告对象可以把它同化并接受，假如说“××药包治百病”则会被拒绝。因而广告中应注意了解广告对象已有的观念和他们认为正确合理的事实依据，避免信息差异过大。如果差异大到广告对象不能在已有图式中找到丝毫线索则无法加工，就像给不懂英文的人看英文广告，即使在头脑中留下了痕迹，也是不被理解而无意义的。如果一个企业标志的广告，在大家都不了解这个企业是做什么的情况下，几个缩写的字母或图案对广告对象来说是毫无意义的。

只有当信息差异中等适当时，才能最大的发挥广告说服的效果，使广告对象改变态度。一则广告在确定诉求内容时，找到一个恰到好处的切入点或称诉求点十分重要。这个切入点要在传达者与广告对象可以沟通的“共通区”内。传达者在传递信息时，只有在广告对象能够理解认识的区域内，才能使他们正确地“解码”。

正如在第 2 章中曾举过的案例，即“我家的猫煮熟了一条鱼”，以此来说明微波炉操作简单的广告，在台湾大获成功，而在天津等地的预测中却不被认可。其原因就是广告信息与台湾的广告对象原有的观念差异适中，因此成功；而与天津的广告对象原有的观念差异过大，所以失败。

因而，在市场细分化的今天，广告切入点的确定要依赖深入细致的调查分析，尤其是对广告传播所特定的广告对象的分析，以此来了解特定广告对象的特征。在此，更加强调的是这些特征不仅仅是他们的经济条件、年龄、家庭等通过统计资料即可收集到的客观特点，试想想，两个收入基本相似的家庭，甲主妇的消费观念是勤俭持家，乙主妇的观念是及时享乐，那么，甲、乙两主妇在实际购物时会选择不同的商品，她们的购物标准也大相径庭。如果你在广告中诉求的内容是此产品使人显得更气派入时，则会使乙主妇心有所动，而甲主妇则会由此产生这种产品华而不实的态度；如果你在广告中极力诉求产品物有所值，价格合理，则会使甲主妇更感兴趣。假如在制作广告的第一个调查收集资料的阶段，只注重客观资料，了解到此地区的经济收入，就认为完全可以使消费者购买你所推广的产品，这是十分不可靠的。辩证唯物主义有一条经典而有普遍意义的原则，即外因通过内因起作用。这些收入数字是客观因素，在这里有一个更为主要的主观因素对消费者的购买行为发生影响，就是消费者的主观观念，即他们的消费观念。广告要做到的是影响他们的消费观念，使之形成对产品积极的态度，而支配指导购买行动。因而广告人在进行消费者分析时，应十分重视对其原有态度的了解。可通过专门设计的态度调查量表来进行了解（参见第1章），也可作上门访谈。只有了解广告对象已有的观念和态度，才能知道“共通区”在哪里。

这种信息上的差异，受到文化背景、风俗民情及消费习惯的影响。因而在做消费者已有态度分析时，对这些因素的了解是必不可少的，所谓“知己知彼，百战不殆”。否则，将面临失败。例如，美国综合面粉厂为打入英国市场所做的早餐麦片的广告。利用了在美国曾证明是很成功的广告主题。画面上一个可爱的小孩说：“瞧！小朋友，这东西美极了！”但广告在英国的结果并不成功。究其缘由，英国的父母没有让自己孩子决定选择食物的习惯，而美国的父母较习惯让孩子自己选择。宣传的切入点与宣传对象的已有态度差异太大，因而不被接受。可见差异的适中最为适宜对消费者态度产生影响，它可以使消费者在原有认知结构中进行同化。

由此，罗伯特·罗尔夫提出多数人在调查阶段是用年龄或收入等客观指标来划分人口和设定广告目标的，这样会带来很大程度上的误差，因为广告更应面对的是心理人口，即广告对象的划分应更重视以某种观念来区分。虽然年龄层次不同，需要也有差异，而且在观念上也相对划分出一定的差异。但这不是绝对的，对心理人口的调查不应仅凭年龄来划分，也不可凭调查者的主观臆断。例如，认为老年人都守旧等。对心理人口的划分应采用实实在在的科学的态度测量（参见第1章）。

总结刚刚谈到过的，广告对广告对象保持中等程度的信息差异，给其造成的恰到好处的心理压力，会更有利于使广告对象趋向于寻求减少或消除这种压力的态度，从而接受广告中的观点。

第四节　广告可信度提高的方法

消费者对广告的信任程度直接影响着广告的说服效果。

广告如何才能提高消费者对它的信任程度呢?

一、实实在在夸优点

有一则古老的故事，说的是两个卖药郎中都到集市上卖药。为了使自己的生意好，纷纷想办法促销。甲郎中的宣传是吃了他的药可以延年益寿，于是起名“长寿药”；乙郎中为了胜过甲，给自己的药起名“不死药”，宣传说吃了他的药，生命可以与日同辉。因此，乙郎中引来了许多围观者，然而却无人买他的不死药，而长寿药早已卖完了。这个故事道出了一个朴素的道理，在说服的过程中，实事求是的表明优点是提高说服效果的方法。霍夫兰的态度改变模式从理论上证实了广告信息源的可信性是一个重要因素。可信性指广告中的信息内容是否值得相信。消费者通常会受到头脑中固有观念的影响而对广告这种传播方式持怀疑态度，因而在接触广告之初，即有了一份不信任的倾向。例如，“王婆卖瓜，自卖自夸”，“买的比不上卖的”等等。

我们可以看看奥美广告公司在 1991 年进行的一项针对电视广告所做的“消费者对广告的态度与评价”的调查。此调查抽取台湾地区样本 500 人，其中男性 246 人，女性 254 人，方式是调查员面访。样本中教育程度分布是大专以上 194 人，职高中 216 人。初中以下 90 人。其中职业，商占 26%，学生 24%，军公教为 12.8%。家庭平均月收入（台币）3～4 万占 25.6%，2～3 万占 20.2%，4～5 万占 18%。居住分布，台北县市为 200 人，台中县市为 150 人，高雄县市为 150 人。结果发现，消费者肯定了电视广告提供商品的信息及娱乐效果，但对其可信度却有质疑，此结果与奥美在美国与香港作的调查结果相似，表 7－1 中选择了有关项目的数据。

表 7－1

观　　点	同意比率（%）		
	台湾	香港	美国
①广告是一种了解新产品的好方法	92	97	92
②广场是一种获知市面上有什么产品或服务的好方法	90.6	93	87
③广告是一种获知产品功能或服务内容的好方法	84.8	74	76
④如果没有广告，电视上可以欣赏的节目要相对减少	57	69	75
⑤广告有提供大家选择较好产品的功能	83	76	60
⑥广告中借出现某些人在使用该产品的镜头，能让您更清楚这项产品	73.8	78	37

观　　点	同意比率（%）		
	台湾	香港	美国
⑦其实不是广告公司，而是厂商在决定广告的内容和广告的真实程度	66.8	66	63
⑧一般来说广告表现了产品原来的功能与面貌	59.4	50	30
⑨大部分的广告都不展现事实，它们只是在制造一种气氛	82	69	73
⑩大部分广告低估了一般消费者的智慧	73.2	26	72
⑪大部分产品并不像广告上所宣传的那么好用	92.2	68	72
⑫人们通常不注意广告，所以无法记得刚听过或看过的内容	74.2	53	65
⑬大部分广告水准不够	64	26	63
⑭大部分广告都企图借着人们的情绪来达到广告的效果	84	49	80
⑮广告会让人们想去获得自己并不真正需要的东西	77.2	70	84
⑯很多广告拍得很有趣或很巧妙	91.4	85	81
⑰很多广告是令人欣赏的	82.4	80	56

从被调查者对上述观点的赞同比率中可以发现，对广告给他们带来的某种好处，如商品的信息、娱乐等，他们予以了肯定，然而他们又认为大部分产品不如广告上宣传的那么好用。分析其原因：

一是有传统的根深蒂固的某些观念对广告造成的偏见。

二是由于广告环境给人们带来的负面强化，如虚假广告造成的负面效果。

三是广告中过于夸张的表现手段。

广告中过于夸张的表现手段给消费者带来一种错觉和对产品过高的期望，因而使他们感到实际产品不如广告宣传的好。

广告中过于夸张的用词，会使消费者在理解接受时大打折扣。盖洛普·罗宾逊研究组织的调查表明，广告性词汇（如最佳、功效神速、奇妙、经实验证明最好等）用得太多，传播对象会认为这是商人的夸大其词，从而降低对他的信任度。

由此调查可看出，要使消费者相信广告，首先是不做虚假广告，再者是实话实说夸优点。广告肯定是要宣传产品的优点和给人们带来的好处，这十分符合人们一贯的消费经验。有谁去买暴露自己缺点的产品呢？除非这一个缺点不被消费者看重，它对消费者而言是微不足道可以忽略的。广告在宣传产品时，要把其优点实话实说，这就像自荐与吹牛之间有着本质的差异一样。正如前面所讲的那个卖药的故事中，乙郎中夸大药效，违背常识，让人感到虚假。如果广告中，宣传不刷牙会生“蛀牙”，大家都会认可，但如果说不刷牙会掉牙则会令人生疑。

二、权威效应

如何让消费者（广告对象）更加相信广告内容呢？

想想生活中假如你要买一台电脑，而却对此一无所知，此时你必然会先向内行人去请教。如果一个内行人和一个外行人同时向你推荐某个品牌，你会更相信谁？肯定是更信赖行家的话。

心理学在此方面的研究表明，假如一则信息是从专家口中传出，则会增强接受者对其相信程度。这种现象被称为权威效应。

有许多心理学的实验可以证明此效应的存在，其中有一个非常有趣的实验，对如何发挥广告的效用有所启发。

美国某学校在给非化学系大学生上课时，老师向学生介绍一位来客，“他是德国来的举世闻名的化学家”，客人用带有德国口音的英语向学生们讲述他发现了一种新的化学物质，并列举其作用，之后出示一个小瓶子。他说，这种物质有强烈的气味，而且挥发性很强，但对人体无害。接着说，大家可以闻一闻，于是打开瓶盖。过了一会，他问：“闻到气味的人举手”，班中绝大部分大学生都举起手，甚至有的学生由于受不了这种气味而感到恶心(实际上是产生了幻嗅)。而事实上，瓶里装的只是普通的蒸馏水，而来客也仅仅是一位在美的德语教师。此实验表明，权威对人的影响有多大！广告自然是可以借助这样一位权威人物来提高观者的信任度。

广告借助信息源的权威来增加可信性，表现在两个方面：

广告传达者是否有权威

广告信息是否从有权威的人或某些专家的口中说出，尤其是当人们对产品了解很少时。表现在对广告、信息传达者的选择上，可以选用与产品相关的某方面的专家；或借助专业的鉴定及权威单位的鉴定证明来增加可信度。

这种作用虽然可以增加广告对象的信任，还应符合国家的法律规范。如某些国家就规定不允许广告中以医生的形象来介绍药品。这种法规也恰恰表明了现实广告活动中权威效应的存在。在做专业性较强、消费者要求较高、或消费者不太了解的产品广告时，专家和权威者是最好的信息传达人。

然而，并不是所有的商品都由专家或权威者口中传达效果才最好。许多生活用品的广告，由普通人来传达，更显得贴近生活。

值得注意的一项心理学研究，博克纳（S. Bochner）1966 年发现，信息源的权威性与信息间的差异对态度改变有相互影响。即当高权威的传达者发出信息和接受者个人原有态度差异较大时，引发态度改变量最大；而对于低权威传达者，则发出的信息与人们原有的态度差异适中时，引发的态度改变量最大。这个研究既为中等差异最适宜态度改变的观点提供证据，同时也表明这种情况不是绝对的。在某种特殊的条件下，例如，消费者对产品一无所知；消费者十分熟知传达者的确是这方面的最高权威，或消费者十分敬重传达者的人品；消费者具有一定消费意向；广告能够引起消费者注意等。在上述条件的限制下，采用高权威而信息差异大的传递方式能够引发消费者的态度改变。而在通常情况下，首先考虑的是信息间的差异适中。

霍夫兰和凯尔曼 1953 年研究发现，从长远的眼光看，任何来源的交流信息，最终都将对人们产生一定的说服效果。在这之中存在着“睡眠者效应”，即从当时的效果看，高权威传达者可更多地影响态度的改变，以当时受者对信息内容的回忆为指标。而过了相当一段时间（实验是 3 周后），原来信息来源的权威作用渐渐消失，此时低权威信息源对态度改变的影响比即时要有提高。就是说，假如考察广告在发出当时对广告对象态度改变的影响，则高权威的影响更大。如果经过一段较长时间不再重复广告时，再考察广告对象对广告内容的回忆，则发现，高权威者与低权威者对广告内容的回忆是相近的，权威作用渐渐消失，权威“睡眠”了。当然这是有条件的，即广告对象此时忘却了广告内容的传达者是谁，而仅仅是回忆其传达的产品信息。假如此时再提及这个信息是从谁口中说出的，则权威效应又得到恢复，权威又“睡醒”了。这仅仅是在实验中得出的结论。

在广告实践中“睡眠者效应”发生的种种前提条件不能被满足。例如广告发出后肯定是要有重复的。因而此效应仅仅提示：在广告的创意中，应把传达者作为一个引导者，广告不是让人们去更多地注意和记住“是谁说的”，而是要让他记住“说的是什么”。增加广告传达人的权威性，是为了让广告对象更相信广告说的内容。这里又涉及到广告传达人与广告内容谁唱主角的问题。对此，后面的章节中会谈到。

广告载体是否有权威性

广告载体的权威性，也影响消费者对广告内容的信任度。

不同的媒体，在受众心中的地位不同，专业性不同，其可信性也不同。同一个广告发布在不同的媒体上，其被信任的效果不同。例如药品广告，如果登在健康类报刊上比登在文学性报刊上，可信性有所提高，而登在卫生部的机关报《健康报》上或国家医药管理局主办的报刊上则又比登在其他单位主管的报刊上更可信。因而在选择媒体时，应考虑到广告对象对媒体的态度。总括权威效应在广告中的应用，即突出产品的专业性，说明产品是有科学鉴定，有过硬的质量；由专家权威人士推荐；调查广告受众对不同媒体的信任度。

三、传达者的公正性

在前面奥美的调查中（参见表7-1），可以看到，通常人们认为广告是站在广告主的立场上说话的。广告被普遍认为是说服目的最明显的传播。因而传达者是否公正，常令广告对象怀疑，由此影响了广告对象对广告的可信度。

广告如何打消广告对象的疑虑，让他们感到广告不仅被广告主驱使而推销产品，广告还从消费者角度出发，为消费者着想。心理学者沃尔斯特（E. Walster）等1966年研究发现，如果传播者站在自我维护的立场上，则他所提供的信息对接受者影响较小。

广告的立场

广告如果采取的立场不是在推销，而是替消费者着想，那么此广告可增加对广告对象态度的影响。例：1989年加拿大西格拉姆酿酒公司在美国多家报刊上登出“劝君切勿饮酒过量”的广告，使广告对象感到该公司替他们着想，诚实可靠，从而使其产品在一个月内销售量增加了一倍。广告还可以向广告对象介绍产品为他们带来的好处，是以替他们服务为出发点，并强调消费者的利益，把商品的销售特点转化成给消费者带来的实际好处。例如，洗衣机容量大的特点宣传时应着重说它可减少消费者洗衣服的次数。还可以从消费者的想法入手，告诉他们要货比三家（参见第8章）。

恰当地暴露缺点

在广告中大胆地指出产品的某些不足或者公布经营细帐，说明产品盈利的情况等，可使广告对象感到广告是公正的，增加信任感。例如某电冰箱厂因少量产品壳体外侧有微小划痕而误出厂，于是登报向消费者道歉，并请购买者退货。表面上看是在说商品的毛病和管理上的失误，而实际上这个毛病微小而不损害产品的功能，使得消费者感到这是为自己考虑，对产品质量负责，从而获得他们的信赖，起到促销作用。

在广告中向消费者公布经营的细帐，付出成本多少，取得多少盈利。把钱赚在明处，让消费者放心，也使得消费者感到广告的立场公正。例如一国外的饮食店，为了使顾客放心，在它的广告中，把食品成本与盈利的细帐一一列出，并告诉顾客它的经营之道是薄利多销。广告一出，顾客盈门。然而这种方式的广告只适用于一些特殊的商品或服务。

保护消费者的利益

广告的公正性即表明广告与消费者的利益是一致的。法国著名的碧绿液矿泉水在 1989 年美国的抽检中因失误而导致有几瓶未达到美国食品部门的标准。面对这种情况，厂家在新闻宣传机构刊登广告，把此事自我曝光，并承诺此批出厂的世界各地的 1.6 亿瓶矿泉水全部收回销毁，并用新产品加以抵偿。广告画面上依旧是人们熟知的绿色葫芦状玻璃瓶，从瓶口流出一滴晶莹的矿泉水，犹如一位美丽的女孩眼角有一滴眼泪，以此向消费者致歉，使消费者感到她也有自己的委屈，犯这个错误不是故意的，于是原谅她。广告用画外音作提示，一个小姑娘在呜咽，一位慈父般的声音说："不要哭，我们仍旧喜欢你。"小姑娘答："我不是哭，是高兴。"

从表面上看，厂家这样做，其经济损失十分大，达 2 亿法郎，但却给消费者留下了诚实可信的印象，感到以后出厂的此种饮料必定是安全可靠的。接着厂家在严抓质量的同时又推出诉说质量过硬的广告，更加深了消费者的信任。通过一件不利的事件，反败为胜，这正是厂家经营策略的正确，也是广告把自己为消费者着想的立场表达出来，增加了消费者对其信任程度所带来的成功。正是塞翁失马，焉知非福?!

正反两面的诉求

广告的公正立场，还可以通过把产品的优缺点都说出来的方式表现出来。对于理性广告对象和知识水平较高的、理解力强的广告对象，其消费特点表现出相对的独立性，他们普遍对自己的理解判断能力非常确信，他们要通过对信息的评判作出自己的判断，而不喜欢别人替自己判断。如果广告中有控制他们态度的倾向会适得其反，引起逆反心理。

对于这种消费群体，如果广告用语是极力夸大广告的优点，或用十分强硬的命令式语气，都不会产生好的效果。例如，某种食品征集广告词，最后选定“非吃不可!”一语。姑且不说典型的理智型消费者的感受如何，既使一般的消费者也未必能接受这种命令式语气。谁也不愿被人控制，尤其在消费活动上，面对有较高知识水平的消费者，广告采用正反两面的诉求方式，更可增加可信度。

例如《美国新闻与世界报道》曾登载了一则美军募兵广告，成功地利用了美国知识青年着重现实，喜欢独立的思维特点。广告如下：

> 军旅生活非人人所能为之。不仅如此，清晨，你要早早起床；每天，你要艰辛地训练，并且你被要求付出二三年或四年的光阴服兵役，这对年轻的岁月来说似乎很长。
>
> 我们不想改变这些，包括不想改变严明的军纪、铁打的军规以及诸如这些非人人都能适应忍耐的东西。我们需要的是真正想成为军人的年轻人，而不是那些想在此地轻松容易找到出路的人。
>
> 但是，我们改变了的东西将使今日军队更有效率——这是为我们所需要的人而设计的：我们给你们更好的教育、更理想的职业、更高的报酬，以及更多的旅行机会。
>
> 然而，我们深知，你从这支军队中获得的最重要的收益是语言和文字都无法表述的，这就是你的成熟与自信。即使你离开军旅，它也将伴随你终生，使你受益无穷。

这种正反两方面信息同时呈现的方式，还可起到预防效应。就像打预防针一样，为了防止某种疾病，要先在体内注射一点点这种病的疫苗，使体内产生免疫抗体。在心理上同样存在这种效应，即要使某人保持某种观点，以至长久，可先给他灌输一些反面观点，使他对此有更全面的认识，进而增加对此观点的原有态度。广告中由于正、反两方面的论据都呈现出来，可使消费者不会对此商品抱有不切实际的期望，因而在使用了此产品后，满意度相对提高，而对此产品保持长久的认同态度。

实事求是的态度

广告中立场的公正性还可以采用实事求是的态度表明自己在竞争市场中的位置，不夸大自己，不是老大，不称老大。虽然是第二，但会更加努力。这样也会给消费者以诚实，不甘落后的好印象。例如汉森计算机公司的广告"汉森仅次于IBM"。

四、消除消费者的顾虑

消费者在购买商品前，会有一些担心和顾虑，害怕上当等想法。广告可帮助消费者消除这种顾虑，增加信任感，可采用商品展示、示范、作出承诺，或从普通购买者口中传达出来（新闻实证式广告）等等方法。

什么样的广告最可信？

广州达门信息产业有限公司在1996年做了一项调查，分别在广州、深圳、北京、上海四个城市做抽样，采用分层多级不等概率抽样法，分别抽取了30个街道、30个居委会，总共2411个家庭、6408人。其调查结果如下(见表7－2)[①]：

表7－2　京沪穗深四市城区居民对广告接受程度（%）

广告内容或主题	四市平均	北京	上海	广州	深圳
1. 以工厂工人为主题	5.8	5.5	6.7	5.6	5.5
2. 以公司领导为表现主题	2.2	1.5	2.1	3.3	1.9
3. 以购买者赞成为表现主题	29.9	29.8	27.7	31.0	31.0
4. 强调是新产品或换代产品	7.4	5.9	9.2	7.6	6.8
5. 自己所尊敬的名人表示赞同	4.7	4.5	4.5	5.4	4.4

① 《国际广告》，1996年第6期。

广告内容或主题	四市平均	北京	上海	广州	深圳
6. 声明在调查基础上作出的保证	14.2	12.6	16.1	11.9	17.0
7. 保证无效退款	27.4	29.0	27.1	25.1	28.4
8. 有关的专业人员表示赞同	12.9	13.0	12.2	11.8	14.8
9. 是某些特别机构指定用品	5.9	7.7	4.4	5.6	5.9
10. 其他	4.9	6.3	3.3	3.3	6.5

从调查中看出，“由购买者表示赞同”（29.9%）“保证无效退款”（27.4%），“声明在调查基础上作出保证”（14.2%）和“有关的专业人员表示赞同”（12.9%）等类型的广告，更使消费者信任。

第五节　明星效应的心理分析

在霍夫兰的态度改变模式中，传达者是否被人喜爱，对接受者是否改变态度起重要的影响。心理学的研究曾证实了生活中经常发生的“光环效应”或称“晕轮效应”。它是指由于一个人具有较高的吸引力，而使得别人倾向于对他在其他与吸引力无关的品质也评为好的，就像被光环所笼罩，使得人看不清他（她）的真实面貌。

由于某点，尤其是外表吸引力好，而被人广为喜爱的情况在生活中经常发生。爱美是人类的本性，而追求一致性，也是人的一种倾向。由于某人某一方面的特征美好而倾向于认为其整个特征都是好的，这种心理特点，造成了广告中喜欢用有高吸引力的人物来传达信息。

一是高吸引力可以给消费者造成强烈的视觉冲击力。试想在街上行走人来人往，你会首先发现一个普通女性，还是一位美女？

二是高吸引力的人由于晕轮效应，造成消费者对他（她）的一切都盲目接受，产生一种爱屋及乌的心理效应，进而接受由他（她）推荐的产品或观念。

三是这种人物常常可以带来一种示范作用，引起他人的模仿。

在说服中，人际传播比大众传播更加有效，而广告是一种大众传播，所以广告中极力制造出一种人际传播的气氛，把广告内容借某人之口传达出来。而由谁来传达？高吸引力的人自然成了广告内容的理想代言人。

什么样的人是有高吸引力的？

由于广告中人们的认识常常停留在表层，因此在这里吸引力更多的指外表具有吸引力的人，有时还包括在具有人格魅力的人。外表具有高吸引力的人有这样3种，影视歌明星或体坛上的名人、俊男靓女和儿童。另外，动物或卡通角色也具有高吸引力。下面分别说一说。

一、明星与名人

在此名人不指科学权威或专家学者，主要指体坛、文艺方面的知名人士。在广告中用明星或名人是因为他们具有比普通人更高的被关注度。

明星效应或称名人效应普遍存在于人们的生活中。例如，美国女作家米切尔创作了广为传颂的小说《飘》之后，成为名人，于是她居住的地方成了当地的名圣游点。

“明星或名人”广告的优劣

1. 有利因素

由于对某个人的喜爱使你心中产生一种肯定的情感，它贮存于你的认知结构中，一旦被再次触及，则会在认知结构中找到，激活原来已经贮存的美好情感的记忆，产生一种同样肯定的态度。而且人们的认识具有相对稳定的特点，况且由于一致性倾向而不愿否定自己原有的判断。因此由于对明星、名人原有的喜爱与好感被激活后，会使人们倾向于肯定与他相关的事物。

由于明星或名人经常出现在新闻媒体中，使得人们格外注意他们的一举一动，并产生一定的仿效心态，因而广告常常借明星之口推出产品，这样一是可以借明星之名提高产品的知名度；二是可以借明星之脸引人注意；三是借人们对明星的偏爱促进人们接受产品。这种种好处使得广告主不惜血本，高价聘用明星做广告宣传，把广告的成败赌在明星身上。许多明星广告使产品的知名度得到了极大的扩张。例如当红影星巩俐一笑，使“美的”电器扬名国内。

2. 不利因素

这样的例子数不胜数，然而明星策略在广告中是否总能取胜呢？请看看下面这个调查。

这是《国际广告》杂志社、国际广告研究所在1996年10月对中国5大城市的消费者所做的“印象最深”的名人和明星广告。结果见表7－3、表7－4、表7－5[①]：

表7－3 五大城市广告名人总排行

（总人次948）

名次	名人	百分比	名次	名人	百分比	名次	名人	百分比	名次	名人	百分比
1	刘德华	9.1	6	成 龙	463	11	钟楚红	2.8	16	李嘉欣	1.3
2	巩 俐	8.1	7	*冯巩	4.0	12	吴倩莲	2.1	17	陈佩斯	0.9
3	*葛优	8.0	8	张德培	3.9	13	李默然	2.1	18	景冈山	0.9
4	刘晓庆	5.6	9	周慧敏	3.9	14	张曼玉	1.9	19	杨采妮	0.7
5	王 姬	4.4	10	马 季	3.3	15	张丰毅	1.6	20	严顺开	0.6

表中的百分比指被访者填写该名人的次数与样本中总人次的比例。

*因为葛优、冯巩常被放在一起填答，所以有一个共同的比例，需加在各自被单独回忆起的百分比上。

表7－4 各大城市广告名人排行榜

	北京		上海		大连		青岛		广州	
名次	名人	百分比	名人	百分比	名人	百分比	名人	百分比	名人	百分比
1	葛 优	35.6	刘德华	46.9	葛 优	31.7	葛 优	43.4	刘德华	40.7
2	巩 俐	34.4	巩 俐	34.4	王 姬	23.3	巩 俐	30.0	巩 俐	37.0
3	刘晓庆	26.7	成 龙	16.0	钟楚红	18.3	刘晓庆	20.0	张德培	22.2
4	马 季	18.9	周慧敏	16.0	成 龙	15.0	马 季	16.7	周慧敏	22.2
5	刘德华	18.9	钟楚红	14.8	张德培	11.7	刘德华	16.7	成 龙	11.1
6	王 姬	17.8	李默然	14.8	李嘉欣	11.7	王 姬	13.3	王 姬	9.3
					刘晓庆	11.7				
					陈佩斯	11.7				

本表中的百分比提供了各地区填写某名人的人次与该地区样本中总人次的比例。

① 《国际广告》，1997年第1期。

表 7－5　不同年龄段被调查者对广告名人的记忆度

年龄段	巩　俐	葛　优	刘晓庆	王　姬	冯　巩	李默然	马　季	张丰毅	陈佩斯	景冈山
18—25	23.1	12.6	12.6	13.3	2.1	4.9	8.4	2.8	1.4	4.2
26—35	26.9	16.3	**26.9**	10.6	2.9	8.7	9.6	1.9	2.9	2.9
36—45	**34.1**	14.6	9.8	9.8	**4.9**	0.0	7.3	9.8	**7.3**	0.0
46—60	22.7	**22.7**	13.6	**31.8**	4.5	**18.2**	**22.7**	**22.7**	4.5	0.0
年龄段	刘德华	张德培	成　龙	吴倩莲	周慧敏	张曼玉	钟楚红	李嘉欣	杨采妮	总人次
18—25	**35.0**	**16.1**	12.6	**7.7**	**16.8**	**7.7**	**12.6**	**4.9**	2.1	296
26—35	26.0	12.5	11.5	6.7	9.6	5.8	8.7	3.8	**2.9**	215
36—45	17.1	2.4	17.1	4.9	4.9	0.0	0.0	0.0	2.4	65
46—60	4.5	0.0	**18.2**	0.0	0.0	0.0	0.0	0.0	0.0	47

阴影表示该人在本年龄段受到了突出的喜爱。

* 表明在本年龄段作出填写的 296 人次中，有 23.1％的人填写了巩俐。

调查中发现，由于传播的导向和其他因素，国内的名人广告中名人的行业仅限于影艺和体育界，而在国外还包括知名作家等其他行业的人。

调查中还发现，明星广告中的人物不仅仅限于外表漂亮，明星的吸引力还包括风趣幽默等演技魅力。由于喜剧明星葛优与冯巩在“双汇”火腿肠一电视广告中的出色表演，使得他们高居榜前位置。

本调查的结果和以往的研究表明，明星名人广告，除了其优点外，还存在着许多不利因素，值得注意，并在应用中克服。

第一，存在明显的地方差异。

此调查表明，地方不同对明星广告的认知差异也不同。这取决于消费者对明星本身的认同，也和地方文化背景、生活品味和已有观念有很大的关系。因而广告中所选明星首先要看他（她）在当地的知名度和是否被当地消费者所接受。

第二，不同年龄段的消费者对广告名人的记忆度不同。

由于不同年龄段的消费者在文化、生活习惯心理上都存在着差异，因而他们对不同明星、名人的接受度与喜爱度不同，这影响了对广告的记忆度。广告中选用明星或名人要先了解广告对象属于哪个年龄及心理层次。

第三，有些明星身兼数职，同时为好几家公司做广告，几乎同一时期出现在不同的产品广告中，因而造成消费者记忆混乱，分不清他到底为什么产品做过广告。因此广告应尽可能地使某一产品与一相对固定的明星在某一相对固定的时间段进行匹配，以增强消费者建立明星—产品的固定的神经联系，加强记忆度。

另外，由于同一明星同一时期出现在不同广告中，使得消费者对其产生偏见，认为他对高额广告费十分感兴趣，进而怀疑其广告立场，影响对产品的可信度，同时也降低了明星本身在公众心中的形象。

第四，名人或明星与产品的形象是否搭配。

名人与产品相搭配是许多广告主所希望找到的。然而实际广告中却存在着许多明星与产品毫无联系的情况。广告应在明星与产品之间找到一个合理的关系，还可采用明星扮演广告故事情节中的某个角色来有意制造明星与广告产品的联系。

名人或明星与产品搭配不当，会对产品产生不利影响。例如：国氏全营养素是一种减肥食品，其科学减肥新概念为“迅速减肥，恢复健康”。然而在其广告中选择世界体操冠军，体态娇小、身轻如燕的莫慧兰作为其代言人，使人发生疑问，健康的莫慧兰是靠了“国氏”才造就了如此的身材吗？

俗话说久病成医，在药品广告中，如果信息传达者是一位大家熟知的受人尊敬与信任的知名人士，且他或她患有某种疾病也被大众传媒广为传播过，在这种特殊的情况下，选用这种特殊名人做治疗与其所患相同疾病的药品广告也会有较好的可信效果。然而如果一味强调明星或名人效果，而不考虑明星或名人与产品的关联度，则会降低其可信性。例如，某种胃药广告是由一位影星作信息传达人，他在广告中说：干我们这行的，特别爱得胃病，幸好现在我没有胃病。有了××药，得了胃病也不用愁。以一个没有病的身份介绍某种药的效果，虽然是影星，仍然不具备可信性。又如，选用众所周知的患有高血压或心脏病的名人来传递宣传××酒也不会提高可信度。因而在选择信息传达人时，如果既考虑到明星效应，又注意到权威效应，则一举两得，收到更佳的效果。例如著名影星如果做××影视学校或影视杂志的广告肯定比做××药品的广告可信度更高。因为他既有明星身份，又是影视专业的内行人。

第五，明星与产品谁是主角。

在前面所述的《国际广告》研究所1996年10月所做的调查中发现了一个有趣的现象，许多消费者都记得葛优与冯巩演的广告片。此广告利用深受欢迎的电视剧《编辑部的故事》中的男主人公冬宝（葛优扮）的形象，以喜剧的形式演出了一个小品式的情节，葛优独坐若有所思，冯巩问："冬宝，想戈玲呢?"（葛优在剧中单恋着女主角戈玲），葛优愁眉紧锁。旋即，冯巩端过一盘诱人的火腿肠。葛优看到后，即刻眉开眼笑。冯巩问"还想戈玲吗?"葛优反问："戈玲是谁?"这一喜剧情节使许多被调查的消费者记忆犹新。然而当问到他们做的是什么牌的火腿肠时，结果却是这样的：记住葛优的消费者中有44%的人，把他的"双汇"火腿肠记成"双鸽"或"春都"。而喜剧明星陈佩斯为"双鸽"火腿做的广告也有同样的效果。记住陈佩斯的消费者，有33.3%把"双鸽"记成"双汇"或"春都"。而对另一则牙膏广告（此广告同样用了一个在影视中常露脸的演员，演出一个普通人，用有地方特色的口音对观众说："牙好胃口就好，吃嘛嘛香""我用的是蓝天六必治"）被调查者中记住"吃嘛嘛香"和产品名称"蓝天六必治"的人中80%说不出演员的名字。

这一结果，给我们的启示是在一则广告中，明星是配角，商品是主角。选用名气极大的影星，或编排的广告情节不突出产品时，都有可能造成喧宾夺主的现象。

第六，由于明星或名人本人的某些丑闻被曝光而连带产品受累。

例如1990年1月17日，日本著名影星胜新太郎因走私毒品，在夏威夷被捕，导致原预计播出一年的由他做的麒麟啤酒系列广告，不得不提前终止。

广告使用明星或名人时应注意的问题

根据上述情况，在广告中使用明星或名人时应注意以下的几点：

1. 尽可能避免与其他公司在同一时期使用同一明星或名人。

2. 依据明星与产品的特点制造情节，让明星出演。例如：铁时达表在国内的电视广告，用了著名影星周润发来表演，其中与铁时达表有关的浪漫情节给人以难忘的印象。

3. 产品与明星、名人合理搭配。

例如：日本电通广告公司为Eisai公司的维生素营养品制作的电视广告。由于此品是现代营养品中的后起之秀，广告以知识性介绍为诉求点，让受众知道补充维生素可消除疲劳。把知识表现在娱乐之中，才能更好地吸引人且被接受，于是广告选择了文化色彩极强的被受众熟知的 5 位商贸题材的畅销书作家来出演广告，以暗示此产品与文化的联系。广告以 5 位作家背向观众为出场，以吸引受众思考猜测他们是谁，要做什么。在这种猜测中，5 位作家一齐亮相，接着推出产品。整个广告中没有一句产品如何好的宣传，只用作家的形象与身份表现了产品的品质。由于众多名人一齐出场，增加了观者的印象。

4. 利用电视剧受欢迎的良机，选择电视剧中的人物。

5. 了解广告对象对此名人、明星的了解程度，尤其是对明星个人生活状况的了解。假如此名人有心脏病已众所周知，让他在酒类广告中出现，则会使消费者感到疑惑。

由此可见，在广告中恰到好处地应用明星效应或名人效应，会提高广告的说服效果。尤其是“明星”加“故事”，更具有吸引与说服效果。

现代广告中不仅利用名人效应，还发展到利用名物效应，如对历史古迹和名雕塑、名画的利用。例如：美国一燕麦片的广告利用断臂维纳斯的雕像，在她的旁边是一碟诱人食欲的燕麦片。广告词是：“假如她有双臂的话……”广告使燕麦片与人们熟知喜爱的维纳斯女神雕像发生联接，以达到借名物而言商品之意。

二、美女与俊男

在此更多的谈谈美女。

在广告中，出现最多的人物形象是女性，其中又以美丽的女性为主。女性美是人们视觉所直接感知到的一种美感，由此可带来愉快的体验。欣赏美是一种享受，是消费者一种强烈的审美需要和爱的需要及性的需要的综合表现。美丽的女性不仅能极强地吸引异性，同样能吸引同性的目光，在她们给消费者直接提供的视觉享受与引起的愉快感中，更容易达到说服的效果。

按照本能主义精神分析学派的创造人弗洛伊德的理论，认为这种欣赏美的需求最根本的原动力是人的性本能。从某种意义上讲，这种说法有一定的道理。消费者是充满活力的人，他们定然会有这种需求，然而由于社会的约束这种本能常常以升华的形式表现出来，表现为较抽象的形式，例如对美的欣赏与追求，并以此种方式获得满足。广告中的女性美及艺术的表现手法，则直接地满足了消费者对美的需求，尤其是异性美的需求。女性美可以说是人类永恒的主题之一，也应是广告中充分利用的选材。

人们通常认为在广告中应是异性相吸，然而在实际中发现对于纯男性用品，如香烟、剃须刀等不宜用女性人物表现，以免使消费者感到商品的女性化倾向。在纯男性产品广告中选用男人味很浓的男性做广告模特，会达到更好的效果。例如“万宝路”广告中的豪爽的牛仔形象就使原来被认为有女人气的香烟，转变了风格，成为豪爽粗犷的男子汉的象征。

另外，对于在广告中直接表现女性的身体美，由于观念的不同，不同地区的消费者存在着不同的差异，而且存在着性别的差异。例如，女性内衣或丝袜等特殊用品的广告，常常用高超的摄影技术，表现女性似裸似露、若隐若现的线条轮廓，以此暗示商品会使女性增加魅力。对这类展示女性人体美的广告作品，无论观念是否保守的男性都会以欣赏的眼光、赞美的词语，表示肯定的态度，并想到此产品肯定是不错的。而女性的看法则不一样，有些女性认为这种产品可能使自己显得过于性感而拒绝它。而购买这类纯粹女性用品的顾客常常是女性自己。因而再次强调广告要进行“心理人口”调查。

美女并不是处处都能派上用场，在有些商品中，如女性化妆品，如果选择绝代佳人，有时反而会给普通女性消费者一种不信任感，使她怀疑商品的真正功效，或使她感到广告的形象与自己差距太大，产生一种潜在的抗拒心理。另外，广告中的女性不宜做出庸俗、低级、故作姿态的表演。在一项对广告态度的调查中发现对此发生反感的消费者占 63.2%[①]。

过于“抢眼”的美女，也常常可能使消费者记住了美人而忘记了产品，造成主次不分。因此美女是商品的引子，她要和商品发生联系，并和产品相匹配，才能使其所做的广告更能发生效力。

三、儿童

事实上，儿童才是最富有吸引力的广告模特。

因为他可以使男女老少都产生注意。在此所谓的儿童主要指“六个月”到“五岁”左右的幼儿。这阶段的孩子，天真、稚嫩、活泼、自然，一举一动都透着可爱。他们的模样很容易吸引人的注意，并诱发人们美好的情绪体

① 《中国广告》，1991 年第 4 期。

验。因而不仅仅是儿童用品的广告看中了儿童小模特，其他能够与儿童发生关联的商品，也十分喜爱用儿童做模特。在此值得注意的问题是，广告中应以儿童的形象为主，而不应以儿童做代言人。除了儿童食品，用儿童的语言来诱发同龄人外，其他商品广告不宜选用儿童的形象。儿童做广告内容的代言人常会被认为说服力差、幼稚。

四、动物或动画角色

通常情况下，凡能够引起消费者注意并使之产生积极情感的客体都适合当作广告的形象表现者。动物的憨态与自然同样可以引发人们的积极的情绪体验，使人产生一种怜爱之情。各种卡通人物由于具有夸张、幽默等特点，可以区别真实的人，相对而言显得比较突出，因而具有较高的吸引力。

总之，高吸引力的人做广告信息传达者，会更吸引消费者注意，由于消费者对他们的喜爱而形成肯定的态度，可提高广告说服力。但这并不是说在广告中都要选用高吸引力的人做信息传达者，在前面的探讨与调查中（广州达门公司的调查），发现广告中的信息传达者作为普通购买者形象出现时，也同样具有很大的说服性。因为在生活中我们的信息并不总是从高权威或高吸引力的人口中得知，我们在人际传播中更多的是从和我们一样的普通人口中得到我们愿意相信的信息。因而广告刻意模仿这种人际传播形式，以邻居、朋友、一般百姓的口气对观者诉说自己的经验，或以采访的方式让普通消费者证实产品的好处，这样的手法同样也会使消费者感到亲切自然，而产生说服效果。这种手法更多的用于生活用品的广告之中。

第六节　广告环境与媒体选择

一、广告环境对消费者态度的影响

消费者的态度是否导致某种购买行为发生，还要看周围环境的状况。环境对消费者的态度起强化作用。当一个消费者在购买了某种产品后，尤其是对他较为重要的产品，他会更主动地寻找关于此产品优点的信息，以加强他对产品的认同和对自己行动的认可。如果消费者购买后发现产品与广告中所说的不符，则会产生认知不协调，而改变对广告和产品原有的态度，进而还会对整个广告发生不良的看法，认为广告都是骗人的。因而环境中的各种因素，如销售环境、产品质量、周围人的看法、广告信息等都可构成对消费者某种态度和行为的强化。其中与消费者态度一致的是正强化，不一致的是负强化。正强化可促进原有态度的稳定；负强化可导致原有态度向反方向变化。例如：众所周知的 1993 年轰动一时的“蒙妮坦换肤霜”，由于其广告中的夸大的承诺和新闻媒介的宣传，使得很多女性消费者认为追求美丽的希望可以通过此种化妆品得以快速实现，从而使得这种产品得到快速推广。然而由于广告中夸大的宣传和虚假的成分，消费者使用产品后，希望未兑现，反而产生了许多负作用。于是此产品受到消费者快速的抗议与抵制，使得换肤霜像一个美丽的肥皂泡一样迅速消亡了。正如一句古话所说：“水可载舟，亦可覆舟。”

上述谈到了消费者身边的小环境，还可以从大的宏观角度探讨环境对消费者态度的强化作用。广告的大环境即社会大背景下，社会对广告的认识，如广告的管理、《广告法》的执行状况、虚假广告是否得到有效抑制等。这种大环境影响着消费者对广告的整体看法和态度。它作为消费者已有的态度背景对消费者的购买行为发生影响。在杭州《钱江晚报》周刊部进行的一项城区市民的调查中，就有 20.5%的人说自己曾被广告误导过，其中 73.5%的人认为广告言过其实。消费者在经历了许多次美丽希望化为泡影之后，还能期望他再相信下一个美妙的广告承诺吗？即使这一次是真实的，也会由于前几次的经验而增添许多疑问。就像那个人人皆知的古老故事“狼来了”，小孩子为了好玩喊了几次“狼来了”，引起大人们的惊慌并跑去帮助他，却没有发现有狼的影子。当狼真的来了时，无论小孩用多大声音叫喊也没有人再来帮助他了，小孩最终被狼吃掉了。从这个故事中我们可以得到启示，从长远的角度上看，虚假广告造成广告大环境的恶劣，对广告主、广告公司、消费者三方都是百害而无一利的。广告人应以净化广告环境为己任，使广告的生存空间更有利于其发展。

二、媒体选择对广告说服力的作用

现在的广告几乎达到无时不在、无处不有的状况，因而其可选择的载体也很多，如广播、电视、报刊等大众传媒，还有电影、邮寄、传单、招贴、宣传手册、路牌、灯箱、霓虹灯、售点广告（POP）等等，甚至在火柴盒、纸币、传真机、电脑等被消费者接触的物品上大做广告。凡是能够被消费者接触的东西，都可能被利用而成为广告载体。在此，暂且给广告载体分为以下几大类：印刷类广告、电气类广告、其他类广告。

印刷类广告是指利用印刷技术而出现在载体上所做的广告，如报纸广告、杂志广告、招贴、传单等等。电气类广告是以电波发射或电力推动等先进设备与技术作载体的广告，如电视广告，广播广告、录影、幻灯、灯箱、霓虹灯等等。其他类广告，如 POP 广告等。下面主要谈谈报刊、广播、电视这类以大众传媒为载体的广告的心理特点。

报刊、广播、电视等媒体的特点

1. 报刊是非线性传播的，具有易保存、信息量大、专业性强（指各专业报刊）和时效性差的特点。由此选择报刊作媒体，可带来如下的利弊：

(1) 可减少经费开支，报刊广告相对电视而言较为便宜。

(2) 由于报刊易保存，可使消费者反复仔细阅读，增加其记忆与理解的机会。

(3) 由于报刊的读者具有一定文化水准，在报刊上登载一些需要详细介绍、以理性诉求为主的新产品或高档消费品，更容易被读者接受。国际广告协会曾调查过，美国《生活画报》的读者，常常是最先购买新产品的消费者，因为许多新产品的广告信息刊登在此刊物上。

(4) 报刊的专业性强，读者层次较稳定，使广告的针对性更强，权威性增加。

(5) 引起消费者的注意度有限。

(6) 不利于时间性较强的广告信息发布。

2. 广播是线性传播的，具有普及性高、时效性高、灵活性高、不易保存的特点。选择广播为媒体，使消费者：

(1) 易于理解，快速了解广告信息。

(2) 可边做其他事情边听广播广告，有随时随处可听的灵活便利。

(3) 容易诱发听众的情绪，情感。

(4) 不易保存与记忆。

(5) 经费相对电视而言较少。

3. 电视具有线性传播的特点，有较高的视听吸引力，时效性强，普及率较高。电视广告的有利之处是：

(1) 有极高的消费者注意率。

(2) 更容易发挥广告的视听感染力。

(3) 及时。

(4) 形象易于理解。

(5) 费用高。

广告在媒体选择时需注意的问题

针对上述特点，如何选择媒体除了要注意接触率大的媒体或栏目外，可注意下面几点：

1. 媒体传播的有效人数

专业性较强的商品或服务，应格外注意选择那些在传播对象中有效率高的媒体，而不应仅仅考虑其媒体的接触率（如收视率、收听率、报刊发行数量等)。例如：要做一种针对有学习障碍儿童的心理教育咨询服务的广播广告，如果选择收听率很高的音乐台或经济台，虽然收听的绝对人数很大，但其中真正关心孩子学习问题的家长人数却不一定有多高。而收听者中更多的可能是喜爱音乐的青年或关心经济动态的人。如果选择儿童和家长收听率较高的儿童台，虽然总收听率上比其他电台低，但其中有效的对象却增大了。在收听的人群中，几乎都是对孩子的生活和学习十分关注的家长。因而注意传播对象的有效性，即可扩大广告的有效接触率，还可节省广告费用，一举两得。

2. 选择与商品有关联的栏目

受众常常是依据自己的需要与兴趣来选择收听、收看、阅读的栏目（节目)，如果选取与商品相关性较高的栏目做广告，由于符合其兴趣，满足其需要，而可增加说服的有效性。

3. 合理搭配选用各类媒体

根据商品的生命周期，选取不同的媒体做配合，即经济又有效。

4. 符合营销总计划

最后，请思考这两句老话：

“集中优势兵力打歼灭战”；

“好钢用在刀刃上”。

在选择广告媒体时，也需注意不要把面铺得太大，大不一定有效，小而准，常常更能奏效。

第8章

广告说服的心理策略

第一节 感性购买与理性购买

广告主要是通过影响消费者态度，而使之发生购买行为。用什么具体的方式来说服消费者，不同的广告有着各不相同的手段，这些技术手段可以从广告专业技术课或书中得到全面的解释。本书阐述的是广告信息从什么角度来影响消费者的心理结构。

首先看看消费者的购买行为。总括起来，购买行为可以归为这样两大类，即感性购买和理性购买。这种分法主要是由于在不同的购买行为中消费者头脑中信息加工的方式和深度有所区别。依此，可把影响消费者购买的广告分为诱发情感为主而影响态度的感情型（即感性诉求策略）和以帮助消费者认识的理智型（即理性诉求策略）。

一、感性购买

感性购买活动是说消费者从觉察到自己的需求到发生实际购买，只有很短的几分钟或更短的时间，即刚刚作出知觉判断，就发生购买行为。例如，购买一些急需的生活用品。在盛夏外出感到口渴时，常常是按照自己的一般饮食习惯或平日最熟悉的牌子来购买饮料。这时对信息（包括外界刺激的信息和消费者头脑中已有的信息）的加工是浅层的。

感性购买常常涉及到消费者对产品品牌的印象，产品的知名度，这种购买行为常常是由于消费者在无意注意的情况下对外界信息留下的印象，尤其是广告这种广告信息在头脑中的加工是表层的，消费者如果对某个产品有良好的印象，会产生肯定的态度，它是直接贮存在消费者的记忆中，而不做更多的加工分析。对消费者来说，价值越小的，重要性越低的商品更可能发生感性购买。

R·E·Petty 等在 20 世纪 80 年代提出了一种称为精细加工可能性的理论。该理论认为消费者态度变化的层次不同，是由于对信息加工的路径不同。此理论把这种加工路径分为中枢的与边缘的两类。感性购买正是由于消费者对信息的加工路径是边缘路径，此路径更多的依赖于消费者对广告中与产品相联系的各种线索本身的直接印象，而不是对产品的深入分析。

如果广告中的产品同肯定线索相联，如广告是可信的，出自专家之口；广告中的音乐、画面、文字优美动人，诱发了消费者肯定的情感或产生令人难忘的联想；广告中展示出可信的结果或奖励式的促销等等，那么消费者可能很少对它进行精细加工，就接受“该广告中的产品是好的”这样一个观点。

相反，如果产品同否定线索相联系，如广告媒体不可信，广告代言人不可信，广告中的音乐、画面、文字等引起了消费者的反感情绪等等，都可能使消费者怀疑产品的品质。甚至有时，有些不利线索是出自广告诱发了消费者固有的某种偏见。如，消费者以前曾在某个新闻媒体中或从朋友处听说过××地区的产品有假的。于是因广告中出现××地区的信息，触发了其固有的偏见，就武断地认为广告中的产品也不是优质产品。

根据消费者感性购买类型对内部信息的加工特点，广告中可以采用以情感诉求为主要说服策略的感情型信息呈现方式。

二、理性购买

消费者的理性购买活动是说从感到需要某种产品到购买行为发生，需要很长的思考时间，消费者会主动比较各类产品的信息，详细地评估产品。这一过程中，消费者常常是把产品的各种特性与同类产品的特性作比较，经过逻辑的思考分析，而最终作出购买决定。这时的信息加工常表现为深层的，经过严密的逻辑推理，即便消费者对此类产品不在行，或不太相信广告时，也会找一些更内行的人帮助参谋。这种购买行为常发生在对消费者而言产品的价格较高，或产品十分重要，或产品使消费者十分感兴趣。它常常涉及了消费者的个人兴趣、爱好和相当可观的价格。同时涉及了消费者的消费观念或长久的利益等。例如在现阶段经济条件下购买房屋、汽车、古董与字画等收藏品、高档电器等等，或消费者非常爱好的商品。

用精细加工可能性理论来分析理性购买行为，是由于消费者对信息的加工是较深层的，精细化的，消费者信息加工的路径是中枢路径，他会主动去寻找，综合各种信息，搜集和检验有关体验，考察广告的来源，分析判断广告商品的性能并作出综合评价。这一过程中消费者更注重产品本身的特点。此类购买行为常常与消费者的消费观念和投资观念联系密切。这种行为不是盲目的，通常不会仅仅是受到广告的某种煽情式的诱感而发生冲动性购买。为了促成消费者的此类购买行为，广告可以以理性的诉求为主。

三、消费者采用哪种购买行为

生活中消费者常常是依据商品的价格，与自己的兴趣，对自己的重要性等因素而采取适当的方式。这其中还受到消费者的动机、个性和精细加工能力等心理因素的影响。动机的强弱不同，对广告的关注程度也不同，对广告的信息加工程度也不同。高动机表现为主动寻找广告信息，进行分析比较，更愿意做精细加工，更多依赖中枢路径而影响态度。低动机则相反，精细加工的可能性减小，转而依赖边缘路径。经中枢路径加工，使态度的改变更持久，因而更可能较准确地预测其行为。而边缘路径加工，态度的改变层次是较浅的，更多的涉及感知因素和情感因素，因而其购买行为极易受环境因素的影响，例如原来是经常买某个品牌的产品，在购买现场，由于受到另一同类产品的售点广告和其他销售活动的影响，转而购买了其他牌子的产品。

消费者的个性也在很大程度上影响其购买行为的方式，在性格上场独立性强的消费者，更多的依靠中枢路径加工信息，表现出较强的独立思考的能力。而场依存性格的人，则更多采用边缘路径加工信息。

知识经验也影响消费者的态度和购买行为。知识经验丰富的人，常常有可能采用精细加工方式，独立地做出判断，而不愿被广告所左右，而知识经验少的人则更可能采用边缘路径加工信息。

同一消费者在购买商品时，常常还会将两种加工方式一起启动，综合作出决定，因而这两种分法并不是绝对的，在消费者头脑中同时具备这两种加工途径。因而广告中动之以情，晓之以理也常常是结合在一起发挥作用的。在本章中只是为了叙述方便而有意把它们分开来说。

消费者的购买习惯，思维方式同样影响其采用哪种购买行为。感性购买与理性购买不仅仅取决于商品的价格等客观因素，它与消费者个体的人格因素有关。场独立性较强的人，习惯于独立思考，更多的体现出对理性信息的重视，无论购买价格大或小的商品，都更可能倾向于理性购买。而场依存性较强的消费者则更可能倾向受感情影响而冲动购买。

事实上，现代社会，由于工业化革命，某类产品在大机器化生产线下，几乎可以说同一档次的同类产品在品质上的差别并不显著，而此时品牌知名度对消费者购买就更有决定意义。在品质类似的情况下，广告采用影响消费者情感的方式，以期改变其态度，则更为直接。情感成分在态度改变上起着更重要的作用。因而，在现代广告活动中，更多的应用了感性诉求。即使是理性诉求的广告，也会渗入许多诱发消费者某种情绪情感的因素。

第二节　情感诱发策略

一、广告对广告受众情绪、情感的渲染

广告中的情感因素，确切地说它包括情绪和情感，它是人对客观事物的态度体验及相应的行为反应。它以人的需要为基础，与低级的需要相联系，满足低级需要而产生的体验，被称为情绪。情绪有很强的情景性、激动性和暂时性，表现在广告活动中，可利用广告中的各种手段与元素使广告受众产生一种优美的情调，或制造一个肯定的情绪气氛，达到使广告受众改变态度的目的。与高级心理需要相联接的即是情感，例如消费者对美的追求，对爱的体验等。

情绪与情感同样受认知因素的影响，是伴随着认识活动同时产生的，它不是独立的，受旧有知识经验的影响，不同知识背景的人对同一情境可作出不同的判断和评价，而产生不同的情绪情感体验，正如贝纳通广告在有些国家获大奖，而在某些国家却遭禁忌。情绪对认知因素有一定依赖性，产生什

么样的情绪决定于人对环境事件的评估、愿望和记忆中的经验等。情绪直接影响着记忆活动，以情绪、情感为线索进行编码的记忆，即称情绪记忆，某种判断引起人的强烈、深刻的情绪、情感体验时，这种体验与对它的感知结合在一起，贮存在人的记忆中，而当此种情绪再次唤起时，连同与此的记忆内容均被唤起，而影响对新的刺激的评估和判断。人的基本情绪被分为四种，即喜、怒、哀、恐。通常在广告中常常是要使消费者产生一种肯定的态度，因而更多的与肯定的情绪线索相联系，在广告中以引起广告受众快乐的体验为主，有些广告也可利用广告受众的某种恐惧心情，来达到目的。

情绪、情感还具有一定的投射作用，实验研究发现，让被试分为 2 组，一组看一部喜剧影片，使他们产生愉快情感，另一组看一部恐怖影片，让他们产生恐怖情感。之后让两组共同看同一个人微笑的照片，然后形容他的微笑。结果发现，带有愉快情绪的人作出的形容也都是“愉快的笑”、“会心的笑”等具有积极肯定色彩的，而带有恐怖情绪的被试，作出的描述常常带有否定色彩，如，“阴险的笑”、“不可预知的笑”、“不怀好意的笑”等。研究发现，这是由于被试把自己已有的情绪转移投射到对照片中人物的评价上了。这种情绪投射作用具有普遍的意义。因而广告中利用各类手法，使广告受众产生良好的情绪体验，这种体验可直接投射到广告受众对产品的评价上，由好的情绪体验而产生肯定的态度。因而在广告中常常应用促使广告受众产生肯定情绪的因素，而达到对产品的肯定态度。

消费者的情绪、情感与动机相联，在购买行动中有一定的激励作用（参见第 6 章）。

消费者的情感成分是态度改变的主要影响因素（参见第 7 章）。

综上种种因素，共同构成在广告中充分利用与渲染情绪、情感的原因。

二、情感诱发策略

制造广告中的情调

情调是指广告受众通过感知广告中的各种元素（如色彩、声音等）产生某种情绪体验。通过广告音乐和音响可使人产生某种情绪体验，一段优美动听的广告音乐旋律，常常会给广告受众以美好的情绪，使他回忆或憧憬美好的体验。还可利用广告中人物的声音的变化体现出其中诗情画意，也可利用某种音响，使人产生美好的回忆与联想。如南方黑芝麻糊的电视广告《怀旧篇》中就利用以前南方街头叫卖的梆子声，制造一种怀旧气氛，引起美好的令人难忘的回忆。

在广告中制造情调，更多的还运用了色彩。人们对色彩的感知，可以触发某种情绪。广告中不同的色彩可以诱发不同的情绪，其象征意义也不同。

1. 广告色彩在心理组成上的三种要素

（1）明度：对光强的主观感觉，它由物体表面的反射系统决定。反射系数越大，颜色越亮，明度就越大。明度是彩色与非彩色的共同属性，明度最大的是白色，最小的是黑色。

（2）色调：是彩色的最重要的属性。它决定了色彩的种类，它是由物体表面所反射的光线中占优势的一种光线所决定的，消费者对色彩的感觉依其波长的变化而变化，波长越大，越易引人注目。

（3）饱和度：是对光波纯度的主观感觉。它是色调的表现程度，是由物体表面所反射的占优势的那一种光线与整个反射光线的比例所决定的。优势光线所占的比例越大，饱和度越大。

颜色的这三种心理感觉量的共同作用可使人产生联觉和联想。色彩给人以冷暖感、轻重感、缩胀感、软硬感、薄厚感等。例如，明度高的颜色会显得轻盈，明度低的颜色显得厚重，而明度相同时，纯度高的颜色比纯度低的颜色显得轻。

广告中的色彩的运用，通常是通过基调向消费者表达情绪。把它作为背景情调，用重点色突出主体。基调是广告中一种或几种相关色彩所组成的色彩总倾向，以此表达与宣传主题相应的情绪和烘托气氛。广告中运用色彩可以有效地影响广告受众的情绪。

2. 色彩的情绪表现意义

色彩可分为两大系列，即暖色调与冷色调。

（1）以红色为代表的暖色调系列，由于红色的波长是可见光中最大的，它对视网膜的刺激最强，可使瞳孔扩大，血流速度加快，心跳加快，产生的生理变化与温暖时的生理变化相似，因而产生温暖感。

红色可以引起热烈兴奋的情绪，许多快餐店的店面布置以红色为基调，以调动和刺激消费者的兴奋感，产生食欲，由于它会使人有燥热感，因而食者吃饱之后，会很快离开快餐店，使其客流量增大。

可口可乐在我国的电视广告，也常以红色为基调，既配合了它本身的包装，又使广告受众感到强烈的视觉刺激，再配合快节奏的音乐和舞蹈动作，使广告受众产生兴奋的情绪，感到喝了可口可乐会使人充满旺盛的精力。

万宝路香烟广告中那个著名的牛仔也正是在一种红棕色的基调的烘托下，才更显出具有男性的凝重感和火辣辣的男性气味。万宝路香烟最初的顾客更多的是住在美国新英格兰地区的妇女以及一些纨绔子弟。它包装上红色的细条纹显示出一种女性气味，当时也有许多人认为过滤嘴香烟应是女人抽的烟。为了让万宝路成为男子汉的烟，李奥·贝纳公司为其重新包装做广告，把红条纹换为全红，万宝路用大写字母，以突出男子汉气概，并塑造了一个极有男人魅力的牛仔形象。用棕红色的基调加以突出，成功地制造了粗犷豪放的气氛，一举改变了人们以前对万宝路的看法。

虽然由于不同知识背景下，红色所制造的基调，会有出入，但仍有其共同的特性，即兴奋热烈和强烈的视觉刺激。红色会使消费者产生具体事物的联想，例如，想到太阳、血、火、肉类等，有一则肉食类印刷广告，就十分成功地用红色作底衬来突出肉食品的诱人和新鲜可口。

(2) 黄色给消费者以光明、成熟、希望、充实、富贵、温馨怀旧的情绪，它使人联想起大自然的丰收、黄金、成熟的水果等等，黄色常常与往日的温馨、幸福相联，使人想起发黄的旧照片或信物，因而用黄色可制造出一种家庭温馨的情调。例如，“南方”黑芝麻糊，以偏黄的基调，突出旧日情怀;“果珍”用黄色突出其品味和带来的家庭的温暖感。黄色还给人以贵重、气派之感,尤其在中国,黄色是皇帝用的颜色,因而黄色还可突出产品的名贵。

(3) 以蓝色为代表的冷调系列中，蓝色波长较小，刺激瞳孔收缩，使血流减缓，让人感到寒冷。在广告中，运用蓝色可使消费者联想到蓝天、大海，产生深远博大的清新之感，一般在洗涤用品中，常用蓝色为基调以渲染产品的清新洁净，在与冷联接的用品中，以蓝色使消费者产生冰凉之感。蓝色意味着优雅清爽，日本柔和七星烟，其品质是柔和清爽，于是其包装与广告均以冷色调突出其产品特点“像凉风一样的清爽”。

(4) 绿色的波长对眼睛的刺激最为适宜，它使人感到舒适，宁静，清晰悦目，它使消费者感到生命的美好。

(5) 黑色的明度最小，是夜晚的象征，它会给消费者带来一种压抑与恐怖的情绪，洛杉矶的一座黑色大桥上，少女自杀率最高，心理学家分析，因为黑色加重了想自杀人的心理压力，更加深了其绝望感。于是建议改涂上橙红色，颜色变化之后，调查发现，自杀率有明显的下降，橙红色给人以幸福与希望和温暖的情绪色彩。在广告中，利用黑色有时是为了制造一种恐怖情绪。例如牙膏广告中，以黑白对比来表现没用某牙膏前病菌侵害牙齿的情景，之后用健康明朗的绿色，表现使用此牙膏后，牙齿的健康情景。黑色还可使人产生睡觉的联想，一种抗过敏药的广告中，利用黑色基调突出以往抗过敏药会使人嗜睡的副作用，而广告中的产品则无此不良反应。黑色更容易造成消极的情绪与联想，例如一家巧克力糖果生产厂，设计了一个“强力黑色巧克力糖”的招贴广告，画面上是一对年轻夫妇，正把一长条黑色巧克力糖放入对方口中，整个画面上还画了一大块黑色的巧克力，设计者原以为这种黑色，在广告中少有，可产生视觉新鲜感，且黑色也会给人以神秘感，使得这种巧克力既甜密又有神秘色彩。然而实际的效果却恰恰相反，许多看过此广告的广告受众在评价此物时说：这种黑色的糖让人感到阴郁，甚至联想到死亡，似乎是用这种看似甜密的糖把幸福的夫妇带进神秘的黑暗世界或死亡的地狱之中。由此可见，广告中对颜色的运用十分重要，且不可盲目使用可能带来消极情绪的颜色。

(6) 白色是可见光的总合，它包含了所有可见光波，既充实，又虚无。白色会使消费者感到纯洁，神圣和空白感。广告中常以此来作对比，陪衬突出商品。白色使用不当，也会易于与消极情绪联接，给人带来不好的初始印象。例如，某个速溶汤的招帖广告，画面上是一间用白色瓷砖砌成的厨房。在调查广告受众对其印象时，得到这样的解释，他们对此最初的判断，是一个医院，而不是厨房。可见白色更多的被联想到医院、白衣天使等具体事物，因而在运用色彩构成一种情调时，应十分注意广告受众对此所产生的情绪体验，和色彩与商品之间的关联。

美国广告学家卢基对色彩感情体验的实验结果可供参考（见表8－1）。

表8－1

色彩	深红	绯红	浓橙	黄橙	黄色	黄绿	绿	青绿	青	淡青紫	紫
兴奋	41	56	59	55	53	14	28	32	11	0	3
安静	0	0	0	6	6	39	32	23	21	17	1
严肃	10	0	0	0	0	5	0	6	30	45	48

3．色彩与最小可觉差

运用色彩产生情绪，绝不是僵化的、不变的，还要注意到觉差的问题。例如，在许多洗涤用品的广告与包装都是冷色调时，即可把产品的包装和广告的基调改变。如用刺激性强的红色，反而起到了十分醒目、突出的效果，并且由于消费者对品牌的一贯性认识，假如此产品用蓝色基底时，被消费者认可了，那么它换用红色时，消费者感到产品更加突出，原有态度被加强了。因而，运用色彩产生情绪和联想并不是一成不变的。

与美好情绪情感体验相联

唐代诗人白居易说："感人之心，莫先乎情"。广告正是如此。有了情感的介入，使人在情感的体验中，不知不觉地产生情感投射，接受广告。

通过增强广告感染力的手段来影响广告受众的情感，感染力通常分为正向与负向，正向是与积极肯定的情感相联，负向与消极否定的情感相联。如果广告能与肯定美好的情绪情感体验相联，进而产生投射作用，即对广告所说的产品也发生好感。正是"爱屋及乌"的作用。

人们的情绪情感体验与其内在的需要紧密相联，肯定的体验是由于满足了其某种需要，这其中有低级的生理需要与高级的心理需求。情绪情感体验是广告中一个永恒的话题。人们行动的背后无不与一个字相联，那就是一个"情"字。在这个字上广告可做尽文章，出尽风头。以雀巢咖啡的广告为例，在其电视广告系列片中，雀巢与一个情字紧紧相联。友情——一杯热咖啡使紧张忙乱的工作环境显得轻松，并使工作中不顺心的同事心情愉快。婆媳情——儿媳初见公婆的紧张，被婆婆递过来的一杯香浓的热咖啡化解。情侣情——以情侣的钢琴四手联弹，生动地比喻了咖啡与咖啡伴侣的关系。邻里情——楼宇中的两青年，分别用中西两种乐器演奏雀巢咖啡有浓郁情感色彩的主题旋律，体现雀巢的跨文化色彩。广告让受众在浓浓的爱意中感受着咖啡的味道，怎么能不"好极了"呢!

广告利用一个"情"字勾起你往日生活的片段和美好的回忆，或早已在你心中的某种美妙感觉，或你曾经碰到过的难忘的事情，或你对未来生活的美好憧憬等等。

例如南方黑芝麻糊的电视广告"怀旧篇"，以一个怀旧的故事情节来展示中国传统食品黑芝麻糊。一对挑担的母女沿街叫卖芝麻糊。深宅大院中的小男孩听到木屐声与叫卖声，挤出门来，迫不及待地接过大嫂递给他的黑芝麻糊，埋头猛吃，大碗几乎盖住了他的小脸，吃完还将碗舔得一干二净，大嫂爱怜地又给他添上一勺芝麻糊，“一股浓香，一缕温暖，南方黑芝麻糊。”这真是用“抹不去的回忆”勾起人们记忆深处的美好的往事。

当人们回首往事时，心底总会涌起感情的波澜。广告更可运用人们内心深处某种情感的体验，打动你的心，请看看获中国台湾第 15 届时报广告最佳杂志金像奖的“保信德”(智子篇)，此广告是为保信德人寿保险公司而做的，它引用了一次飞机失事时发生的真实事情，在飞机坠毁前的 5 分钟时间中，有位谷口先生给他的妻子写下了最后遗言：“智子，请好好照顾我们的孩子！”每一位做了父母的看到这里都会动情，人生中会遇到许多风风雨雨，买人寿险正是为了让自己牵挂的人，能够有所保障。这则广告使人们在感动之后，居安思危。相对那些以理性诉求为主的人寿保险广告，这则情感诉求的广告更能牵动广告受众的心，广告中为了避免引起人们的惊恐情绪，画面上只有一张纸的遗言，没有一滴血迹或破碎的眼镜等物。其广告语如下：

标题：智子，请好好照顾我们的孩子!

日航 123 航次波音 747 班机，在东京羽田机场跑道升空，飞往大阪。时间是 1985 年 8 月 18 日下午 6 点 15 分。机上载有 524 位机员、乘客以及他们家人的未来。

45 分钟后，这班飞机在群马县的偏远山区坠毁，仅有 4 人生还，其余 520 人，成为空难记录里的统计数字。

这次空难，有个发人深省的地方，那就是飞机先发生爆炸，在空中盘旋 5 分钟后才坠毁。任何人都可以想见当时机上的混乱情形：500 多位活生生的人在这最后的 5 分钟里面，除了自己的安危还会想到什么？谷口先生给了我们答案。

在空难现场的一个沾有血迹的袋子里，智子女士发现了一张令人心酸的纸条。在别人惊惶失措、呼天抢地的机舱里，为人父、为人夫的谷口先生，写下给妻子的最后叮咛:“智子,请好好照顾我们的孩子!”就像他要远行一样。

你为谷口先生难过吗？还是你为人生的无常而感叹？免除后顾之忧，坦然地面对人生，享受人生。这就是保德信 117 年前成立的原因。走在人生的道路上，没有恐惧，永远安心，如果你有保德信与你同行。

这是一则感人至深，不落俗套的广告，虽然就其是否增加了人感到乘坐飞机的恐惧，有过许多的争论，然而就其所宣传的保信德而言却大获其益。这是情感的力量！

广告中常常利用情侣间的爱来传情达意，“不在乎天长地久，只在乎曾经拥有”，使许多广告受众记住并认可铁时达表的品味。爱可以让人如此感动。广告更可以充分表达这种情感使广告受众为之动情，产生感情冲动，在感情冲动时，行为常常较少受理智的束缚而发生冲动购买。感情冲动还常常激起人们内心潜在的需求。

在人的记忆中，带有强烈感情色彩的事件印象最深刻。因而广告如果能使广告受众把强烈的感情与商品相联，则会留下清晰的回忆。例如施拉克电讯股份公司的彩色传真机广告中，没有产品形象，画面是位女兵紧抱着婴儿的照片——情感传真历历在目。广告语是“没有语言的长途电话。施拉克，今天幻想，明日成真”[①]。

另一则该公司设计的手表大小、轻如羽毛的监视器的广告，画面上是两个在郊外欢乐嬉耍的孩子手拉手奔向园中深处的背影。广告语中告诉广告受众，将监视器带在孩子身上，母亲可以随时看见孩子，孩子们可以自由嬉戏。儿行千里母不忧[②]。这两则广告都是利用情感来传递信息，让消费者在动情之后，印象深刻。

“其实，男人更需要关怀”，朴实的广告语使众多的广告受众由于心动而记住了这种治胃病的药。广告以平凡的普通男性做广告，人物有《演员篇》、《养路工篇》、《摄影师篇》、《教师篇》、《建筑工人篇》、《货车司机篇》。每篇中强调同一个主题，“其实男人更需要关怀”。“这是一个普通男性的生活轨迹。在许多人看来，似乎男人，就应该活得轰轰烈烈，这就给他们造成一定压力，但据医学界研究，生活压力大，身心过度疲劳的人易患胃病。而众多的胃病患者中，男人占大多数”。多彩的广告文案寓理于情，感人至深。

广告可通过制造轻松感或幽默感来激起广告受众愉快的情绪体验。例

---

① 《国际广告》，1996 年第 10 期。
② 《国际广告》，1996 年第 10 期。

如，多年前，香港家庭计划指导会（家计会）要为宣传男人节育而做公益广告。男子节育在华人社会中常有不同程度的偏见，广告如果晓之以理，说得很白，又不符合中国人的思维和含蓄的风格；而说得含蓄则又可能让人不知所云。怎么办？广告采用了台湾漫画高手蔡志忠设计的“得哥”“得妹”的形象，以漫画手法表现。画面中是一对恩爱夫妻，甜蜜的微笑，广告标题是“家庭计划，要做‘得哥’”。“男人节育，轻松又简单”！使广告受众在轻松之中，了解其中之意。[①] 由于“得哥”的形象亲切生动，生活化、大众化且有幽默感，使“得哥”很快被接受，有了较高的知名度。

在广告中还可以激发广告受众神圣的爱国主义情感。例如美国雪佛莱汽车的一则广告，曾获得电视广告的大奖。广告中整整一分钟，不停地展示美国国旗和慢镜头描绘的美国人工作、生活的感人场面，全美 30 多处景致在广告中清晰美丽。整个广告中没有提及汽车的功能，而反复表现美国人民的勤劳和美国优美的景观，使观者由衷生起一股自豪之情与爱国之心，并用画面与广告口号建立起“美国、美国、雪佛莱”的联系，暗示人们买一部雪佛莱车，会拥有一份美国人的自豪。广告中实在是怎一个“情”字了得！

制造故事以传情达意

欧洲有一个古老的童话故事“青蛙变王子”。这个故事几乎家喻户晓。广告利用这个故事，巧妙地诱发广告受众的美好联想。这是一个洋酒的电视广告：一位少女在河边漫步，看到一只可爱的青蛙，把它托在掌中，吹了一口气，青蛙变成了一位英俊的男子。男子与少女一吻，少女就成了美酒。借此表现“男子对美酒的钟爱，就像少女对心中白马王子的钟情。”由古老的故事变异或创新出新的故事，以情节打动广告受众，利用广告受众的情节记忆，所谓情节记忆是对与一定时间地点及具体情境相联系的事件的记忆。由于是以情节为记忆线索与内容，它的意义性更强，更有利于贮存在长时记忆中。因而创造广告情节是表达情感，增加记忆的有效方法（参看第 5 章第四节）。

---

① 《国际广告》，1996 年第 10 期。

恰当利用恐惧情绪

在广告中能否利用恐惧情绪?

在通常情况下，广告不宜应用激起广告对象的恐惧情绪，因恐惧会带来否定效果。例如，贝纳通的一则广告，出现了描写南斯拉夫战争的沾满血迹的T恤与迷彩裤。以提示战争给人们带来的痛苦。然而，据报告显示，自从血淋淋的T恤广告照登出后，专卖店的生意一落千丈，许多家长和教师告诫学生不要购买贝纳通的产品。

但并不是说绝对不能以恐惧来激起广告受众的某种态度，如果能恰当地利用恐惧情绪，同样可起到良好的效果。

例如，英国《泰晤士报》上登出的广告，整版广告画上有一只形状极为丑陋，令人恶心的昆虫，底下注明："这种昆虫嗜好吸血，喜欢藏在湿床垫之中，也许今晚它就伴您入眠。"广告一侧介绍了以防虫材料制成的新形床垫。这个广告吓坏了守旧的英国人，生产厂商说，在一周之内便售完所有库存中的产品。

还有用死和衰老来威胁广告受众的广告。新的耐克运动鞋在美国的广告是一个近乎完美的裸女，标题是："不错，这是一个女神。"广告文："但你不是女神，你甚至不会成为女神……因为你是人，终有一日你会发现你的身体改变，你的面貌改变，你的膝盖比以前更像老人。"接下来建议人们趁年轻时穿运动鞋，广告刊登后，接到近5万次订购电话。用死亡和衰老来引起广告受众某种恐惧情绪，进而劝说其及时行乐，尽情享受青春，常常是比较符合美国人的务实作风。

无论如何，用激起广告受众恐惧情绪而达到改变态度的方式，有很大程度上的风险，要具体地研究商品及消费者，分析广告受众所在地区的民俗、文化等特点和广告受众的承受力等心理特征，小心地展示引起恐惧的画面，控制引起恐惧的程度，且考虑如何使这种情绪在购物中得到宣泄和释放。

第三节　理性说服策略

广告还可以理性的说服，改变广告受众的认知，使其发生理性购买。根据这类消费者信息加工的方式和人格特点，广告可以采用以下的方式影响其态度。

一、双向式呈现信息

针对知识层次较高，独立性较强的消费者可以采用正反两种信息都提供，而让他自己做出评估与决定（参见第 7 章）。

二、提供选择标准

向广告受众提供信息，帮助他找出选择商品的标准，由于看问题的视角不同，对商品的认识也不同，假如能使其换一种标准作评价，则会大不一样。例：前苏联的《消息报》做的一则征订广告。由于苏联解体，物价飞涨，报刊也不断涨价，面临着失去大批读者的危机。请看广告文：

亲爱的读者：

从 9 月 1 日开始收订《消息报》。遗憾的是明年的订户将不得不增加负担，全年订费为 22 卢布 576 戈比。订费是涨了。在纸张涨价、销售劳务费提高的新形势下，我们的报纸将生存下去，我们别无出路。而你们有办法。你们完全有权拒绝订阅《消息报》，将 22 卢布 576 戈比的订费用在急需的地方。《消息报》一年的订费可以用来：在莫斯科的市场购买 924 克猪肉，或在列宁格勒购买 102 克牛肉，或在车里亚宾斯克购买 1500 克蜂蜜，或在各地购买一包美国香烟，或购买一瓶好的白兰地酒。这样的“或者”还可以写上许多。但任何一种“或者”只有一次享用。而您选择《消息报》——将全年享用。事情就是这样，亲爱的读者。

这则广告精心地把价值的标准用对比的方法呈现给消费者，以利于他作选择评判。

三、提供购买理由

把合情理的购买理由提供给消费者。理性购买者常常要找到一些合理的理由，才做出购买决定。即使是价格较低的商品，如果消费者是理性型购买者，习惯于理性购买行为，因而理性诉求的广告对其是最有效的。

例如中国台湾统一保健运动饮料的广告。当时市面上有许多同类产品采用 350cc 铁罐包装，每罐 18 元台币，其中以舒跑牌销量最好。统一在改良了口味之后，决定用375cc的利乐砖七层复合纸盒包装上市，由于纸包装成本低，售价可订在15元台币。分量多且价格低对消费者而言是大好事。然而，为什么便宜？是否便宜没好货呢？广告决定用理性分析告诉消费者便宜的理由。为了吸引消费者，把这种理性信息融在一种轻松气氛中。用一小市民形象的演员，他对着观众说："喝完了罐装饮料，把罐子这么一丢，丢钱呀！"接着便说出此饮料便宜的理由。[①]

广告还可以制造一些合理的购买理由。购买行为常常是有借口或理由的，例如，一般工薪者要去高级饭店吃饭，常常是借着某某人生日或其他理由，使这种奢侈变得心安理得。广告可以帮助消费者找到这个理由。例如，雪利酒的广告，调查发现鸡尾雪利酒因为太甜了，而不能在鸡尾酒会时与其他鸡尾酒竞争，于是广告中把雪利酒从5点钟晚饭前的鸡尾酒会上移到了晚上9点钟晚饭后的水果及咖啡中。在晚饭后的水果与咖啡中，喝此酒就不会与其他鸡尾酒对比，而显出它的甜味了。广告为消费者制造了一个理由，"在喝咖啡时，别忘了芳醇的雪利酒，"饭后一道雪利酒成为一种新时尚。

四、提供证据，或展示使用过程

以消费者的立场出发，向消费者展示和提供证明产品优质和能够带来好处的证据，可以使人叹服。

例如：美国DDB广告公司在1963年《展望》杂志上为甲壳虫车做的广告。

广告是一辆上面画满OK的甲壳虫车的照片，文案如下：

这是我们的小车在工厂得到的许多OK。（区别OK和NO是很容易的。你能看到代表NO的符号）

我们雇用5857人专门来发现问题，来说NO。

NO就是不通过。

一位来自巴西的参观者问我们怎样处理样车顶的凹痕。

消除凹痕很容易。

而我们的做法使他惊讶。

我们拆下车身，把它扔到废料堆里。

---

① 《国际广告》，1995年第4期。

甲壳虫只要稍有瑕疵，哪怕是你注意不到的，就会被从生产线上拿下来。

车顶衬料稳帖。

门框标正完毕。

最后单独进行检查，我们的甲壳虫车必须在 342 个项目上顺利过关，不能在任何一关上遭致否决。

50 辆车中只有一辆会通不过验收。

但你看到的是完全合格的车。

再请看下面这则经典的范例。为了让消费者能够了解顺风牌新型车的防震装置，广告大胆地劝说消费者“三家全看看”充分了解信息后再做决定。附文案如下：

三家全看看

但在你们开过具有“防震装置”的新顺风牌轿车之前，不要去买任何低价车。

“我的意见是任何没有‘防震装置’专利的新车都是过时的旧东西。”

瓦特·克里斯勒的声明：

有成千上万的人直到今天还在期待去购买一辆新车，我希望你是其中之一。

现在这里是新的低价车（包括了将在星期六展出的新顺风牌汽车），我力请你小心谨慎地比较其价值。

这一次你“购买前要细查”以作购买时聪明的抉择。在你看过正确的示范之前，万不可付任何汽车订金。

我的意见是整个汽车行业从来没给公众如此有价值的贡献。

在新顺风牌的车中，我们的成就远超过我们的梦想。如果在两年前你告诉我，我们在星期六将发表的这么大、这么有力量而华丽的车能够只卖这样惊人的价格……我会说，那是绝不可能的。

我一直全心全力的致力于建造优良的车子，但在我事业中还没有任何成就及其满意的程度能与各位得自 1932 年顺风牌车的价值相比较。对我来说，其显著的特点就是防震装置。我们早已知道社会大众对它的感受。去年夏天这还是一件新闻消息，而今天它却是一件基础巩固的工程学上的成就。

我的意见是任何著名的工程权威所推出的新车如果不具有“防震装置”设备，那都是过时的旧东西。驾驶一辆有防震装置专利的顺风牌车子，你就会知道我所说的意思了。那完全不能相比。

我们把顺风牌做成比原来大了很多的汽车。它是一种大型车。我们增加了它的马力、把前后轮中心间之距离加长，并大大的改善了它的美丽外观。

我的意见是你会发现新顺风牌是你所开过的最舒适的车子。虽然做了这一切的改进，而我们仍然能够以较低价格供应。

让我再一次催促你在星期六去看一下有防震装置的新顺风牌车。你一定要把三家低价车全看过，在你全看过之前千万不可去买。这是你花钱最有效用的方法。

第一次展示在下一个星期六，4月2日，

各“迪索托·道奇·克里斯勒”经销处。

五、提供新的科学知识

以新的知识与观念来影响消费者的态度，更适用于促发理性购买行为。而上述的诸多手法常常是综合起来应用于一套广告之中，并且许多广告常采用寓教于乐的手法，感性与理性相结合，共同发挥效力。

下面我介绍一个综合运用理性诉求手法的典型的理性广告系列。这是1988年在我国台湾《联合报》上登载的系列广告。这是推销麦饭泉矿泉水的广告，当时同类产品的价格在140—160元台币/桶之间，而此矿泉水定价在500元台币/桶，高出同类产品许多倍。

何以价钱如此之高？消费者怎样接受？

广告采用了以理服人之法做出解释。

整个广告分为六篇，分别为水之识、水之名、水之美、水之善、水之真、水之启。开篇用了一个抢眼的标题“忠臣的叛逆”吸引读者，而实际上是诉说，多年来由于环境污染，造成水质变化使得十分忠诚于人类的水不得不叛逆人类，污染的水质造成身体的损害。第二篇则强调“名不正，则言不顺”，介绍何谓矿泉水，其标准如何？第三篇为“16年前下的雨”，说明此矿泉水是16年前下的雨，经麦饭石岩层16年的层层过滤始当汩汩流出，并说明其水质含有何种成分。第四篇，用知识型诉求，解释一个有趣的问题：“吃香肠为什么加蒜头”，因为香肠中的硝酸盐在人的肠道中可能衍生亚硝酸盐这种致癌物质，而蒜中的锗元素则可抑制亚硝酸盐的形成。而此种矿泉水中刚好含有这种神奇的“锗”元素。第五篇，是真金不怕火炼，真水不怕检验！出示了水质检验的报告，具有权威性。第六篇是“蕴藏石缝间的眼光”，表明此水得天独厚，并在精心呵护下，符合国际矿泉水的标准，且有药剂师的联合推荐。这样一套由理性诉求方式呈现信息的广告，不带任何煽情的色彩，全方位地诉说了此矿泉水的品质功能和价格昂贵的原因。有效地促进了它的推广。

最后还要请大家记住，综合考虑所有因素才可制作出好广告。在广告中通常是将感性与理性糅合在一起进行说服。

第三部分

本部分包括第 9 章到第 11 章，是关于广告人的心理研究。本部分就广告人的能力特点做一个研讨，重点阐述了广告从业者适应这一职业特点应具备的某些特定心理特征。第 9 章阐述广告人的观察判断能力；第 10 章分析广告人的移情、交往、调控能力；第 11 章论述广告人的创意能力。

第 9 章

广告人的观察判断力

广告业是一个知识密集、技术密集、人才密集的高新技术产业。在市场经济中，广告业的高利润必然伴随着从业者的高竞争。由于广告的实质是通过一定的载体与手段，用某种信息去影响人。所以广告业的首要决定因素自然是人，也就是说一个广告公司实力的强弱更重要的标志应该是它拥有哪些人。

由于我国的改革开放，在市场经济下，我国的广告业有了迅速的发展。

从中国广告联合总公司，中国广告协会公司委员会合编 1996 年第 2 期《广告参考资料汇编》中的统计资料得知，全国广告从业人员从 1981 年的 16160 人发展到 1995 年的 477371 人，增长近 30 倍。而其中美工与制作人员从 1981 的 2730 人增长到 1995 年的 200694 人，增长了 73.5 倍。其中管理与其他人员从 1981 年的 13430 人增加到 1995 年的 276677 人，增长了 20.6 倍。由此可知在广告从业者中美工和制作人员增长的比例最大。广告业如此高的成长性，既说明了我国经济的发展，人们消费观念的变化，也表明了对广告专业人才的需求。而有这么多人加入广告业，也说明了广告业具有很大的吸引力。这不仅仅只是因为广告业有较高的利润，还因为它与最新的事物相联，具有较高的刺激性与挑战性，可以使人在不断的鞭策下蹬上高点，实现自己的潜能。甚至美国前总统罗斯福都曾说过“不当总统，便做广告人”。

进入 21 世纪，广告业同样有了长足的发展，在中国广告协会学术委员会 2002 年度研究课题[①]：广告业生态调查，广告公司专项综合报告中获知 2001 年广告营业额较 2000 年整体呈增长势头（见表 9－1）。而广告公司发展的最大障碍是人才短缺（见表 9－2）。广告专业人才的获取和储备问题是影响公司发展的重要因素。

表 9－1　2001 年广告营业额与 2000 年广告营业额情况比较

	频数	有效百分比
上涨	64	76.2
下滑	15	17.9
持平	5	6.0
样本总计	84	100.0

表 9－2　广告公司发展的最大障碍（有效样本量为 137）

	频次	有效百分比
人才短缺	59	43.1
行业不规范，无序和不公平竞争	23	16.7
公司管理水平不高	19	13.9
资金困难	13	9.4
经济、社会、地域环境限制	10	7.2
人员素质低	5	3.6
客户资源不足	5	3.6
企业缺乏广告意识	3	2.1
政府不重视	3	2.1

在广告活动中，广告从业者作为操作广告的主动者，直接影响着广告的成败。本书前几章论述了广告活动中如何使广告比较符合消费者的心理规律，也就是如何才能使广告更好地说服消费者。要做到上述的事情，不是件容易的事，且非人人可做到的。一流的广告后面，必定有一流的广告人才。

在我的“广告心理学”课的教学中，也常有学生问，有什么样的能力适合从事广告业？学生们特别喜欢借助一些科学的心理测验让我帮助他们分析

① 《现代广告》，2002 年第 11 期。

自己的心理特点，几乎所有的学生在做完测验之后都会问一句："您看像我这样适合做广告人吗?"可见这些问题是许多打算从事广告业的人所感兴趣的，也正是我国广告心理学所研究的。由于广告这一职业自身的特点，对广告从业者的个性心理特征也有其特定的要求。

第一节　广告人的能力概述

广告业是一个涉及面很广泛，专业性很强的行业。它不仅要求广告人具有广告学专业知识，还要研究一切与广告相关的学科，如市场学、传播学、心理学、消费学、管理学、商品学、社会学、美学等，以及计算机、音乐、绘画、摄影、摄像、写作等等。上述这些知识固然十分重要，而我在这里要强调的是，掌握这些知识，目的是为了培养和提高能力。广告人要格外注意的不是这些知识的堆积，而是通过知识的获得过程而达到能力的提高，不应该舍本逐末。

一、能力是什么

能力是人们成功地完成某种活动所必需的个性心理特征。能力的高低直接影响活动的效率和活动是否顺利完成。能力有两种涵义：

其一指已表现出来的实际能力和已达到的某种熟练度；

其二指潜在能力，即尚未表现出来的心理能量，而是通过学习或训练后可能发展起来的能力和可能达到的某种熟练程度。①

心理潜能是实际能力形成的基础与条件，而实际能力是心理潜能的展现，二者统一不可分割。

能力通常分为一般能力与特殊能力。一般能力即指观察力、记忆力、注意力、想像力、思维力等等，常常用智力表示。特殊能力如色彩鉴别力、节奏感等等。

---

① 朱智贤主编：《心理学大词典》，北京师范大学出版社 1989 年版。

二、能力与知识的区别是什么

能力不等于知识，知识是指人们所掌握的人类改造自然和社会的历史经验。能力是指顺利实现活动的心理条件，包括顺利掌握知识的心理条件，它预示人在活动中可能达到的成就水平。能力是掌握知识的前提，又表现在掌握知识的过程中，并在知识的基础上发展。不能依据一个人知识的多少而简单地判断他能力的大小，一个人的能力可能是已经表现出来的，也可能尚未表现出来的。这样的认识对广告人尤其重要。

许多即将从事广告业或刚刚从事广告业的人常常会买来许多广告学及相关学科的书籍，熟记书中条条框框，张嘴闭口是各类名词，而在实际应用中却常常碰壁“找不到感觉”。我只能说这样的学习是没有学到书中精髓。在看了各种书后，应学会的不仅仅是若干种理论原则或某个范例，更重要的是一种看问题的角度或一种分析问题的思维方式。这些书中的知识激活和启动了你头脑中的图式（即已有的经验），并被同化吸收，成为你自己的认知结构的一部分。人的认知结构正是在这种不断同化的过程中扩展的。这样才能通过新知识的学习，不断提高认识事物的能力，而不是为了单纯的学知识而学习。

在广告业初起时，广告元老们在没有什么广告理论的情况下，在实践中做出了许多杰出的广告。而今，理论家们总结出各种广告理论，是为了让后来的广告人通过学习这些知识达到一种经验的累积和能力的提高，不必重复前人的弯路。

学习前人的经验，读书是一种省时省力的捷径，看书时，最重要的不是知道某些名词或符号代表什么，而是学会汲取，如同人体一样，在吃过各种食物后，要经过消化吸收把这些东西转化成供给自身需要的能量，这样才能使机体成长强壮，这就是读书过程中的同化。

广告业是一种操作性很强的应用行业，如果在学习的过程中不把理论知识与实际经验结合，不把这种知识纳入自己的认知结构，使之成为自己的东西，就不能达到提高能力的目的。能力得不到提高，在实际工作中这些知识自然就不可能恰到好处地发挥作用。

知识的更新是很快的，尤其对广告人而言更加明显。如果不注重心理品质和能力的培养与提高，就只能做一个追赶知识的人。常常听到有广告人这样说：做到现在，脑子里似乎是空了，该去“充充电”了，再学些新知识。而这背后更深层的目的是通过“充电”学习，使其能力得到提高，并且有再学习更新知识的能力水平，使他能够面对迅速更新的知识并应用它。正如一个呀呀学语的孩子，如果他发育正常，你教他朗朗上口的唐诗宋词，是为了让他通过朗读和背诵这些优美的词句而提高他控制发音与讲话的能力，而决不是为了让他能理解诗词中的意境。此时如果孩子能够出口成章地背诵，表明他控制语音的能力有较好的提高和具有较好记忆力，而不能认为他已经学会了这些诗词。即使家长不教孩子背诵诗词，而只与他进行日常的对话，也同样可以使他的语音控制能力得到提高和发展。这正是知识与能力的区别。

三、影响能力形成与发展的因素

首先是先天素质。在朱智贤主编的《心理学大词典》中，“素质”一般指有机体天生具有的某些解剖与生理特点。主要是神经系统，脑的特性，以及感觉器官和运动器官的特性。在此所说的先天素质是能力发展的自然前提。它本身不是能力，它仅仅是提供一个人能力发展的某种可能性，只有通过后天的教育与实践才能变为现实性。

先天素质与能力不是一一对应的关系，同样的先天素质基础，可能发展成不同的能力；而同一种能力也可能在不同先天素质上形成。这取决于后天环境、教育和实践。

值得说明的是，这里所说的“先天素质”与我们生活中经常说的“素质”一词有所不同。现在我们经常提到的素质，如心理素质、文化素质、业务素质等，不仅包括了先天素质，还包含了后天的实践活动。它是有机体先天秉赋与后天活动的合金体。

第二，环境因素。这之中包括社会、家庭环境、教育与实践活动。它成为人能力发展的外部条件。广告人要培养能力，当然要更加注重后天的教育与实践活动。

第三，人的主观努力。能力的内部与外部条件只有通过人的主观努力才可能发生作用。在本章的前面我谈到了知识与能力的区别。这常常是被人们所忽视的。在了解了能力形成与发展的条件后，会看到知识与能力是相辅相成的。掌握知识又是以一定的能力为前提的，能力是掌握知识的内在条件与可能性，它制约着掌握知识的快慢、深浅与巩固理解程度。因而广告新人在学习知识时，首先要针对自己现有能力来选择与能力较为匹配的知识，不易选择超过自己能力很多的知识，以至囫囵吞枣，不能成为自己的认知结构。这样一步一步地吸收新知识，把它与原有的知识相联才能很好地使用新知识，进而提高能力，并创造新东西。能力的形成与发展远较知识的获得要慢。在培养能力时要记住这句话：一步一步来。

四、广告人应培养的能力是什么

什么是广告人的能力特点？

依据广告职业的特性，从心理学角度讲，广告人应着重培养与提高其观察能力、移情能力、交往能力、调控能力和创造能力。本章先介绍观察能力。

第二节　广告人的观察能力

一、什么是观察

观察是人们认识世界，进行各种创造性劳动的基础。

观察是有目的、有计划、比较持久的知觉。

观察是一切科学的最基本的方法之一，也是直接认识事物和获得有价值的第一手材料所必须的。对于广告人而言，运用观察方法作出判断更是一项必备的基本能力。广告是联接商品和消费者的桥梁，广告人要观察商品和人，从中找到它们的某种联系，广告人不仅要与形形色色的消费者打交道，还要与各种类型的广告主沟通并说服他们。广告人更要协调周围内部的人际关系，广告人的工作是面对千变万化的商品和千差万别的人，因而广告人更需要“观察、观察、再观察”。

什么是观察力？

观察力是一种有意识、有目的、有组织的知觉能力，是智力的构成要素之一，是一种受思维影响的有意的、主动的和系统的知觉活动能力，是在一般知觉能力的基础上，有意性达到一定水平时产生的高级知觉活动能力。

观察力不单纯是个知觉的问题，它包含着理解、思考的成分，因而是

“思维的知觉”。

观察不仅仅是用眼睛去看，它包括许多感觉器官的活动，如听觉、触觉、嗅觉等。观察力存在着个别差异，而广告人的观察力应是人群中较好的。

从观察的习惯上看，有的人视觉观察力强。例如，从事美工的广告人由于职业的特点，用眼睛看的时间更多，形成视觉优势；从事音乐的人，其听觉观察力可能会更突出；经常做饭或品尝的人，其嗅觉和味觉的观察力可能会更好。因而观察力的差异与人的实践活动有关。由此可以看出观察力是可以通过实践活动培养提高的。当然不能否定先天素质对观察力的影响。但在通常情况下，先天素质上的差异不是很大，而观察力的差异更多的是来自后天的训练。如果你将要或已经是一个广告人，具有良好的观察力是对你的一个基本要求。

二、如何观察

观察的过程与方法

首先要有观察的心理准备。观察不是一般的知觉，它不是无目的，无控制的无意知觉，也不是无计划、短暂的一般的有意知觉，它是有意知觉的高级形式。在观察前，要有必要的准备。它包括确定观察目标、制定观察计划和掌握与此相关的知识与经验。

例如，现在要你去做一个洗衣粉的广告。假如你不经过观察与分析，想当然的做出一个，其成功率肯定不高，除非你平时对洗衣粉就有细致的观察。

怎样去观察呢？以观察洗衣粉为例，首先要去了解关于洗衣粉的专业知识，然后依据产品的用途说明写出具体观察计划。如洗一件衣服用多少量的洗衣粉和多少水，并在同样情况下与同类产品相比较，还可设定不同状态如手洗和机洗，水温如何等等。尽可能多的设定不同状况，以求全面的观察。如果考虑到产品的包装，还须制定有关计划。这是对商品的观察计划。对消费者的观察，则更难些，通常是结合消费者调查与态度分析而制定目标计划。例如，通过调查分析确定了广告目标后，假定广告目标对象是已婚的家庭主妇，那么要进一步了解她们对洗衣粉的认识与态度，可以根据产品特性有针对性地列出几项做重点观察，如她们对泡沫的看法等等。观察时可以直接去访问或观察抽样对象的购买行为；或找一些有代表性的消费者进行关于洗衣粉的小组讨论；还可让消费者一起参与对商品的观察，让她们观察不同洗衣粉的使用情况并作出评价，在这一过程中观察她们的言行，从中有助于分析她们对洗衣粉的要求与看法。上述观察活动更可结合问卷法等方式进行。

在进行观察时要按计划有步骤、有系统地进行，并设法让更多的感觉器官参与。做好观察记录。不是机械地做笔记，而是有思维活动的参与，边判断边探究原因。如上例，观察到消费者在看到某种洗衣粉泡沫多时，脸上显出笑意。此时可结合调查法或投射法追问她："是否喜欢多泡沫?" "为什么?"等问题。这样使观察更深入细致。

最后，要整理观察记录，并分析结果，还可作更量化的问卷调查或量化的统计分析。

上面我举了一个在研究中的观察操作的例子。关于如何系统地进行有关研究，请参看本书的第 1 章。而在这里我更要强调的是广告人在日常的生活中要训练自己敏锐的观察力。观察所获得的信息比无目的的无意知觉所得到的信息要丰富、深刻得多。因而对人和物的良好观察，有助于形成准确的判断。

观察人比观察物体相对更难些。而心理学常常是通过观察人的外显行为而推知其内心想法。这正是察颜观色而知其意。广告人良好的观察力自然也应表现在对人的判断上，通过闻其声、察其色、观其行而作出正确的判断。这是交往的基础。

观察人的线索

通常情况下，以什么线索观察人呢?

由于每个人的观察习惯不同，我把观察线索归为以下三类：

第一是自然特征。如：性别、相貌、着装打扮、发型、风度、表情等。

第二是社会特征。即社会地位、职位、身份等。

第三是心理特征。主要是个性特征，如气质、性格、能力等。

通过这些特征的观察而作出判断，常常受到经验的影响。由于经验的不同，不同的人在同样的条件下对同一人会做出不同的判断。在观察中，人们常常是经过经验的积累而把某几种特征归为一类人的共同特点，从而对这一类人中的某个人作出同样的判断，在这样的过程中，可能造成以偏概全的错误。在观察个体的人时，要格外注意其个性特征，如气质，它与人的神经活动类型相联系，表现了人的先天因素，也就是我们平常说的脾气秉性。

心理学的研究把人的气质分为四种。即，多血质、粘液质、胆汁质、抑郁质。

这四种气质类型的人在外观行为方式上有不同的表现，如下：

多血质的人表现为行动上敏捷，反应迅速灵活，姿态活泼，表情生动，喜欢与人交往，注意力容易转移，兴趣和情绪容易变化，缺乏忍耐力，具有外倾性，其内在的神经活动类型是强、平衡、高灵活性型。

胆汁质：直率、热情、精力旺盛，脾气急躁，行动上迅速坚决，坚韧不拔，情绪兴奋性高，易于冲动。反应迅速，有时表现为刚愎自用。心境变化剧烈，具有外倾性。其内在神经活动类型是强、不平衡型。

粘液质：反应缓慢，遇事谨慎，三思而行，安静、稳重、沉默寡言。情绪不容易外露，而一旦某种情绪被激起，便比较稳固，深刻。注意稳定，难于转移，善于忍耐，具有内倾性。其内在的神经活动类型为强、平衡、低灵活性型。

抑郁质：行动迟缓且不强烈。多愁善感，情绪体验微弱而持久，只有忧愁是深刻持久的，孤僻，不善交往。具有很高的感受性，善于觉察他人不易觉察的细节，具有内倾性。其内在神经活动类型是弱型。

广告人了解上述气质特点，可使观察更细致，判断更准确，这对与广告主及同事的交往有重要影响（可参看第 10 章），同时对推测消费者的消费行为也有一定的帮助。

举一例：如果甲、乙、丙、丁四人分别是典型的多血质、胆汁质、粘液质和抑郁质。他们到某书店买某本书，到书店一问售货员，得到的回答是：此书刚卖完。面对这种情况，这四个人的反应大不相同。多血质的甲可能会问售货员，仓库中是否还有存货，或在其他什么地方还能买到；胆汁质的乙则可能会大发雷霆，质问售货员，为什么不多进货；而粘液质的丙则可能一言不发地走出书店，认为没有就算了；抑郁质的丁则更可能愁容满面，郁郁寡欢，认为上天对自己不公平。当然生活中典型的属于某一种气质的人并不是多数，大多数人的气质更可能是二种或几种的混合体。这可以通过气质测验测出，也可根据细致持久的观察而推知。

在观察中还应着重其性格特征。

性格是指一个人在个体生活过程中所形成的，对现实稳固的态度以及与之相适应的、习惯了的行为方式。性格属于后天形成的，受环境、教育的影响，同时也受到先天因素（如气质）的限制。气质较难改变，性格是可以改变的。

性格的分法有许多，我在这介绍瑞士心理学家荣格（C. G. Jung）的向性说，他按个体心理活动倾向于外部或倾向于内部，把人的性格分为外倾型与内倾型两类。

外倾型的人，心理活动倾向于外部，经常对外部事物表示关心。开朗、活泼、情感外露，当机立断，不拘小节，独立性强，特别善于交际。多血质与胆汁质的人更容易形成外倾型性格。

内倾型：心理活动倾向于内部，一般表现为沉静，处事谨慎，深思熟虑，反应缓慢，适应环境比较困难，顾虑多，交际面窄，较孤僻。粘液质与抑郁质的人更容易形成内倾型性格。荣格认为有相当多数的人是中间型的。性格的形成更多的是受后天环境的影响。

广告人观察消费者的个性特征，有助于进行消费者细分。也可通过个性测验对消费者进行心理诊断，但这种做法从经济的角度考虑并不是很合算，在实际工作中用的不多，常常是依据观察与调查来区分消费者。而依据这种心理线索观察人的个性，更直接的是应用在广告人与同事之间的人际合作，或与广告主之间的交往过程中（参看第 10 章）。

在观察线索中，我还要格外提到的是自然线索中的表情。

表情可分为三类，即面部表情、身段表情和言语表情。

在观察时，我们更多的是关注人的面部表情，即颈部以上，主要是五官的表情，如喜怒哀恐的变化。对方的一颦一笑都会收录在观察者的视线之中。再有就是言语表情，即说话的声调、节奏、语气等，副言语特征，而非言语本身的内容。所谓“听话听音，锣鼓听声”。在这方面，由于文化的原因，中国人在观察中可能更加注意这一特征。

常常被忽略的表情特征是身段表情。身段表情即颈部以下躯体部分的姿态及动作。心理学研究发现四肢和躯干部分的动作与姿态比面部表情更能表明人的内心状态，面部表情常常有一定的掩饰作用。有一个有趣的实验证明此结论。以大学生为被试，让他们分两组分别观看两段录像片段，A 组看的是一个精神病患者的面部表情录像，B 组看的是这个人躯体的姿态动作即身段表情的录像。而这两个录像是在让这个病人表述自己的内心状态时同时录制的。让 A、B 两组学生看完录像后描述一下这个人物的内心。结果发现，B 组学生的描述是紧张、焦虑、不安、烦躁等；A 组学生的描述则更多的是兴奋、愉快等，从中看出 B 组观察身段表情更容易准确判断其内心状态。原因是这位患者在谈自己内心状态时并不承认自己有病与焦躁，而是以面带微笑的表情谈到自己现在感到很平静等，而其实际上正处在焦躁不安的发病期。

对未经特殊表情训练的人而言，身段表情可能比面部表情更能反映其内心的真实情况。例如一个说谎的人，在说谎时，可能会做到面不改色，语音平和，而此时如果你更仔细地观察他的手，可能会看到他的手攥得很紧。这表明他此刻的内心仍是紧张惊慌的。

因而在观察人的行为举止时，更多地去注意一下他们的肢体姿态与动作，尤其以肢体末端的手和脚为重，从中可以发现许多不被别人注意的可能更可靠的信息。在人内心紧张不安时反应在肢体上是肌肉僵硬，肢体摆放的位置不安泰，例如，双脚或双手绞在一起，或手攥成拳或手指不停地抖动或敲东西等等。关于这方面的更详细的知识可借助于关于身势学方面的书籍来了解，并在日常生活中细致的观察。

三、培养和提高观察力的方法

观察力对广告人而言，其重要意义不必多言。而用什么方法可以有意识地培养和提高观察能力呢？关于这点可谓仁者见仁，智者见智，各人有各人的绝招。我在此提供一些方法以供实践中参考。

依据观察的过程与特点，可以从下面几个方面考虑提高观察力。

激发观察的兴趣

兴趣是力求认识、探究某种事物的心理倾向。它和需要相联系，在生活中每个人都可以感受到对自己感兴趣的事，会持久细致地观察。这种兴趣的激发体现在从观察中体验到乐趣与成功。如果你在与客户的接触中从他某个细小的举动中了解了他的内心，从而对他做出了正确的判断，由此谈成了这笔买卖。这种成功感会强化你对观察的兴趣。而失败的体验又会削弱观察的兴趣，因而在失败时应淡化它，并及时回顾其原因，尽量从细节上去回忆看看是否在某个方面没有观察到而导致失败。如果是这样，则仍会进一步激发对观察的兴趣。

另外培养好奇心，探求精神可以提高观察的兴趣。由于对事物的探究心，使得你会不断地观察它，并试图从中找到原因。人在婴儿时期会把看到的新东西抓过来放在嘴里去咬一咬，啃一啃，因为他要知道这是什么，这是人类的探究反射。到了幼儿期，他提出许多的问题，例如小孩想知道汽车的里面有什么，就会把玩具汽车拆开来看一看，因为他好奇。人类到了成年期，这种好奇心相对减少了，对许多事物会熟视无睹，不再想发现其中的新东西了，这阻碍了他们对事物从新的角度去观察。

再有通过扩展生活视野，来提高观察的兴趣。广告人所涉及到的范围可以说是包罗万象，经常扩展自己的生活圈子，走进一个新的领域会激起你对这个新天地的兴趣，自然会去听、去看。

增加知识储备，丰富人生阅历

观察是一种知觉，是对事物作出判断的过程，它受到已有知识与经验的影响很大，获得知识的途径有很多，我在此想说其中最常用的一种就是读书，怎样读书，我在本章前面也曾谈到过。这里我想提到的一个问题是，广告人读书的方式也有其特别之处。即有些广告人读书常常是“临时抱佛脚”，一旦手里接到什么业务了，就去书店寻找有关案例实例之类的专业书籍，希望能解决实际问题，当然这种现象对广告人而言是否具有普遍性，我不敢贸然断言，只是了解到在书店中有关广告实例类的书销量最大，且有一些广告人的确表露过上学听课、买书看书的目的就是为了现学现用。这种特点与广告人快节奏的生活方式相吻合，自然也无可非议。然而从广告人个体长远发展的角度看，我要提倡的读书不仅是临用时去找相关的专业书，还应该在平常多关注一些理论上的书，甚至是一些看似与专业无关的书籍，例如历史传说、兵书战策、哲学思想等等。从某种角度讲，吸取广告知识，最好的书不一定是广告专业书。甚至广告人在读过广告专业书后，还可以去读一些有关物理、数学、医学等方面的书，从中可以受到一种逻辑思维的训练，从而提高观察的严密性和逻辑推理能力。知识是相通的，尤其是每个人头脑中的知识。只有融入自己的认知结构中的知识，才是自己的。读这些书的目的正是为了扩大自己的认知系统，这就是“厚积而薄发”。同样是观察一处风景，站在高处和低处，得到的信息自然不一样，这正是我提倡读书的原因，要能够站在高处观察问题。记得某位古代著名书法家说过一句话：功夫在字外。还可透过文学家细腻的描写，从文学作品中去观察生活，尤其可汲取那些文学名著中对人类动机和性格的不朽描述，在某些方面著名的文学家对人类的特质与动机方面有很深入的洞察力。这些有助于广告人更好更多地体察消费者。

在看了各类广告专业书籍后，不要以为自己已有了资本而松一口气，真正的学习是一辈子也不够的。只是一味的看书十分不够，事实上没有什么书能够替代你亲自去观察身边鲜活的人和生动的生活，并投身进去，体验这之中的滋味，增加人生的经验阅历。大卫·奥格威（David Ogilvy）说：“最好的广告是从亲身经验得来的。”

经验在知觉中所起的重要作用，我在前面的章节中曾作过阐述，经验可以影响一个人观察的深度与广度，从而影响人的判断。经验是构成认知结构中的重要成分，是人理解事物的内在基础，因而经验的积累对提高观察力而言也显得相当重要。

大卫·奥格威说：“我曾经看到一些离开学校就写文案写作的人，我这里就有几位，我认为他们的处境是很艰难的。我说过，我第一次写广告是在我39岁的时候，我真的是立刻就能写的很好。我如不是先做了许多别的事，是不能够做的。我曾做过沿门推销厨房炉具的推销员，我又在调查研究的行业做过事。我有了经验，而我坐下来写第一个广告时，经验是非常重要的。”他说：“假如我的儿子也选择广告文案写作，在写作前，应先了解他的商品，彻底研究它，并阅读许多广告……并选择一个高水准的广告公司工作。”大卫说明了做一个广告人，观察力对其有多重要，更表明了经验对观察的促进作用。在高水准的广告公司，可以从头做起，丰富广告业务方面的直接经验，还可受到许多资深广告人的指引。广告新人要懂得吸取间接经验，经验从其来源上讲可分直接经验（即亲身体验到的）和间接经验（即从他人转述或书本上得到的）。懂得依赖资深熟手的观察与判断，知道多听别人意见的人，可更多地吸收间接经验，这要比自以为是的广告新人更快地进入状态。

明确目的，加强计划性

由于广告活动有较强的操作性，广告人在观察时要有十分明确具体的观察目标，尤其在进行广告调查研究时，例如用观察法研究时应有较强的计划性与具体的目标，这样才能做到细致准确地得到信息，并有时可从复杂的商品和消费者特征后面找到其中的联系（参见第 1 章）。

善于利用观察技巧

想观察，还要会观察。可利用多种感觉器官同时去观察。多种感官的协同作用可收集更多的信息，并经过大脑的整合，得到较全面完整的判断。

例如对一个苹果的观察，如果只用视觉，并把苹果切开看，只能概括出它的形状与颜色及内部构造，而不能知道它的滋味。如果品尝一下，则可通过味觉了解它的味道，在咬苹果时，还可通过听觉知道嚼苹果的声音，这样对苹果观察到的信息就丰满全面了。运用多种感觉器官去观察，得到的知觉判断较深刻，记忆也比较稳固。

善于掌握与利用各种现代化的技术手段以弥补人的感觉器官的不足。例如要观察消费者观看广告时眼球运动的轨迹，如果靠人的视觉不可能做到精确细致，这时可以依靠眼动仪来记录；再如要观察消费者的某种购买行为，用视觉观察可能会由于经验的原因而漏掉其某些重要的细节，而利用摄像机则可进行反复细致的观察。观察应是越细越好。

锻练对观察结果的分析与表达

学会利用各种数学统计等手段，对观察的信息资料进行分析，得出结论，并恰当地表达出来，因为在广告活动中观察的目的是为了找到某种关系而把它表达出来，广而告之。

最后提醒广告人的是，观察力从婴儿时期开始出现萌芽状态，是在不断的实践训练中发展起来的。千万不要忘了，对我们广告人下一代观察力的培养应从小做起。

第 10 章

广告人的移情、交往和调控能力

第一节　广告人的移情能力

每个广告人都知道自己所从事的工作就是通过传播信息去影响人的心理，影响人的心理的最高形式是改变受众的态度，也就是说服了受众。要想说服人，首先要了解对方是怎么想的，知己知彼，百战不殆。广告人要说服广告受众，说服广告客户，甚至要说服周围的同仁和自己的上司。从什么地方入手效果更好呢？怎样才能说到点子上呢？最基本的一步是要弄清对方。这种体察他人立场、观点、情感的能力就是移情能力。这种能力对广告人来说显得尤为重要。

一、什么是移情能力

在此所说的“移情”（empathy），有人又把它称为同理心。它来源于心理学的一大理论流派角色理论。角色理论最早来源于符号相互作用论，其创始人为米德（G·H·Mead）。他认为移情即指一个人通过别人的眼睛看世界，假设别人的观点、体验别人的情感。角色理论是借助戏剧比拟描述人的生活场景，认为人生就像一个大舞台，每个人在这个舞台上要扮演多个角色。要想使自己扮演的角色被他人接受认可，就要学会体验他人对自己这一角色的要求和看法，即角色期望；还要体验他人的角色，这样才能相互理解与沟通。因而需要有良好的移情能力才能胜任。

精神分析学派的心理学家弗洛伊德也提到移情的概念，和角色理论所提的概念的内涵有所不同。弗洛伊德为代表的精神分析学派中谈到的移情是指精神病患者把自己在儿童时期对父母的情绪依恋关系，按照重复和被动强迫等原则，转移到精神分析治疗者的身上，治疗者成了其父或母的替身。通俗而言即精神病患者把这种恋父或恋母情结移植到精神分析医生的身上，在这里有移情别恋之意。在精神分析学派中，“移情”是一个特指的专业术语，与其相关的还有“反移情”等术语。而我在此所提出的“移情”是指角色理论中的移情的概念。

角色理论所说的移情也是一种感情移入，它指在人际交往中，人们彼此的感情相互作用。当一个人感知到对方的某种情绪时，他自己也能体验到相应的情绪，即由于对别人情绪的觉察而导致自己情绪的唤起。可以这样来理解这种移情，它是指把自己置于另一个人的位置上的能力，能设身处地地感受和理解对方的心情，通常包含两方面意义：

一是站在对方的角度去考虑问题，体验对方的所见所闻；

二是把自己内心的情感移入对方和对方一起感受。

广告人如果不能感广告对象所感，想广告对象所想，如何能与之沟通？又以什么去说服他们？

广告人如果不能察广告主所察，如何能维护自身的经营，又以什么生存呢？

由此可见，对于一个广告人而言，移情能力的提高是格外重要的。更值得注意的是移情能力的提高对提高观察能力和交往能力也有重要意义。

二、广告人如何做到移情

己所不欲，勿施于人

在市场商品很丰富的时代，谁会对那些言过其实、毫无意义的空洞的承诺和宣传发生兴趣呢？

有时会听到一些广告人面对一些自称世界潮流、誉满全球等广告嗤之以鼻，冠之以“玩虚的”之称。人类的需要虽然因人而异，但在实质上是共通的，它们是实实在在的，在内心深处能引起共鸣。因而广告人自己所讨厌的一些宣传，推想多数广告受众也不会喜欢。

广告人要细心了解广告受众和广告主的要求与心态。例如某些广告传播把广告受众当作被动的接受者，以命令式用语传达信息。作为广告人可试想一下，假如你自己是广告受众时，愿意被别人用命令的口气改变观点吗？除非在你的上司面前，且还要有前提条件是你不愿意离开这个单位。广告对广告受众而言是没有上述行政约束权力的，因而强迫命令式的广告用语自然很少会被广告受众所接受。

再有，我想每个广告人自己也不愿去买那些被夸大其词的广告所宣传的产品，但为什么《广告法》出台之后仍然有这类广告出现呢?

广告人在这之中所处的位置是很尴尬的。有些广告主急功近利，一味要求夸大产品优点，以为卖瓜的只有吆喝瓜最甜才有好买主。另外有些广告主经营心态不正，只想着捞一把是一把，而不顾及长远利益与消费者（广告受众）的利益。而广告公司的客户又是这些广告主，这其中涉及到广告公司的直接经济利益。在这种情况下是站在广告主的自我吹嘘的立场上，还是立足于消费者的立场上？实际上这是一个长远利益与眼前利益的问题。得罪了广告主，广告公司会失掉一笔生意；而欺骗了消费者，广告公司将无立足之地，失去了消费者的信任，也就失去了许多有头脑的广告主的信任。在这样的情况下，广告人应有清醒的认识，面对消费者，应将心比心，自己不愿意接受的虚假广告也不施加给消费者，这在表面上看，是为了消费者，而实质上也是为了广告人和广告公司自身的长远利益。而面对广告主，广告人也应设身处地的替他着想，每个广告主做广告的最终目的是把产品推向市场，促进销售。如何取得销售营利，这之中有一个小利与大利的问题。商品厂家通过商品为消费者提供了服务而获取利润，利润大小取决于商品能够为消费者提供多少服务和能否取信于消费者。某种商品为消费者提供的服务越多，则越可能获取更大的利润。因而广告人有责任促使广告主更注意在提高产品功能与质量上下功夫，而不是在广告上玩花样。

几乎每一位成功的广告人都说广告最重要的成功因素就是商品本身，品牌的根本是产品的质量。因为无论你多么聪明，也不能发明根本不存在的商品优点，巧妇不为无米之炊。广告人应帮助广告主增加这方面的认识。再者，在产品如此丰富的市场中，能否取信于消费者是产品生命力长短的重要因素。有些广告主认识不到这点，一味要求夸大其产品的功效，使消费者对其产品的要求增加，而产品又不能满足这种增加的需求，从而失信于消费者。这种一锤子买卖，实质上是丢了西瓜，捡芝麻。这个时候，广告人应站在广告主的立场上，和广告主一起探讨企业发展的长远利益和商品的长久销售计划，帮助广告主认识到长远利益的价值。实质上只有广告主（即商品厂家）、广告人（或广告公司）和消费者三方形成一个互惠互利的关系，才能进入一个积极良性的循环中，厂家和广告公司才可由此获取更高的利润。面对那些心术不正，经营手段恶劣的广告主，广告人是无法用正常的方法说服他们的。此时宁可失掉这一笔暂时的营利，也不可失掉广告公司的信誉。

勿以己之心度人之心

有许多广告人都能做到前面所说的，“己所不欲，勿施于人”。然而仅仅做到这点，还不够。移情能力较好的广告人应做到面对与自己不同类的人(即知识经验背景与自己不同的人)，不用自己的想法去断定他的想法。我曾反复提到过，在我们知觉判断，甚至思维时都会受到自己经验的影响。因而以己度人是人们判断与思考问题时所采用的一种习惯性方式。这种方式有利有弊。在面对的对象是和你有着类似经历的人时，这种方式会有助于准确的感情移入，而且这种推测因为经历的相似会更直接；而当面对与你自己的经验与经历有着很大差异的人时，这种方式则不利于准确的感情移入，此时用自己的想法判断他人的想法则十分不可靠。而这种习惯性的判断方式常常是由于习惯的作用而不自觉地被应用着。

有些广告人常常很注意约束自己，做到“己所不欲，勿施于人”，而却忽视了己所欲是否为他人所欲，即你所体会到的、所想到的是否也恰恰是广告对象或广告主所体会到的和想到的。有些广告人常常解释说在制定策略之前已做过调查了。然而，一个移情能力高的广告人在调查之前就先观察并用询问和想象等方法体验各类消费者的行为与想法，这种做法有利于在制定调查问卷时所出的题目更加有效，也利于市场调查的实施。

有些广告人认为自己是专门搞制作的，不参与市场调查。那么在市场调查之后，广告对象已明确的情况下，如何做到移情呢？

以他人之心度他人

在广告对象已经十分明确的情况下，广告人就是这类广告对象的化身，要观察、想象、体验他之所感所察所想，而不能以自己的想法代替广告对象的想法。正如台湾广告人孙大伟所说："人爱物以类聚，广告人更是如此。他们爱在一起工作、一起玩乐，彼此欣赏。然后不自觉地会以自己族群的生活方式或是价值观来认定别人也一定是这样过日子；久而久之，他们会和社会大众脱节。"而一个广告人"如果对那里的人（即广告对象），感到陌生或一无所知，如何用广告去打动、去说服他们呢？"

假如你的广告对象是儿童，如果用成人眼光来考虑儿童的需求，会出现极大的偏差。在生活中，会发现有许多家长常常会控制不住自己的情绪而训斥自己的孩子。问其原因，是家长认为这孩子常常会注意一些无用的东西和做一些无聊的事情。例如幼儿对地上的碎纸片或小石子很感兴趣，会捡起来当宝贝似的握在手中，甚至一直把它带回家中。对孩子来说，这些东西是他们的发现，对他观察世界有意义；而对家长来说，这些都是脏东西，没有用的垃圾。由这个经常见到的小事中可看出，对于同一个事物，孩子注意到的和成人注意到的有很大差异，孩子的看法与成人的看法可能是大相径庭的。假如广告人不去细致的观察孩子，深入到他们的世界中，用他们的眼光立场看问题，如何能做出符合他们需求的广告呢？

说到儿童，假设这样一个例子，这是一个儿童玩具的广告。这种玩具是为幼儿玩沙土用的铲子和小桶等。广告诉求对象如果是幼儿，广告人该如何诉求呢？假如以成人为广告对象，又该怎样诉求呢？

先看看成人（即家长）和幼儿如何看待玩具和游戏二者的关系。以成人的眼光来看，有了某种玩具，孩子们才去做某种游戏。常听到有些家长对孩子说："等爸爸给你买辆大汽车，咱们玩开汽车的游戏。"因为成人做事常常是带有目的性的，因而会认为没有玩具就不易做某种游戏。在观察与调查中还发现有很多家长会抱怨给孩子买了玩具而孩子不爱玩。为什么会是这样？是玩具不好玩吗？再去观察孩子，会发现孩子们有时在没有玩具时也会玩得很好，如果孩子喜欢开汽车的游戏，在没有汽车玩具时，他会随便拿一个什么东西，如小木块等代替汽车玩具开得津津有味。说明孩子并不是为了玩玩具而游戏，他们是为了玩而发现玩具。仔细观察幼儿玩沙土的情景，在没有任何沙土玩具的情况下，许多孩子依然十分迷恋沙土。大一点儿的孩子会以沙土为材料做房子、做碉堡，小的孩子会用手一把一把地抓沙土，乐此不疲。甚至有的小孩子会把铲子和小桶放在一旁，而依然用手去抓沙土，这对许多成人而言是不可思议的。如果广告人把自己想象成幼儿，用孩子的心理去想就知道孩子为什么有时不用玩具来玩沙土，因为对他们来说，玩是惟一的目的，他们是为了玩而用玩具，玩具对他们而言只起一个助兴的作用。就幼儿的需要而言，玩沙土是首位的，而有没有玩沙土的玩具就不那么重要了。幼儿喜欢用手去抓土，是因为他需要用自己的手去感觉世界和探求世界，他需要手触摸沙土的感觉。这种在大人看来无意义的活动对孩子的发育来说十分重要，这种感觉刺激对孩子的智力发展也很有积极作用。假如家长在孩子抓土时非坚持要让他用铲子铲，还可能引起孩子的反感。从孩子的角度看，玩具是玩的辅助品，他们是为了玩而用玩具；从成人的角度想，则是为了玩玩具而游戏。所以成人买来玩具总是按照玩具的使用说明教孩子只能这样玩，或斥责他不能那样玩。而孩子一旦想拆拆玩具或换一种玩法，家长就会不高兴，其中原因正是成人（或称家长）与儿童对一个事物的理解与看法不同。如果广告人不能理解孩子对玩具的想法，很可能会把诉求点定为："玩沙土没有××沙土玩具怎么行?" 这会使许多孩子无动于衷。如果从孩子的需求上定位，是"玩沙土很快乐，有了××沙土玩具，玩沙土就更快乐了。"在符合孩子经验的基础上，建立这样一种联系：沙土加玩具更快乐。另外，在表现手法上，也要从孩子的心理出发，体察他们的心态。孩子的行为常常是通过模仿得来的，因而以孩子为诉求对象的广告应更多地利用其善于模仿这一特点。而电视广告由于其视觉形象生动，是引导孩子模仿最佳的广告媒体。因而这则广告应首先选择电视作为广告媒体，在表现上传达出孩子们在仿效用玩具玩沙土的情境。例如：先出现许多孩子在沙土堆旁高兴地玩沙土，他们看到另一群孩子正在另外的沙土堆旁用沙土玩具快乐地玩沙土，于是纷纷效仿用玩具玩。沙土玩具鲜艳夺目的颜色，孩子们灿烂的笑脸，对电视机前的孩子们都有很强的诱惑力。这种信息由于符合孩子的需求，激起他们的模仿欲望，引发他们的模仿行为。

如果诉求对象是孩子的家长。广告人如果自己未做家长，应深入到家长们中间，了解他们的想法和对孩子的期望。家长最关心的是孩子的发育成长，尤其是智能与性格上的成长。如果只从使孩子更快乐的角度诉求，则不会引起家长的关注，因为使孩子快乐的玩具太多了。如果顺着家长的思路，告诉他们玩这种玩具能使孩子感知系统发展更快更好，并在玩乐中学会使用工具，形成规则观念，从而增进智能，“让孩子在快乐的游戏中变得更聪明。”还可建议家长与孩子一起玩沙土游戏，建立良好的亲子关系。这样的广告可能更适合家长的口味。从这个例子中可看到移情对广告人而言的重要作用。

按角色理论而言，从事广告这一职业，每个广告人都应当是个很好的演员，不苛求在演技上出色，但在移情能力上要出色。如果不注意随时提高自己的移情能力，后果正像孙大伟所说的“……等问题变得严重的时候，这样的广告人就会被后面涌上来的新人所淘汰。”

三、如何提高移情能力

积极的态度倾向

一个人的态度影响着他的行为。有这样一个实验值得广告人思考。这是社会心理学家索兰德做的。索兰德让他的助手，在热疗器的不同热度下，表现出“痛苦的”、“中性的”和“愉快的”三种情绪。在被试观看“接受热疗的人”（即索兰德的助手）的时候，相继向他们发出3种指令，即3种态度倾向：（1）想象自己处在他的地位时如何感觉；（2）想象他如何感觉；（3）密切注视他的生理反应。与此同时，由仪器测量被试掌心出汗、血管收缩等生理变化。结果表明，在执行主试的第一和第二项指令时，在“痛苦的”、“中性的”和“愉快的”三种表情作用下，被试的生理状态与正常情况下相比出现了明显变化，而这种差异在第三项指令的要求下则未出现。

这个实验不仅证明了移情的存在，还证明了不同的态度倾向对移情的产生有重要作用。移情能力的提高，其基本的条件是要有设身处地的认识他人的立场，体验他人的情感的态度倾向，这样才可能指导自己的实际行为。

广告人如果时刻保持着要提高移情能力的态度倾向，就可以使移情能力得到提高。

发展语言，增加词汇

移情能力的发展是以掌握共同的语言符号为基础的。符号相互作用理论认为人与人之间是一个符号的相互作用。"没有语言就没有沟通，就没有思维、思想和自我。" 因而移情能力的提高有赖于语言能力的发展。对语言的准确运用与理解成为移情能力得以提高的基础。在此应格外注意对情感性词汇的理解与运用，从各种途径学习，在自己的心理词典中增加情感词汇的储备量。这是一个对广告人来说一举两得的实用的方法。这样既可以增加广告人必备的词汇量，提高理解他人言语的速度与精确度，并且准确表达自己的情感，同时在学习词汇的过程中又提高了移情能力。

良好个性的发展

首先个性的发展是以一个人移情能力的发展为基础的。反过来，良好个性的形成与发展能进一步提高移情能力。这是一种良性循环。例如，心地善良，感情细腻的人就更愿意，也更容易体察他人的心情与情感。遇到矛盾也比较能够主动地替他人着想。

深入生活

我一再强调了经验与人的认识活动的重要作用，而移情能力也是建立在经验的基础上，无论是直接经验还是间接经验。丰富的经验与阅历会使广告人更容易体会到不同人群的眼光、观点和情感。广告人要像真正的演员扮演角色那样深入到广告对象的生活中，观察并体验他们看问题的眼光、角度、生活习惯和他们的社会地位，从中体察他们的喜怒哀乐。做个广告人应四处走走，当你已经习惯了一种生活方式以后，应有意识地换换生活环境，体察一下另一种人的另一种生活，这种有意识的扩展阅历不应仅仅在你感觉到你不了解你的某一个广告的对象时临时去做，而应把它当成一种娱乐。在假期、在工作不忙的时候随时"充电"。这种生活的积累会使你更能善解人意，更会在你的工作成绩中体现出来。

想象法

前面介绍过的移情即设想自己是另一个人时的状态，分享他的思想与情感。在实际生活中，可以在观察他人的基础上，想象对方所处的情境，寻找他们为什么会这样做的原因。还可通过看文艺作品（如小说等）来提高自己的移情能力。在看小说时，把自己想象成小说中的人物，按照小说中描绘的情节，体会小说中人物的思想与情感。经常这样做，必然会使移情能力得到提高。

增加交往

移情能力与交往能力有着密切的关系，沟通的基础是相互理解，而在相互的交往增多时常常又可以提高移情能力。具体做法是，积极主动地与人交谈，并验证你是否正确理解了对方话语的含义。可参看本章“交往能力”的部分。

专业心理训练

通过专业化的心理训练，可提高移情能力。详细内容将在下一节“如何提高交往能力”中讲到。

第二节　广告人的交往能力

在上课的时候，经常会有学生提出这样的问题：

“怎么跟广告客户打交道?”

“如何拉广告?”

“怎样与同事相处与合作?”

“上门做市场调查时如何被他人接纳?”等等，这些问题都是广告人在工作中经常遇到并要很好解决的。这些问题的解决往往依赖于交往能力。

一、交往是什么

在心理学研究中，交往是人们运用语言或非语言符号交换意见，传达思想，表达感情和需要等的交流过程。就是说交往是人与人之间的信息沟通和物质品的交换，并在这一相互作用中形成一种情感联系。交往是人类的特定社会现象，它基于交往需要，即指一个人愿与他人接近、合作、互惠，并发展友谊的需要。交往的结构，可分为三个侧面，即交际、感应和知觉。交际侧面是指交往的若干个人之间的信息交换；感应侧面指在交往个人之间造成相互影响；知觉侧面表示交往伙伴间相互知觉判断的过程及在此基础上建立相互理解。交往的手段多种多样，归纳而言，如言语手段（即通过口头的、书面的方式）、表情手段、交往双方的距离以及交往的时间、地点的选择，信息传递的方式等。

可见交往与观察力和移情力有着相辅相成的密切关系。交往是人们生活中不可缺少的，对于从事广告行业的人而言，更是如此。交往过程是否顺利受到个人交往能力的直接影响，因而广告人交往能力的高低直接影响到他的工作成绩。

二、怎样交往

人与人之间的交往要想形成良性互动，一是要有良好的互利双赢的动机，这不仅要有自知之明，还要有移情之力；二是有一定的恰当的交往技巧，也就是要知道怎样交往。

交往的过程，首先是相互形成印象，进而相互影响，并形成情感联系。

广告人的印象控制

要使交往成功，先要给对方一个良好印象。我们在生活中都会体验到第一印象的定向作用。第一印象是在接触到新的人或事时，对其作最初瞬间的判断而留下的印象。印象则指人在最初遇到新的社会情境时，主观上按照自己旧有经验为基础去理解，并归类情境中的人或事物，这样形成的对人或事物的概念。

假如对某人的第一印象好，则愿意去接近他，与他进一步交往；如果形成了不好的第一印象，则更可能回避他、疏远他。而且，由于首因效应的作用，一旦对某人形成了一个看法后，就不容易被后面的信息所修正。故而，广告人在与人交往中要学会控制自己给别人留下的印象，使对方在与自己的初次交往中就有一个良好的第一印象，这种以一定的方式去影响别人对自己的印象的过程，被称为印象控制或印象修饰。

印象控制是人们适应社会生活的一种方式。在现实社会中，每个人都承担着多种不同的社会角色，每一种社会角色，社会对他的要求不同，人们对他也存在着一定的社会期望。广告人要做好这一角色，先要了解社会对此角色的要求与期望。如果不考虑社会期望则会面临许多压力，处境也可能会困难重重。这意味着广告人不能不考虑他人的要求，而只做自己想做的事。

例如广告人常常希望广告客户能这样问："我愿意花多少万元钱，你能为我们拍出一部好的广告片吗?"而实际上广告客户却更经常提出这样的问题："拍一部30秒的电视广告大约需要多少钱?"这之中的区别可反映出广告主对广告人的期望与要求和广告人自我角色的认识之间的差异。广告主对广告人更多的希望是如何少花钱、多办事。成功的广告人之所以成功，原因之一是他清醒地认识到广告主对他这个角色的期望。正如广告大师罗瑟·瑞夫斯所说："广告的艺术是用最低的费用把一项信息灌注到最大多数人的心中。"一个好的广告人应以此为最终目的："这个广告是否把一个构想从我自己的内心移到了公众的内心?以可能最低的费用达到最大多数的人。"广告人如果明白了广告客户对自己的这种期望，在与广告客户交往的时候，表现出能够替广告客户尽力做到广告费用相对少而又保证广告质量，并显示出广告公司的真正实力，这样的印象控制必然会吸引客户，达成交易。

几年前有些广告人曾十分欣赏某某广告主能一掷千金，为某广告花几百万元的制作费，认为这才是真正的知音，才是对广告人这一角色真正的理解。当然广告制作费越高，广告的拍摄质量相对应越好，而广告主的这种"大手笔，大气魄"还可引起更多的新闻效应，引来更多的人关注。然而一个值得广告人和广告主共同思考的问题是消费者是否会因为你广告主花了几百万元广告制作费就接受广告的宣传而掏钱买你的产品呢?而实际上更多的广告客户是期望通过有限的广告费而把他们的产品推广开来。假如广告人在与广告客户交往之初，就能给广告客户留下一个这样的印象：即你能够更好地从广告客户的利益出发，把钱用在刀刃上，为他们做出更好的广告。那么必然会取得他们的信任，交往之初形成好印象是广告人与广告客户建立良好关系的基础。广告并不是"拉过来"的。

建立良好的第一印象

广告人在工作中与广告客户和消费者的接触中要控制自己的言谈举止，以便能给别人留下一个良好的印象。这之中要先了解体察别人对你的期望是什么，这需要有好的观察力与移情力，还需要一定的沟通技巧来实现。

怎样才能恰当地表现自己，给别人留下良好深刻的印象呢?

心理学家艾根（G·Egan）在1977年依据研究发现了这样一种同陌生人最初成功接触的模式即SOLER模式。SOLER是这种模式的五条要求的英文缩写。S 代表坐或站要面对别人，表示你尊重对方；O 表示姿势要自然开放。例如美国人研究认为双臂抱在胸前是一种封闭的姿势；而双臂向下伸展，胸前敞开是一种表示开放的姿势，开放的姿势更容易使人接近。L 代表身体微微前倾，这种姿势传递出的信息是你非常关注对方；E 表示有目光接触，既可观察对方的眼神，又传递出你的自信；R 是放松，它表示你内心诚恳真实。如果按照 SOLER 模式控制自己的行为，则会给对方这样一个最初印象：即会尊重人，关注他人，自信诚恳并且愿意接纳他人。这样的印象使得别人对你的接纳性有明显的提高。

心理学家戴尔·卡内基在其畅销书《怎样赢得朋友，怎样影响别人》中，提出了六条给人留下良好第一印象的途径。即：

(1) 真诚地对别人感兴趣；

(2) 微笑；

(3) 多提对方的名字；

(4) 做一个耐心的听者，鼓励别人谈他们自己；

(5) 谈符合别人兴趣的话题；

(6) 以真诚的方式让别人感到他自己很重要。

无论如何，以真诚之心对人是最为重要的。

学会倾听

有这样一则趣事逸闻很值得回味。它是当今美国排名第一的汽车推销员乔治·吉拉德的一次经历。一位名人向乔治买车，乔治为他推荐了一种新型车，眼看就要成交了，突然对方说不买了。乔治百思不解。到了当天晚上 11 点，他忍不住给买主打了个电话，真诚地询问其不买的原因。买主说："下午你并没有用心听我说话。我提到儿子即将进大学就读，我提到儿子的运动成绩和他将来的抱负，我以他为荣。但你没有任何反应。"乔治仔细回忆，他的确不记得对方曾说过这些事，因为他当时根本没有注意倾听。买主接着说："我看得出来，你当时正与另一推销员讲笑话，这就是你失败的原因。"乔治由此得出一条宝贵的教训，即：要学会倾听。

与人交往时，倾听表示你关注对方，愿意接纳对方，愿意理解对方。有些广告人在与广告主或消费者接触时，常常自我感觉良好，认为对方的素质不高，观念不新，把自己看成是消费者的引路人、广告主的大救星，因而不太注意听对方的谈话意见，给人一种孤芳自赏或恃才自傲的印象。这样会使与其交往的对象产生心理不平衡而拒绝他。广告人所从事的职业是说服人，面对的不是被动的机器，因而要想说服人，先要学会倾听对方的想法与观点，要鼓励对方说出自己的真实想法。通过倾听了解对方的思想，找到与自己想法上的差异，才可能有针对性，作到有的放矢，找到说服的切入点。学会倾听的人，更容易被对方接纳，更可能真正赢得对方。

倾听，不是被动地机械地听对方谈话，而应在简单的生理的听见之上还有心理上的意义转译、选择、评价等一系列复杂的过程。倾听需要特别的注意，并不断用语言或非语言的形式予以积极的反馈。例如简单重复、补充或赞赏对方的话，表明自己的见解或以手势、身姿、点头或感叹词“嘿”、“嗯”等作出反应。

印象控制的策略

1. 登门坎技术

心理学家有这样一个研究实验，实验是以美国的家庭主妇为被试，分为两组，第一组的被试被实验员登门询问，看她们能否在一份申请为安全驾驶设奖而立法的倡议申请书上签名表示赞同。由于这一举手之劳对这些家庭主妇有利无害，如果申请通过了，她们及其家人都可能成为受益者。因此，她们愿意签名。过了几天，实验员又上门询问，问她们是否同意在她们的家庭花园中竖一块很大的简陋难看的写着“为安全驾驶立法”的宣传木牌。这一要求较上一个签名的要求更大也更不合理，结果，这一组有33%的家庭主妇接受了这一个大要求。而在另一组中，实验员直接向被试（即另一些家庭主妇）提出在她们的花园中竖这样一块宣传木牌的要求，结果没有被试接受这个要求。这个实验表明假如能够使人们首先接受一个较小要求后，再提出一个与这个小要求在观念上相一致的大要求，则比直接提出这个大要求更有可能被接受。就像登门坎一样，如果对方打开了门缝，你登上了门坎就更有可能登门造访。原因在于人们有一种寻求一致的心理倾向。如上例中第一组的被试中那些接受了在自家花园竖宣传牌要求的人，她们的心理是这样的：既然已经表明了自己同意为安全驾驶立法的态度，并在申请书上签了名，如果不接受竖宣传牌的要求，则会使她们感到自己在态度上的前后不一致，导致认知不协调。同时她们会认为这样做，使自己在行为表现上前后不一致，有可能导致对方认为自己不诚实。因此她们更可能采取接受竖宣传牌这个进一步大要求的态度与行为。这种心理现象被称之为登门坎技术。它普遍存在于人们日常对自己的印象控制之中。采用这种策略进行上门访问调查，被调查对象拒绝的可能性会降低。

2. 留面子技术

另一种策略称为留面子技术。它是说当人们拒绝了别人的一个大要求，而这个大要求恰恰是对公众有意义的；或者在作出了有损个人形象的事情后，常常会为了挽回自己在人前的形象或保留自己的面子而接受一个与此大要求相联的小要求。究其原因是当人们拒绝了一个有关公益方面的较大要求后，会产生一种歉疚之情，或觉得有损自身的形象，为了挽回面子，此时更容易接受再提出的某个小要求。例如让某个厂家出巨资赞助某项公益活动，由于经济的原因，厂家无法接受。但因为这是为大众服务的公益活动，使得厂家感到自己原本应该为此项活动尽些义务，如果不尽义务会令公众不满。此时再向厂家提出一个小要求：能否无偿提供活动的场所，而此活动尽可能不影响厂家的正常工作环境。这种情况下，厂家接受这个相对小的要求的可能性比直接提出这个要求更大些。这正是留面子策略所致。

值得注意的是，每种印象控制的策略都有其应用的前提条件，在实际应用中应从实际情境出发，谨慎用之。

面对拒绝该如何

由于广告业竞争十分激烈，许多广告公司或广告媒体都主动出击去厂商家寻求广告客户。面对厂家（广告客户）的拒绝，又该如何交往呢？

可以尝试用以下的几种做法：

第一，先肯定再转弯。

在交谈时先顺着广告客户的思路，不要生硬地否定客户的想法，以免造成僵局，因为谁都不愿意被人否定。先认可广告客户的说法，然后在寻机转弯，不必客户一拒绝，转身就走。例如，厂家说："现在厂里资金紧，产品积压，没有钱做广告。"你可以说："是呀，产品积压，资金无法回流，更应该想办法让别人知道贵厂的产品，打开销路，做广告是花小钱帮大忙赚大钱。”厂家拒绝或反对做广告，除开其他原因，常常是由于他们在认识上的一些偏见。如果你先否定他们的观点会引起他们情绪上的不快与对立。因为人们都不太愿意接纳否定自己观点、意见的人，所以，可以先承认他们的看法是有一定道理的，然后再寻找恰当的时机巧妙地转弯说服他。又如，厂家说：“广告太贵了”，你可以这样说：“您说的也对，看起来似乎是贵了，但要看您怎么算这个帐了……”接下来，你可以把广告能为他们厂带来的好处与功效一一列举出来，让他从另一个角度来算算这笔帐合算不合算。

由于立场角度经验不同，对同一事物，每个人的看法也不同。如果能帮助厂家从另一个角度看问题，可能是柳暗花明又一村。而先赞同厂家的观点，使他容易接纳你，并感到你的立场较客观，这样不易引起他的自我防卫，使他更有可能听进你所说的话。

第二，直接否定。

当广告客户由于不了解广告公司的实力而拒绝你时，可采用直接否定他这种看法的方式，语气要坚决，并同时出示能够表明你公司实力的资料，及举例说服他。

当客户在观念上明显落后于时代时，可直接否定他的这种看法，以使他在观念上受到震动并觉悟。如客户说：“我们产品质量好，酒香不怕巷子深。”你可以直接告诉他现在质量好的同类产品有多少种，且做宣传的有多少，还可进一步对比其他做了宣传的同类产品在消费者中的知名度等等。但此时的否定，在语气上要温和适度，还应观察你面前的客户的脾气秉性，以免激起他的消极情绪反应。

第三，故意忽略法。

如果厂家直接表示“我们不做广告”时，你是否要灰溜溜的告退呢？假如此时你看到厂家并不很忙，可以暂时不必打道回府。此时采用“王顾左右而言他”的故意忽略法，避开广告之事不谈，和他聊聊广告以外的事，如办公环境等，观察寻找他的兴趣点，像朋友那样聊天，达到双方彼此接纳后，再了解他们为什么不做广告。此法的主要目的是给对方留下一个热情诚恳有实力的好印象。虽然他们可能现在不做广告，但以后或许会做，那时由于你给他的深刻印象，他会主动想到你，或许他还会把你推荐给他认识的其他想做广告的人。

与厂家交往，以诚相待是最主要的，让对方认识到你是站在互惠互利的立场上的。不要只看眼前利益，对方声明不做广告，就忽视他或怨他对广告的认识浅薄，这样都无济于事。而应把目光放远，主动去改变他的看法，与他交朋友，用你的观点去影响他们，让他了解你所在的公司，未必将来他不是你的客户。记住，多一个朋友多一条路。

第四，提问质疑法。

当厂家说“我不觉得广告能有多大用处”时，你可问他“为什么这样想?”了解原因后再想办法说服他。

总之，面对厂家拒绝时，广告人不要知难而退。有些广告新人在与厂家打交道时，总不是理直气壮，不自信。问其原因，他们认为找厂家拉广告是求人的事，这种看法是广告人的错误观念。广告人主动服务上门为厂家出谋划策并以实力参与广告竞争，实际上受益最大的是厂家。广告人要先端正自己的认识，有诚心、有耐心。学会用交往的技巧面对面地说服他人。

交往成功的秘密是在双赢的大原则下，真诚加技巧。

三、如何提高交往能力

交往的能力可以通过后天学习与培养训练得到提高。交往能力的提高与观察能力和移情能力的提高有正相关。这三者是密不可分的。

主动交往

由于广告是一门综合性很强的职业，许多广告人都相应的在知识上、视野上有较高的素养，广告又有其艺术性，使得有些广告人过分注重艺术、强调自我，甚至孤芳自赏。在交往上，不主动发动交往活动，不去主动接纳他人，而是被动地等待别人的接纳，或者试图以种种形式吸引别人的注意，其原因可能是：

1. 过分注重自我。

2. 移情能力不好，不能理解与体会对方，不能找到双方都感兴趣的话题。

3. 缺乏交往的技巧。

4. 对主动交往的错误认识，有些人认为“先同别人打招呼，在别人看来是低人一等，降低身份”，“我这样做，会让他认为我有求于他”等。

正如前面所谈到的有的广告人总认为与广告客户接触，似乎是有求于他，所谓“上赶着不是买卖”，上述种种原因造成了主动交往的困难。尤其是第4点对主动交往在观念上的误解更具有普遍意义。这些对主动交往的看法是人们头脑中形成的一些偏见，而这样的观念真正可以在行动上妨碍人们采取主动的方式交往，使他们失去了许多的机会。因而消除这种偏见，采取主动的方式，会增多交往的机会，提高交往的能力。建议广告人尝试去做一做，必然会有收获。

激发交往需要

人的交往需要是交往活动的动力源泉与本质特性。前面谈到过交往需要是指一个人愿意与他人接近、合作、互惠，并发展友谊的需要。它是从儿童时期开始，在交往中发展的。美国心理学家默瑞（H·A·Murray）列举出20种人类的需要，交往需要是其中重要的一项。由于广告职业的特性，广告人交往能力直接影响到其业务成就。通过不断激发交往需要，增加交往动力，可促使交往能力得到提高。研究发现，交往需要往往还与成就需要相联。

培养合作精神

广告是一项十分复杂且十分具体的系统工程，从市场调查开始，到定位策划、确定主题、创意、媒体策划、费用预算、效果评估需要方方面面的参与和配合。以创意策划为中心的工作，要协调文案绘画设计、摄影、照排、置景、照明、道具、作曲、配乐、演员等等，还要与广告主协调，凡此种种，表明广告的作业过程需要许多人参与，是一项合作的事业，因而需要有很强的合作精神，这种合作精神正是交往能力的体现，也可由此而提高交往能力。台湾广告人孙大伟的经验之谈是：“乐于和别人合作，别人就乐于和你合作。”“广告这个行业，小灾难不断，遇到困难，如果别人都在袖手旁观，等着看你的笑话，一定是你做人失败……”前文所述台湾的赖东明先生在对广告人作说明时也特别提到广告人应是“团队互助的合作者”。

掌握交往的心理学原则

1. 交互原则

有首歌唱道，“人字的结构是相互支撑”，而这种支撑是通过人与人之间相互接纳、相互喜欢、相互支持的交往过程而实现的。

研究发现，对于真心接纳与喜欢我们的人，我们也会倾向于接纳并喜欢他，愿意与他交往并维持关系。而对于那些排斥、讨厌我们的人，也倾向于排斥，回避与其交往。这说明交往是双方的交互活动。因为人们的心理活动受到自我价值保护倾向的影响。所谓自我价值指个人对自身价值的意识与评价，人的心理活动有一种防止自我价值遭到否定的自我支持倾向。因而人们在交往中倾向于接受那些支持自己自我价值的人，并同样地支持他们。

2. 功利的原则

心理学家霍曼斯（G·C·Homans）1961 年提出人与人之间的交往，本质上是一个社会交换的过程。它不仅有物质品的交换，还包括非物质品的交换，如情感等。在交往中只有互惠互利才可能使之维持。

3. 情境控制的原则

假如你刚刚进入一个广告公司，在这个陌生的环境中会感到不安，这时如果有人帮助你了解和认识了周围的环境与人，你会感到踏实，并会接纳那个帮你认识环境的人。在交往中人们需要对所处情境达到自我控制。交往的维持依赖于交往双方对交往情境能够自我控制，保持表现的自由和平等。

4. 维护面子

交往中需要维护别人的面子，看起来只是为对方着想，实际上也是为了维护自己的面子。

5. 通过专业的心理训练，提高交往技能

关于改善人们社交技能和移情能力方面有许多心理学上的专业训练技术。广告人一旦在交往、移情等方面感到有困难时，可在专业的心理诊所寻求有效的帮助。

这类方法主要有角色扮演和敏感性训练。角色扮演技术是一种使人暂时置身于他人的社会位置，并按这一位置所要求的方式和态度行事，以增进人们对他人的角色及自身原有角色的理解，从而学习到更有效的履行角色的交往技术。角色扮演使人能够亲身实践他人的角色，站在一个新的立场去体验、了解和领会别人的内心世界，理解自己反应的适当性。可以帮助人更准确地理解他人的处境，体验他人在不同情况下的情感。它帮助一个人获得与他人相同或类似的体验，这就是提高了移情能力。这时他在与别人发生相互联系时，就能更好地知道应该采取怎样的行为与态度了。角色扮演可以在实际生活中应用，例如你是一个广告制作者，常常对你们公司的行政管理者有意见，认为这种管理不能使各方面协调运作，而他也不理解你的苦衷，你们可以在不影响整个公司运转的情况下尝试互换角色。你做几天管理者，真正去体验一下管理，当人的社会角色发生改变时，常常会使他在认知与情感上发生一定的变化。

正像那个古老的“王子与穷孩子”的故事一样，王子由于一个偶然的原因，与一个穷孩子互换了角色。当王子成为一个穷孩子时，他才发现穷人所受的苦和他们之间的真挚感情。而在这之前他是衣来伸手，饭来张口，从来不知道世界上还有吃不饱的人。经历了这一切后，当他又成为王子时，他为穷人做了许多的好事。因为他能够理解与体会与他不同的穷人的想法与处境。

然而在现实生活中，人们经常缺乏这种互换角色的机会，而在真实的生活工作中互换角色的可能性也很低。所以角色扮演更多的是在特定的专门场景中进行。角色扮演训练通常要在心理专家的指导下进行。由他来根据你的情况为你创设一个场景，并让你扮演某一特定的角色，对你说明此角色的要求，这时心理专家作为指导者给你必要的配合。这种方法可用于单独训练，或集体训练，类似演戏一样，又称之为心理剧。

在集体训练中每个人扮演各自的角色，由指导者（心理专家）安排大致情节要求，演过之后再互换角色再次扮演。然后请训练者坐下来互相谈谈在自己扮演不同角色时的感受，并谈出对对方角色的感受与要求。由于大家都分别扮演过情节中的各个角色，因而可以体验这之中的区别与不同感受，更可从最后的谈话活动中找出自我对角色的认识及他人对角色的期望与要求，也可从这种谈话中来验证自己扮演时对他人的判断，从中受到启发。指导者在恰当的时候，为训练者提供帮助。如在交谈、观察的技巧上，及对他人言谈举止的分析上，帮助训练者准确理解把握角色，提高移情能力和交往能力。

另一种心理训练即敏感性训练，它有多种形式。最常见的有 T 小组(Training group 的简称)。它的活动方式主要是语言交流。这类 T 小组通常由 5—15 人组成，其中有一名心理专家。训练的期限是一周至四周。训练从一种非指导性方式为参与者提供真实体验“此时此地”的情境，活动之初，参与者先议论参与活动的意图，试图解决的问题和对什么目标感兴趣。随着交流的深入，参与者之间建立起信任感与真诚的气氛，大家平等相待，卸去伪装面具，在没有社会角色限制的条件下畅所欲言地讨论并分析评价每个人所提出的问题。通过各个参与者所提供的多角度的见解，人们会逐渐了解别人对自己的问题或出现问题时的表现有怎样的反应，学会准确掌握、理解和评价别人的情绪状态和行为意义，并在别人真实的反馈中，作出正确而被别人接纳的反应，从而提高交往的能力。

第三节　广告人的调控能力

广告人的工作是一项非常需要与时俱进的工作。广告业是一个竞争极强的行业，即使你是这一行业的老人，曾做出过不斐的成绩，一旦你松口气，歇一歇，就立刻会有不断涌出的新人替代你，“长江后浪推前浪”；广告与高科技息息相关，因而广告人要不断地扩展自己的知识；广告人要在观念上时刻跟上时代；广告是一种在智力与体力上都要付出艰辛劳动的过程，从始至终充满了酸甜苦辣。广告人不但要在耗心智、劳筋骨的情况下依然精神抖擞，勇往直前，还要在心理上承受成功与失败的落差；广告人的工作时间性极强，每天的工作像打仗一样紧张，广告人的生活习惯、工作节奏也就相对比其他行业的人更快。凡此种种表明广告并不像有些外行人想象的那样，新鲜有趣、轻松风光地挣大钱。

经常听到有些广告人谈到对广告的又爱又恨之情。有位台湾广告人曾说：作广告人今天可以享有最多的掌声，而明天却要承载最大的沮丧。CD（创意总监）一职不是靠热情和意愿就能撑下来的，烙在每一位称职的 CD 心中的伤痕，总是和他胸前挂的勋章数量成正比。北京新世纪广告有限公司的广告人房小洁也曾表示，广告这一行的累决不限于 8 小时工作之中，而是彻头彻尾的脑耗。“尤其钻进牛角尖的时候，往往会很暴躁，甚至会产生痛恨一切的感觉，认为什么事都对自己非常苛刻不容。记得曾同我合作的一位美国广告公司同行，在累得无奈之时，找我要了支烟点燃后信步走出工作间，竟一个人站在寂静的走廊发疯般地大吼：‘我他妈今年 27 岁，再过 4 天就是我的生日了，为什么仍要我在这里忍受这种痛苦和折磨，这不公平！'"

假如你要从事广告业，就要具有更好的对自己心态的调适能力。

一、调适能力有哪些特征表现

我认为调适能力主要应包括以下的特性：忍耐与承受性、应变与协调性、适应与自制性。

忍耐与承受

广告是在不断地做着说服人的工作，而任何人改变态度都要有个过程，因而需要有耐心。

例如有些广告主从主观角度出发常常会要求广告人“广告的格调不要太高，这样会使顾客看不懂，顾客的层次不要限定在高层次”，广告主常常抱着这样的观念，即一个广告能面向所有的消费者，而广告人都知道这样做实际上是不现实也不经济的。这时你要说服广告主，常常极需要有耐心，并让他知道广告主与广告人的利益是一致的。另外面对同行，广告人也要有好的忍耐性，不可急功近利。

我国台湾广告人何清辉忆起他就业广告公司第一天的情境，老板拿一个JOY的盒子要他设计，他心想这可能是能力考试。于是匠心独运把他的作品交给老板，不料被老板退回二次，直到第三稿老板才说：其实你的第一稿已无懈可击，所以这样做是因为在市场高品质要求下，一个作品修改5次、10次是司空见惯的。这尤其需要广告人的忍耐性。

一个广告人可能昨天还面对广告主的再三称谢，或站在广告领奖台上接受别人的喝彩。而今天，就可能被广告主全面否定自己苦心经营出来的某个创意。面对成功，广告人能否保持一份清醒；面对挫折，广告人能否保持一份冷静；面对成功与失败的巨大落差，广告人能否自持，这需要具有良好的自我认识和心理承受力。心理承受力强的人可以把挫折化为一种动力，愈挫愈奋，直到成功。这正是广告业要求广告人所具有的。

应变与协调

广告人面对的是不断变化的市场和千变万化的人，广告的作业过程也是瞬息万变，很可能发生突发性事件，小到各职能部门的人事变化，大到商品、市场环境甚至政治局势发生变化，这种突然的未预料到的变化，需要广告人有临事不惊、从容决断的能力，这就是应变性。这种应变性取决于认知与行动的反应速度和思维的敏捷与灵活性。应变效果的好坏与广告人的协调能力有关，在广告的实际操作过程中，要和方方面面的不同部门与千差万别的不同人合作，这种工作要求广告人具有容纳、协作的能力，能够不断地根据具体情况进行调整，保证广告活动的顺利执行。

适应与自制

广告业的快节奏与高竞争，需要从业者有良好的适应性。所谓适应指个体与社会环境的关系，包括个体根据环境的要求改变自己，也包括个体作用于环境并改造环境。当个体受到一种或多种心理社会紧张刺激，产生主观上的困扰或情绪紊乱的状态，这就是适应不良。

心理学研究，过低或过高的紧张状态都不利于工作效率的提高。工作效率与紧张度也是一种倒 u 曲线（见图 10－1）。

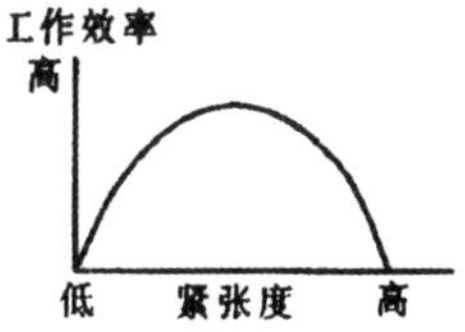

图 10－1

只有紧张适中时，才可最大地提高工作效率。长期的高度紧张可能导致心理适应不良，产生一种心理疾病即压力病。其表现如下：

1. 很多时候，有想放声大哭的冲动；
2. 面对一些不知如何处理的情况，表现带有神经质；
3. 觉得很难集中精神，如果在短时间内做出一些决定，会不知所措；
4. 常为别人一句话或一些微不足道的小事而感到受到伤害并大发雷霆；
5. 时常在不觉得饥饿时吃东西；
6. 有时觉得身旁的人对自己虎视眈眈，自己的言行被人监视；
7. 习惯以吸烟和喝酒来缓解紧张的情绪；
8. 很久没有酣睡的经历，不是失眠就是惊醒；
9. 对性生活失去兴趣，感到身心疲惫；
10. 凡事都从坏处想，对别人缺乏信心，认为人人都是自私自利。

假如广告人有了上述的一些征兆，应及时引起注意，调节自己的心态。这种压力病实质上是由于长期紧张造成的心理疲劳所致。

人体的疲劳可分为体力疲劳和心理疲劳（包括脑力疲劳）。体力疲劳表现为肌肉酸痛，四肢乏力，消除此种疲劳的方法是睡眠；而心理疲劳表现为厌倦、思维迟钝、注意力不能集中、情绪低落、工作效率低、失眠、头痛、消化不良、心血管和呼吸系统功能紊乱等。消除这种疲劳的方法是适当的体育活动，宣泄不良情绪，转移注意力，放松自己。广告人要学会张弛有度，特别要学会放松，可借助一些心理方法，如催眠、放松训练等。

广告人的调适能力还表现在其自制性上，自制指掌握和支配自己的行动。它表现在广告人的所有行动中，良好的自制性可使广告人在行动中克服内外诱因的各种干扰，控制自己的不良情绪，把行动执行到底。

综上而知调适能力是一种综合能力。广告人不要以为自己有了创造力，有了卓越的智力就可成功。现代心理学研究认为只有好的智力，并不一定能成功，成功的另一种重要因素即人的调适能力。它更多地反映在广告人对自己心态的调控上。

二、IQ 与 EQ

调适能力与情感智能有关。

IQ 是众所周知的心理学中对智力检测的商数即智商。正常人的智商一般在 80—140 之间，80 以下是智力落后，140 以上属智力超常。现实生活中在正常人的智商范围内，能够在竞争十分激烈的环境下与人合作，是成功的重要保障。过去认为智商（IQ）越高，则越可能成功。然而有些 IQ 较高的人，在某方面才华横溢，然而就是不被他人接受与认可，以至失去许多施展才华的机会。这类人常被人们称为怪人。有许多 IQ 高的怪人不懂得与人合作，不会调节自己的情绪，不能适应他人与社会。而现代社会是一个合作的社会，上自国家政党，下至个体自己。仅仅是一群高 IQ 的人是否能成功，这是个值得怀疑的问题。

于是情感智能理论应运而生。此理论提出了情绪智力，后又被人称为情商即 EQ。虽然情商不是一个规范的心理学化的概念，至今也不能像 IQ 那样能够被测量出来，但它已被大众知晓。情感智能理论认为在人成才、成功的过程中 EQ 起着更为重要的作用。情感智能包含了多种因素，其中调适自己情绪的能力和体察他人情感的能力是其重要因素。由此可知前面所说的移情能力也是 EQ 的重要组成因素。

高 IQ 者富有进取心而且创造力强，但他们往往不善于表达和控制自己的情绪情感，不善交往，因而很可能被人认为冷漠、易怒、神经质或怪异。而高 EQ 者善于表达与控制自己的情感，有良好的心态和融洽的人际关系，从而更成功地应付生活的荣辱浮沉。广告虽是一种创造性强的工作，要求从业者有高的 IQ；广告更是一个极强调合作协调的行业，要求广告人更具有较高的 EQ。EQ 可以在生活工作中逐渐培养提高，可以从培养调控能力、移情能力、交往能力等方面加以提高。

三、怎样调节情绪

广告给人们带来许多快乐，广告人更应学会让自己快乐，干广告是很累的，如果在忙碌中不能让自己快乐，整日愁眉苦脸，就太对不起自己了。不好的情绪更会影响工作的效率。正像台湾广告人孙大伟所讲："广告这行对不适应的人而言，若多待一天都叫苦连天，那就快转行，因为你觉得不快乐；对适应的人来说却能苦中作乐，然后日子会飞快的过去。""对一个新入行的人来说，通常会有种恐惧，那就是灵感的枯竭。有人会一再地做恶梦，梦到提案的时刻到了，但手上却是空空的……"他认为广告人不能把创意当成一种功课来做，而"创意是一种思想的方式，是一种生活的态度，通常是在愉快的气氛下产生"。EQ 高的人，通常生活比较快乐，能维持积极乐观的人生观，对明天总抱有好的希望。广告人在认识自我时不应过分强调 IQ，更要重视 EQ 的培养，学会调节情绪。介绍几种调节情绪的简单可用的自助方法。

耗气运动法

研究者在分析过生物化学变化之后证实，运动在振奋心情上比服药效果更好。主要指耗气运动，例如慢跑、游泳、疾走、骑车或反复持续的活动。耗气运动能加速心跳次数，促进血液循环并改善身体对气的运用，宣泄恶劣的情绪，转移注意力。

加强光线法

很多广告人因与艺术有缘，有较高的敏感性，他们的心情很容易被外界的物理因素如声光等所刺激，有许多人谈到冬天更容易精神萎靡，这种现象被称为季节性情绪失常。这是由于冬天光线较弱的缘故。一支标准荧光灯的亮度，只相当晴天树荫下光线的10%。冬季情绪消沉的人，每天添加2—3%亮度光线，心情会好转，因而广告人的工作间应格外注重足够的光线。

音乐疗法

用这种方法要遵循“心同原理”，即先选择能适合你当时心情的音乐，然后逐步将音乐更换到能反映你所希望获得的心情。要注意控制响度，应在60db以下。响度过大造成新陈代谢显著加快，使人感到疲倦、乏力、头痛。长期听节奏快、响度大的乐曲，易使人激动易怒，烦躁不安，心跳加速，血糖升高，严重的还可诱发心因性高血压、冠心病。还应注意乐调选择，古希腊人对7种乐调有过分析，E调安定，D调热烈，C调和谐，B调哀怨，A调高扬，G调浮躁，F调浪荡等。亚里士多德认为C调最适宜调节情绪。

转视法

通过改变看问题的角度，从认识上改变，进而影响情绪的转变。心理学中认为人的情绪是伴随认识过程而产生的，认识的改变也可影响情绪的转变。

例如这样一个故事。相传一老太太有两个儿子，大儿子卖伞，二儿子卖盐。老太太几乎天天为这两个儿子发愁。每逢晴天，老太念叨：“大晴天，这伞可不好卖哟!”每逢雨天，老太又嘀咕：“这阴雨天，可怎么晒盐呀!”终日为这两个儿子发愁，以致愁出病来。两个儿子请来一智者劝慰老太太。智者对老太太说：“你想想，晴天好晒盐，你该为二儿子高兴；雨天好卖伞，你该为大儿子高兴。你该天天高兴，有什么愁的呢?”果然老太太转愁为喜，整日乐哈哈，病也不治自愈。由此可见，对同一事物，在审视、思考、评价时，由于角度不同，得到的认识也不同，产生的情绪也不同。

当广告人从某一角度认识事物解决问题而未得出良策时，可换一种角度或思路去思考，不必钻牛角尖而使自己的情绪变得焦躁不安。

触觉减压法

人的许多不良情绪，如沮丧的，都和安全感缺乏有关。当人获得安全感时，同样也可以改善那些不良情绪。想想安全感和触觉有什么关系?

触觉是皮肤对压力与温度的感受。研究表明人的皮肤在一定的压力与温度下，会感到舒适与安全。原因可能与人之初，在母体子宫内全身肌肤都处在羊水的压力与温度下有关。因而当广告人处于不良情绪下，可采取肌肤接受适度的压力与温度的方法，来减少焦躁不安等过度的心理压力，如游泳、沐浴等肌肤接触的方法。

第 11 章

广告人创意的心理特征

第一节　广告人的创造能力

一、创意的含义

现代广告活动中，创意是广告创作的核心。它是通过构思，创造出新的意念，并使广告对象接受，进而达到促销的终级目的。创意参与了广告活动的许多方面，从帮助客户发现商品与消费者的内在关系，提出广告“说什么”，到如何艺术地表现，“怎么说”能使广告对象接受。广告创意实质上是让广告打破俗套、引人注目，为广告受众提供新颖独特的意念，使其产生购买的冲动。詹姆斯·韦伯·杨举过一个例子，两则不同的广告标题，传递的信息内容是相同的，然而其创造的意境却不同。

请看这两则图书征订广告标题：

1. 巴特里著，《会计原理》

2.《你是一位会计师，或仅是一位薄记员?》

想一想哪一则广告会收到更多的订单。

再比如，假如让你去为某个百货公司做广告，广告主要求让消费者知道这家百货商店的商品物美价廉，其经营思想是薄利多销。如何创造新的意境，引起消费者注意，并被认可。请看一下威廉·伯恩巴克为奥尔巴克百货公司所做的印刷广告。

标题：慷慨的旧货换新

副标题：带来你的太太，只要几块钱……我们将给你一个新的女人。

文案：为什么你硬是欺骗自己，认为买不起最新的与最好的东西？在奥尔巴克百货公司，你不必为买美丽的东西而付高价。有无数种衣物供你选择——一切全新，一切使你兴奋。现在就把你的太太带给我们，我们会把她换成可爱的新女人——仅只花几块钱而已。这将是你有生以来最轻松愉快的付款。

广告口号：做千百万的生意，赚几分钱的利润。

这是一个经典的成功范例，从中可以体味创意的含义。把“物美价廉”，变成一个新颖的意境，花几块钱使太太焕然一新。但这是否会使人产生便宜没好货之感呢？答案是否定的。因为在广告口号中点明了其中道理，即薄利多销，让消费者感到合情合理。

创意是千变万化的

创意千变万化，然而万变不离其宗，即先制造一种新颖夺目的意境，再让人感到这种新的联系合情合理。创意就是发现消费者的需要，尤其是别人还没有明确意识到的潜在需求，并且用新奇、动人的方式告诉消费者，吸引他注意，满足其需要，让消费者产生某种情感，从注意至认同到接受，进而达到诱发购买动机，促进销售的目的。消费者看到创意新颖的广告常常会有“我以前怎么没想到，原来如此的感受”。美国著名广告人威廉·伯恩巴克说：“……要使观念在一瞬间发生惊叹，立即明白产品的优点，而且永不忘记，这就是创意的真正效果。”

创意是求新的

创意一个重要的内容是求新，只有新才能吸引住广告受众，因为人类对新异的刺激有着本能的好奇与探究，人们观察事物时，由于角度不同，对事物的看法也不尽相同，创意的求新是找到被大家忽略的角度，引导大家重新审视。换句话说是老调新弹。然而这并不是创意的最终目的。创意不等于创新，创意更重要的是使广告对象接受这个观点，使广告对象对这个新弹的老调满意并喜爱。这之中有其内在的原因，即这种新弹的调子满足了消费者某种内在的需求，创意还意味着发现并公布这之中的内在关系。创意是实实在在的建立在调查研究的基础上的，而不是标新立异的结果。实际上有许多新颖的创思会被一系列检验所舍弃，广告人为了最终的销售目的，有时需要忍痛割爱，并根据调查和效果预测，放弃自己原认为不错的创意。因为广告还有着经济上的风险，它与产品的效益紧密相联。

创意的低成本与高品质

创意也意味着低成本、高品质，即好的创意可以花钱少而达到既定目标。高品质的广告意味着能产生效益的广告。大卫·奥格威提醒广告人“我们的目的是销售，否则便不是做广告”。创意不意味着一掷千金、大动干戈的大制作、大手笔，创意并不等于制作技术。消费者不是因为某个广告花费了百万元制作费而去购买你宣传的产品。他们更可能被广告的新巧构思，言简义明且妙不可言所打动。效果好的广告一定是触动了广告受众心灵深处的某种欲望，这就是创意。当然，制作费用直接影响着创意的表现，制作费用高则制作技术会更好，产生的效果也应更好。如果没有制作费用的限制，广告人的创意将更自由。在我国广告事业的发展中曾经存在着广告主重媒体轻制作的错误认识。他们把大笔的钱投在选择媒体上，而在制作费上却十分苛刻，这无疑也限制了创意的自由发挥和表现。因而广告人与广告主既不能轻视广告制作，又不能把创意等同于制作，制作是可以模仿的，而创意是不易仿制的。

创意的艺术性

创意不等于纯粹的艺术作品。有些出自艺术院校的广告人常常由于自身的特点，格外强调广告的美学艺术。而广告实际上并不是艺术的产物，而是商品经济市场的产物。广告创意的艺术不是唯美至上，而是如何艺术地影响广告对象的心理，体现在广告如何能使广告受众在娱乐的、美的气氛下不知不觉地被说服而产生购买行为。

广告创意不仅仅是被广告主认可，更重要的是被广告对象认可。有些广告人在创意时只迎合广告主的口味，他们认为广告主是广告公司的“上帝”，而很多广告主并不了解广告。这样难免造成广告的格调手法不是针对广告对象，而是符合广告主的意念。广告人应把心思用在广告对象上，并帮助广告主客观地了解广告和广告对象，达成一致。广告人常常会夹在广告主的某些看法与广告对象需求的矛盾之间，这不仅要求广告人有好的创造能力，还需要有好的交往能力，说服能力。在这种情况下，首先要与广告主充分地沟通协调，使创意顺利执行。

曾有位广告人说，他苦心经营的某个创意被客户枪毙了，然而当他拿给广告专业的老师看时却受到老师的赞赏，这使他备感迷惑。实际上一则好的广告创意最重要的标志是被广告对象（即消费者）肯定、理解与信服，并促成购买行为。

创意不意味着迎合广告主，也不意味着迷信广告权威，创意体现在广告对象的态度的改变，进一步反映在真实的销售数字上。然而无论如何，广告最终是否发布，取决权仍在广告主手中，因而要先在战略上与广告主达成一致。广告人还有责任提醒并说服一些广告主，不应仅仅注重眼前利益，广告创意应在整个销售策略指导下进行。广告主在决定做广告时应有一个整体的战略方针。还有些产品可能在广告刚刚发布时，销售量有增长，但过一段时间，就有下降。表明应重新考虑产品本身的质量，及广告创意所诉求的观念是否符合消费者真正的需求。

广告创意要在让广告对象“看得懂”，并且“喜欢看”的原则下，做到既出人意料又合情合理。

二、什么人能产生广告创意

答案是有创造能力的人，可能会产生创意。创造能力高的人可能会产生更好的广告创意。请注意，我在此用了“可能”两字，而没有用“必然”，原因何在？创造能力是产生创意最重要的能力，没有创造力即没有创意可谈。然而这不等于说有了创造力就有创意。创造力的发挥还有赖于其他能力的协同作用。

广告人的创造能力的高低与创意的产生有直接的、至关重要的关系。

三、创造能力

创造能力是根据一定的目的任务，积极能动地产生新思想、发现和创造新事物的能力。是人在创造活动中表现出来的各种能力的总和。它是广告人成功地完成广告创意所必需的心理品质。

创造能力是一种高级的、独特的解决问题的能力。它与一般能力的区别在于它的新颖性和独创性。创造能力的心理结构主要由创造性思维、创造性想象及创造性技能组成。对广告人而言，创造性技能主要表现在广告专业技能和制作技能上。而在广告创意过程中，更多地体现着广告人的创造性思维及创造性想象。

创造性思维是指在创作、发明或技术革新等创造性活动中所特有的思维过程。它是人类思维的高级过程。它不仅通过思维揭露事物的本质及内在联系，而且要在此基础上产生新颖的、前所未有的思维成果，并给人们带来新的有社会价值的产物。

创造性想象是在创造活动中，根据一定的目的、任务，在人的头脑中独立地创造出新形象的心理过程。想象是对头脑中已有表象进行加工改造，创造新形象的过程。因而在创造能力中，想像力更多地体现在具体形象上的创新，而这种创新是否反映了问题的内在联系，只有想像力是无法达到的。这就更需要创造思维的能力。创造思维是对经验的改组，这种对旧有经验的重建、改组与更新可反映出事物的新的内在的关系。因而在创造能力中最重要的成分是创造思维能力。创造不仅是奇思妙想，还需要有内在的联系。这种创造的能力刚好符合广告创意的要求。詹姆斯·韦伯·杨在《产生创意的方法》一书中提到："创意完全是把原来的许多旧有要素作新的组合。"这是创意的第一项重要原则。

创意的另一项重要原则是"牵涉到把旧的要素以新的组合之能力，此能力大部分在于对相互关系了解的本领。"而著名的广告人大卫·奥格威在评价自己的广告创作时说："我并不认为我是位好作家，但顺便说说，我倒认为我是全世界最好的编辑。我能把任何人的东西编好，包括我自己的在内。所以我所做的就是把我的东西写出来，然后就编改，编改，再编改，一直编改到合理的通过。"

因而，广告创意的产生不是什么神奇而不可思议的事，它正是基于广告人的创造能力。

四、高智商与创造力

只有高智商的人才有创造力吗?

刚刚谈到创造能力（即创造力）的重要成分是创造性思维，而创造性思维的重要特点是发散思维和聚合思维的统一，其中更多的成分是发散思维。所谓发散思维是无定向、无范围地由已知探索未知的思维方式，指思考时问题的信息从一点出发朝各种可能的方向扩散，并引出更多的新信息，使人能从各种设想出发，不拘泥于一种途径和既定的理解，尽可能作出合乎条件的各种解答。这种思维方式体现了求异创新的功能。聚合思维是利用已有定论的原理、定律、方法，解决问题时有方向、有范围、有程序的思维方式。它是指思考时信息朝一个方向聚敛前进，从而形成单一的、确定的答案。其主要功能是求同。

在创造性思维中，其创新的成分更多的体现在发散思维上。因而测量发散思维的能力，在一定程度上可推知其创造能力的高低，按照美国心理学家 J. P·吉尔福特的看法，发散思维表现于外部行为，就代表个人的创造能力，其行为表现有三个特征，这三个特征是紧密相联的。

第一，变通性（或称灵活性，Flexibility）。这是指思维能随机应变，举一反三，闻一知十，触类旁通，不易受到功能固着等心理定势的影响，因而能产生超常的构想，提出与众不同的新观点。

举例而言，说到“砖头的作用”，通常的联想是砌墙、铺路、造房子，这是砖头固有的功能，假如你仅仅只想到这些，则被其固有的功能所束缚，不能推想它的其他功能，这即是功能固着。功能固着影响思维的变通性。假如由砖头想到它可替代尺子划线，当镇纸石、垫东西，甚至可以用砖头打人、作艺术品等等其他的功用，则表明你的思维有较强的变通性。假如你想到的是砖头可以盖房子、建教堂、修炉灶、铺路、筑墙，虽然看起来功能不少，但都可归为建筑用一类，因而不能以此说明其变通性好。吉尔福特用此法编制了“非常用途测验”，测验时有一定的时间限制，例如要求在 8 分钟之内说出红砖的用途，说出的类别越多越表明思维的变通性好。

第二，流畅性（Fluency）。是指在较短的时间内表达出较多的观念，也就是反应既快又多。

例：假如你想到砖头的功用时，在一段较短的单位时间内，如 3 分钟内，想到的越多，则表明流畅性越好；反之，流畅性较差。如果你在相对较长的时间（如一天）内也能想出他人 3 分钟内想到的一样多或更多些，也仅仅表明你具有一定的变通性，但却说明他没有较好的流畅性。流畅能力常用的测验有自由回忆，即：用汉字组词，要求用后一个字组成一个新词，并有一定的时间限制。如“大海”——海港——港湾……同一时间回忆量越多，则流畅性越好。

第三，独特性（Originality）。是指对事物有不同寻常的独特见解。吉尔福特用“命题测验”来测试人的思想的独特性，即给一段故事让被测人给故事命题。

例：有一故事是这样的，一对夫妻很好，妻子本是哑巴，经过医生治疗能说话了。由于她整天唠叨丈夫，丈夫很痛苦，只好要求医生把自己变成聋子，夫妻才又相安无事。给这个故事命题时，有一类标题是这样的，如：“医学的奇迹”、“永远不满意”、“丈夫与妻子”等；还有另一类，如：“聋夫哑妻”、“无声的幸福”、“开刀安心”等。吉尔福特认为后一类比前一类更独特。

以往心理学家对创造力与智力的关系作过许多研究。通常以智力测验中的智商来表示智力水平，而以创造能力测验（主要测发散思维能力）的分数表示创造力水平，用统计方法求得二者的相关程度。吉尔福特综合以往学者的研究，总结出二者的关系（如图 11－1）。[①]

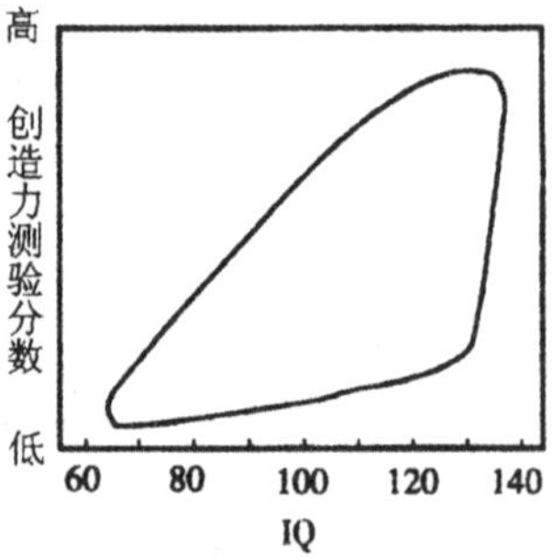

图 11－1

图中三角形说明以下几点：

一是整个三角形表示智力与创造力之间有正相关的关系，即智商高，其创造力分数也相应高；

二是这种相关有一定范围限制，智商越高者，创造能力与之相关的程度越低，智商（IQ）在 120 以上时，智力与创造力的相关系数并不高；

① 朱智贤主编：《心理学大词典》，北京师范大学出版社 1989 年版。

三是智商在 130 以上者，创造力分数是分散的，有高有低，表明高智商者其创造力未必都高；

四是创造力高者须有中等水平以上的智力。表明智力是创造力发展的基本条件，智力水平过低者不可能有高创造力。

除了上述研究表明创造力与智力因素的关系，创造力还受其他因素的影响，如某些非智力因素。

五、高创造力者的心理特征

创造力既与人的智力因素有关，也受非智力因素的影响。高创造力的人在智力因素上应在以下特征上有出色表现：

1. 认知力

即对事物敏锐的观察力和正确的理解力，勤于思考，善于提问，发掘平常人们注意不到的问题。

2. 记忆力

即善于牢固地贮存并在必要时立即提取信息的能力。因为创造是把旧有知识和经验与当前的问题相结合推出新结论，因而要提取长时记忆中的信息。并与当前的信息在工作记忆（即短时记忆）中综合，才能推出结论。已有的知识经验越丰富则越有助于创造。这些已有的知识经验是贮存在长时记忆中，因而记忆力的好坏对人的创造力有直接的影响。

3. 想像力

即对头脑中表象进行加工、改组，从而创造出新形象的能力，在头脑中要有丰富的表象储备，才有独特的改组。

4. 思维能力

这是创造力的核心，高创造力的人应具有优秀的发散思维与聚合思维能力。能在对事物分析、综合、比较的基础上找出新的内在的联系或特征，抽象概括，形成具体的思维产物。

5. 评价力

整个创造过程中都需要用评价力以辨别是非优劣。在创造性活动中，动机、情感、态度、意志、个性特征等非智力因素也起重要作用。创造力是一种多维结构的复杂的心理活动。有心理学家对高创造力的人进行了如下的有关人格特征描述：兴趣广泛，语言流畅，具有幽默感，反应敏捷，思辨严谨，善于记忆，工作效率高，从众行为少，独立行事，自信心强，抱负水平高，态度直率、坦白，喜欢研究抽象问题，生活范围较大，社交能力强，感情开放，不拘小节，给人以浪漫印象。

六、发挥广告人的创造力的方法

在谈了创造力与广告创意之后，每个有创造力的广告人都会想到这样的问题，如何充分发挥自己的创造力？如何产生创意？

创意产生的过程

1. 詹姆斯·韦伯·杨的五个步骤

广告人最熟悉的产生创意的过程，可能就是詹姆斯·韦伯·杨所描述的五个步骤：

第一，收集原始资料。一是你眼前问题所需要的资料，即与广告产品或服务有关的资料。市场分析、商品特性、竞争分析、商品过去的广告分析等；还有是与目标消费对象（广告对象）有关的生活、事物或能令其感兴趣的任何话题，如他们的难题是什么、他们的特征、消费观念、他们对以前广告的看法、他们对广告商品的态度、消费动机等等。在此阶段收集到的资料越多，就越有机会产生创新。

第二，消化资料。用心去仔细检查，反复咀嚼这些资料，好像吃饭一样，把吃下去的饭菜在肠胃中不断消化，吸收养分，这一过程使这些原始材料不断的分离组合。“你现在所要寻求的是相互关系，以使每件事物都能像是拼图玩具那样……”[①] 这一阶段你要不厌其烦地把图拼来拼去，以求找出适合的组合。这是一项艰苦的心智劳动。就像我国广告人刘立宾所说：“创意人在困苦时与下炼狱一般，有着常人想象不到的艰难、苦涩、压力与折磨。但这正是顿悟前的停滞、飞跃前的蓄力。”

---

① 詹姆斯·韦伯·杨著，刘弘毅编译：《广告人与创意》，中国经济贸易广告协会编印，1990年版。

第三，深思熟悉，顺其自然，抛开问题，任其在潜意识中综合酝酿。在上一个阶段中苦思冥想，似乎无法解决之时，进入了这个第三阶段，这时，你不必让兴奋的神经再绷紧，这时你不作任何努力，充分放松自己，去听音乐，去钓鱼，去打保龄球，去跳舞，或去散步，甚至睡大觉，“此时你要做的，显然是把问题置于下意识的心智中，让它在睡梦时发生作用。”自从伟大的心理学家弗洛伊德提出潜意识后，它越来越被重视。在潜意识中，由于没有意识中条条框框的固有原则规范的束缚，其产生的结果，构成的联系会更独到新奇，在潜意识中去咀嚼，创造是这个阶段的特点。

第四，继续去想它，灵感会突然出现。这正是灵感的诞生，“它会在你最没期望要出现的时机出现，当你刮胡子的时候，或沐浴时，或者最常出现于清晨半醒半睡的状态中。也许它会在夜半时出现，把你唤醒。”

第五，这是最后的阶段，是最后形成并完善此创意的阶段。这是最后论证的阶段，“在此阶段，你一定要把你可爱的新生创意拿到现实世界中。而当你如此作时，常会发现此一新生儿并不像你初生它时那样奇妙。”此时需要许多耐心的工作，此时常需要聚合思维去论证它，使之符合实际状况。詹姆斯·韦伯·杨认为在这一阶段，由于创意人员没有足够的耐心或不够实际，而使创意的火花熄灭。在此阶段可以把创意“交给有深思远虑的批评者审阅。”

2．创造思维的四个阶段

上述詹姆斯·韦伯·杨的创意五步骤被广告人广为传颂，其原因是因为这五步十分符合创造性思维的过程。英国心理学家瓦拉斯（Wallas）把创造思维分为四个阶段：

（1）准备阶段。即创作前，积累有关知识与经验，搜集有关资料。正如杨氏的第一步骤。

（2）酝酿阶段。在前一时期的基础上，深入探索与思考，这时期需要人们付出艰辛的努力，苦苦寻求，正是“踏破铁鞋无觅处”。这时人的思路似乎已中断，实际上仍在潜意识中继续进行。正如杨氏的第二步至第三步。

（3）豁朗阶段，这是新思想、新形象产生的阶段。这时期，具有豁然开朗，新点子突然出现，“得来全不费功夫”，此时人是处在灵感状态，所以又称灵感期。正如杨氏第四步。

(4) 验证阶段，这是创造思维的最后阶段，是对新思想或新观念进行验证补充与修正使其适于实践，趋于完善的时期，正如杨氏第五步骤。广告人大卫·奥格威说，他在写“劳斯莱斯”汽车广告时，为它写了 26 个不同的标题，他说“我请了 6 位我广告公司的其他撰文人员把它全部看完，再在其中选出最好的一个。然后我写好文案，我再找了三四位其他撰文人员把它全部看完，把枯燥无趣及含糊的部分删掉，再把它缩短。”可见这最后的阶段是创造思维中不可忽略的必不可少的部分。如果说上几个阶段更多地体现了思维的创新与直觉而这一阶段则体现了思维的评价与逻辑。

灵感产生的条件

这种创意的灵感的产生看似轻松自如，不费功夫，实则是以前期苦苦寻觅为代价的。灵感状态下的工作效率极高，思维敏锐，且伴有情绪的亢奋。每个广告人在创意时都期待灵感的到来，然而灵感的产生是有条件的。

首先，灵感必须有长期艰苦的准备性劳动。

记得音乐家柴柯夫斯基说过：“灵感是这样一位客人，他不爱拜访懒惰者。”广告创意并不像外行人想象的那样轻松，灵机一动，计上心来。好的创意的确是需要充分的调查，搜寻资料，进行反复的研究与思考，搜肠刮肚地想。如中国台湾广告人孙大伟在谈获得第 15 届时报广告金像奖最佳杂志金像奖的广告《保德信智子篇》的经历时说，保德信公司的广告目的是希望消费者知道保德信是一家外商保险公司，规模大，历史久，值得信任，十分重视人的价值。创意从收集资料开始，“保德信总资产额超过美金二千多亿元，成立超过 120 年，在美国是家喻户晓的人寿保险公司。连电影大金刚最后爬上去的那座纽约帝国大厦，都是属于保德信所有。保德信值得大书特书的理赔案一定不少，可以利用的国外现成广告素材也一定很多。”然而进一步调查了解的事实是：“虽然保德信一度号称是世界最大，但现在并不确定，所以最好不要强调；纽约帝国大厦这个资产，保德信总公司正打算把它脱手求售，所以也希望别提；此外，因为保德信在美国已众人皆知，所以它的广告现阶段已发展为歌舞片，为的是增加这个品牌的年轻活力，吸引年轻的消费群。”这在中国台湾则不易借鉴。“至于可以引述的理赔案例呢？抱歉！”冥思苦想，陷于困境。正如孙大伟说：“广告创意的历程本来就是这样：一会儿充满无比的希望与雄心；一会儿就跌到冰冷的谷底。”艰苦的思考还要继续，再换一种思路去看保德信，它具有“悲天悯人的胸怀”，“重视人的价值”。于是推出第一张广告，标题是“三个字就有四个人!”然而这是一个四平八稳的广告，“以往的寿险广告做得都太温了，不痛不痒，根本引不起消费大众对寿险的重视与需求。”“人寿保险的销售主要都靠业务人员用尽各种人情压力，等到最后一个认识的亲友吓得不敢接电话时，就可以考虑转业了。”“提起‘推销保险’的，好像人见人怕。”而“卖保险，应不卑不亢……它是对人的关爱，是一种救世的行业。”可见这第一张开宗明义的广告仍是不温不火的。孙大伟想把保德信对人的关爱体现出来，如何表现呢？这时，一则事隔 5 年的在记忆中的新闻启发了他，这是关于一架日航飞机在日本坠毁的报道，在失事现场，“发现了两位父亲的人生最后留言。因为飞机坠毁前曾有几分钟的盘旋!”其中一位父亲写道：“智子：请好好照顾我们的孩子!”孙大伟说：他由此联想到他自己的做父亲的感受，“1985 年 4 月 16 日，我做了父亲。有点骄傲，也有点惶恐！忽然感觉有个小生命在依赖自己。有天晚上，到保姆那儿抱孩子回家。孩子很小、很软，稍微用力就像会被挤碎……父子走到半途，突然下起骤雨。慌乱中将衣扣解开，把孩子塞到胸前，弯腰以背遮雨，抬头眯着眼朝家门方向的灯火飞奔……在家门口喘息时，脑子里浮起了一个念头：‘如果有一天我这个做父亲的从这个世界消失了，胸前的孩子会如何呢?’　‘人生走到最后……世上又有让我牵挂的人……’灵感由此产生，于是有了那篇《保德信智子篇》”（请参看第 8 章）。“保德信的业务代表，都反映这则广告为他们带来销售上的助力……”因为它打动了人的内心深处。

第二，利用原型启发。

从孙大伟的这个创意经历中，不仅看到了灵感产生的第一个条件是长期的准备劳动，灵感产生的另一个条件就是充分利用原型启发，从其他事物引起联想，得到解决问题的途径称为启发。具有启发作用的事物称为原型，就如前面例中说的那则旧时新闻。广告人如果善于观察生活，常常会被生活中的事物所启发产生灵感。我国资深广告人路盛章在回忆“息斯敏”挂错电话篇的广告创意经历时说，他就是在骑自行车回家的路上，自己挂错别人电话的洋相，突然冒上心头，而用在了“息斯敏”的广告上。“息斯敏”是一种治疗过敏的药，通常抗过敏的药会使人嗑睡，而“息斯敏”不会。广告创意是用幽默的方式表现出服用了“息斯敏”不会出现由于困倦把自己的电话错挂在别人正在打的电话上这样的洋相。

第三，集中精力。

灵感的产生需要把全部精力集中到创意上，排除各种分散注意的因素，有时要达到入迷的程度。同时还要突破习惯性思维的束缚，打破思维定势。在经过长期艰苦的思考后，充分放松有助于灵感的产生。

第四，积极的情绪。

灵感的产生还要有情绪的乐观、镇定。不能因为感到实在是无路可走时而焦躁、悲观失望，情绪的过分波动，容易抑制思路。

第二节　广告创意的方法与原则

一、广告创意的方法

创意时思维沿着何种路线，可谓众说纷纭、百家争鸣。下面介绍几种较为常用的方法。

脑力激荡法，或称动脑会议法

它是由美国BBDD广告公司的奥斯本（Alex Osben）首创。具体的做法是，召开一个10～15人的小型会议，会议的内容提前一到两天通知参与人，会议的参加者包括广告业务人员和广告创作人员。参加者在结构因素上（年龄结构、专业结构、性别结构、能力结构、性格结构、知识经验结构等）具有良好合理的搭配，能够取长补短、有机结合，会议成员需忘记自己的职务，人人平等，畅所欲言，通过相互激励，相互诱发产生思考的连锁反应，充分激发每个人的创造力，从而产生更多的创意。

运用这种方法要遵循以下的原则：

1. 会上禁止批评和反驳别人的创意，保持良好的创造气氛。

2. 对创意的质量不加限制，而要求创意的数量越多越好。参与者可自由联想，任意发散，毫无限制地发表见解。

3. 可以利用别人的创意激发自己的联想，组合产生新创意。这种动脑会议因为具备集体创造的人员结构和创造气氛，更能发挥每个人的创造力，在相互启发中扩展思维的变通性，使之产生 1+1>2 的合力效果。

在动脑会议之后，由会议记录员将记录整理，会议主席将这些创意分类，再让有关人员评定，并按销售策略，取其精华，成为进行下一步创意的基础，最终产生实际执行操作的广告创意。这是一种行之有效的集体创造的方法。

另外由郭登所提出的“合织法”在传统的动脑会议上又有所改进。这种动脑会有一位有经验的主持人，讨论不是以一个“问题点”开始，而是扩大范围，以一个“问题面”为开端。例如要做一个食用植物油的广告，不是从植物油本身开始讨论，而是从有关“吃”或“厨房”这样更大的范围来讨论。当主持人能敏感地意识到创意的点子开始出现时，即将话题引至关键问题点上，从而解决问题。这种方法常常用暗喻法和类推法来激发联想。如：

直接类推法——将行销传播上的问题和人生里大致相似的情况，作隐喻式的类比。

个人类推法——以神入法为主。发挥想象与移情能力，例如尝试去想象乘一叶孤舟驶入暴风狂浪中的感觉。

压缩冲突法——结合二种叙述不相关属性或内容的词句而激发出新的想法。如“凶悍的娇客”会产生什么联想。

水平思考法，又称侧向思考法

这是英国心理学家戴勃诺（Edward.DeBono）提出的一种创造的方法。他认为我们平时的思维方式是偏重于以往的经验和模式，受到思维定势的影响，而跳不出老框框。

所谓思维定势是人在思考时心理的一种准备状态，它影响解决问题时的倾向性。

思维定势常会影响思维的变通性。例如问你这样一个问题：小李进房间后，没有开灯就找到了放在桌子上的黑手套。这是为什么？通常情况下，当听到“没有开灯”时就会有一种倾向认为这是在晚上发生的事，因为晚上和灯之间有一种符合常规的固定的联系。因而，在解决这个问题时，由于“没有开灯”暗示你进入一种习惯性的思维中，使你的思维方向往“在晚上如何照明找物”这一方面去思考。这种遵循已有的经验，按常规思考的方式，戴勃诺把它称为垂直式思考。而如果突破一惯的思考方向，不受定势的影响，不认为这事发生在晚上，问题就迎刃而解了。答案是白天进房间，当然不用开灯也十分容易找到东西。这种不受常规约束，摆脱旧经验、旧意识的思考方式被戴勃诺称为水平式思考。

显而易见，水平式思考法更能创造出新的观念，在用此种方法时要遵循的原则是：

一是摆脱旧意识与旧经验，破除思维定势，更好地体现发散思维的特点。

二是找出占主导地位的关键点，例如前面的例子中，关键点是“找手套”，而不是“如何照明”。

三是全方位的思考，大胆革新，找出对问题的新见解。

四是抓住头脑中的“一闪念”，深入把握新观点。

水平思考法能够产生有创见的想法，因而是广告创意时常用的思维方法，然而水平式思考并不是排除垂直式思考，二者常常是互为补足，取长补短。

逆向思考法，或称反向思考法

这是一种向常规思路反向扩张构思的方法。实际上，这种思维方向应包括在水平式思考法之中。由于利用这种思路常常能较为直接地解决问题，且相对而言更易掌握，因而被格外提出来。

这种方法就像在中学学习数理时用的一种解题法，即反证法。通常的解题法是从已知条件出发来思考如何解决问题，而反证法是从求解出发，反推找到与已知条件相符合的出路。运用逆向思考时，需掌握两个要点。

一是，这种反常思维的传达应恰当，语言要实在且幽默。都说卖瓜的要叫自己的瓜甜，如果反向思考，卖瓜的不说自己的瓜甜，如何呢？试想，卖瓜的叫卖：“快买我的瓜，我的瓜不甜。”这虽是违背常规的逆向思考，但如此表达会被人认为是愚蠢的。我曾在街上听到过这样的吆喝：“怕甜的别买我的瓜！”这才是一种恰到好处的反向思考的表达。

二是，应用逆向思考是有条件限制的，不是所有的问题都能从反向得到求解的。因而在创意中这种反向思考必须以消费者能认同为条件。

例如，伦敦最大的书店布莱维尔要做一个在此书店购物舒适自由为主题的广告，通常的正向思考会从服务周到细致、环境优雅这方面入手。这样虽落俗套，但也会起到一定的作用。如果从反向去考虑“服务不必过于周到”是否符合消费者的需要呢，仔细的调查会发现，在一片服务至上的宣传中，消费者有这样的反应，有时想去商店看看，并不一定要买，由于服务员紧跟在身边，过于热情的介绍商品和服务，令人感到繁琐，或感到不买东西没有面子；再者会使人感到像被监视，以至有时不买东西就不去商店。商店当然希望顾客常来光临，虽然当时不买，但会成为潜在的顾客。书店更是如此，人们买书时与买其他商品还有区别，人们常常是先到书店去翻看一下书的大致内容，然后才决定是否购买，如果在顾客翻看时服务人员尾随左右或口若悬河地推销，常会打乱顾客思绪，使顾客产生反感，以至不再光顾。这种调查的结果刚好与反向思考的结论相符合，因而布莱维尔书店在广告中大胆应用反向思考的构思，使顾客感到亲切生动，符合心意。请看其内容：“当你光临布莱维尔书店的时候，没有一个人会问您要买什么。您可以信步所至，随便阅读，放心浏览。店员只在您需要的时候才为您效劳，您不招呼，他们决不打扰。无论您来买书或来浏览，均欢迎。这就是布莱维尔书店一百多年来的传统。”

上面的这些思考方式是许多广告人与专家的经验之谈，在实践中每个广告人可以此为基本，结合自身的特点加以应用与发挥。肯定还有许多创意之路可寻。

我想再提供一种思考之法以供参考，我把它称为金字塔法。

金字塔法

这种方法是说思考时的思路从一个大的范围面逐渐缩小，而每次缩小都用一定的目的加以限制，删除多余的部分，等于上了一个台阶。就像一座金字型的塔。而在每一层面上思考的路线都是由发散思维到聚合思维。

举例说明，假如要为某种冰箱做广告，在你没有对冰箱进行调查，也没有听到客户的具体要求之前，就先用自由联想法由冰箱想开去，由冰箱联想到冰山、冷、好吃的东西、噪音、美丽……让你的思绪随意飘飞；而此时你可随手记下你的这些联想而不加评价。做这一步的目的是在你头脑中没有任何条条框框的情况下，搜寻你旧有的知识经验，并可启动发散思维，使思维的变通性，流畅性和独特性得到一个预热效果。这只是一个预备活动，这个预备活动产生的联想将来可用于对以后的补充，这是一个大范围的资料线素。

接下来是，把自己想成是一个要买冰箱的消费者，这时会考虑到什么因素？此时由冰箱会有一定目的想到它的价格、功能、品牌、特色、式样、噪音、耗电、容量及附加价值、是否可显示身份等。这个过程既需要思维的发散能力还需要观察与移情能力，在这之后是大量的搜集有关商品、市场及消费者及同类广告的资料，并与广告主协调，从发散思维的各条线索中求同，作出评价，并在营销策略指导下，找到广告要“说什么”（what），这是一个从发散到聚合的思维过程。

假如确立了突出冰箱质量好的定位点，可进入下一层塔中，再从质量好这一点出发，发挥想象与创造力。例如可从电冰箱结实耐用、购买率高、制冷效果快等等方面去表现。此时要求只从质量这一角度出发任意发散并设想表现形式。

广告作用在听觉、视觉、触觉等不同感受器官所产生的反映是不同的，这时要在深入调查的基础上（可由专职调查人员操作），确定广告“用什么说”（where）。即广告在哪发布，结合媒体策略，用这种聚合思维得出的“where”限制前面所作的发散，因为不同的媒体有不同的心理效果和表现手法。同时登在什么地方，还受到媒体技术水平的限制。例如各地区报纸的印刷质量及采用的新闻纸张不同，其效果也会有差异。假如在报纸广告背景上安排设计五种不同层次的弱网，即要求画面上出现五种不同深浅的“灰色”，而你所发布的地区的报纸印刷只能达到三种不同层次的灰色，这样就要依据当时当地的实际情况，评价限定你以前的各种发散设想。这是第二层塔。

再下来要用另一个聚合思维的结果来限定你的发散思维，即“什么时候说”（when）。广告登载的时间不同，要求表现的手法也有所不同。这包括在什么样的大背景观念下说，一年前与一年后的消费者可能有很大的变化；春夏秋冬，消费者的想法也不同；甚至一天中早晚的不同，对消费者的接受都有影响。例如早上播的广告，如果节奏十分缓慢，则消费者不易关注，因为早上消费者的神经一般较兴奋，希望受到快节奏的刺激。这是第三层塔。

这之后进入第四层塔。在第三层塔限制的基础上发挥创造性，这一层的限制是“对谁说”（who）。这时要把广告对象描述成具体实在的个体，就像你的一个朋友，一则广告不可能面对所有的消费者。有些广告主和广告人常常认为一般化的套话能被绝大多数人接受，就像春节的“福”字一样可以家家门前贴一张，因而动不动就是“老少皆宜”、“美观大方”等等，而实际上这样的套话就像人们认为包治百病的药，实际上什么都治不好一样。因而在这一层塔上发散奇想时，要有具体的对象，你要对他很了解，就像你的一个好朋友，这样说出来的话才能被接受，试想假如你对好朋友说话，你是用“老少咸宜”的词语，还是用“味道好极了!”“你今天喝了没有?”这样的语句与口气？说服是有对象的，对象越具体，越容易使说服者掌握采用什么方法达到说服的目的。就像在直播节目中说话时，如果你想到听众中有专家，你讲话时应专业深奥，以免专家轻视，又想到听众中还会有许多一般百姓，他们会听不懂这么多专业名词，说话应该直白通俗，于是你会感到无所适从，不知从何讲起。一旦你把对象定在某一类人上，把它设想成一个对你的专业有最基本了解的、很关心它如何发展的人，你说话的语气、用词、方式自然就有谱了。这种心情正是广告人在这一层塔的思考时所能体会到的。

这第五层塔的目的更为重要，就是找出“为什么说”（why）。这正是创造力的一个关键。创造思维不仅是产生新奇绝妙的想法，更重要的是找到他们之中的新的内在联系，在广告创意中，新异是为了达到引人注目的目的，然而这种新与商品或消费者要有内在的关联，就像相声里的关子，不仅要逗笑，说出来还要合情在理。如把冰箱与高楼联结起来，电视广告中一座座高楼变成一台台冰箱，用高楼喻示冰箱质量的坚实，并含有家家户户都需要冰箱之意，既新颖独特又让人感到合乎情理。同样是冰箱，假如由冰箱联想到夏天，再想到热，想到渴，想到冰，想到水，又由对比联想，想到沙漠，于是构思出这样一个画面，沙漠中跋涉的健壮男子，口干舌燥，忽见一冰箱立于戈壁中，顿时无限兴奋，从冰箱中拿出冰镇饮料狂饮，喻意冰箱是沙漠中的绿洲。冰箱与沙漠这样的结合虽然新奇，但二者之间的新的联系并不在情理之中，沙漠与水与渴能形成自然的联想，而冰箱与沙漠的联想则不那么自然。因而这种表现会使人更多地注重到渴上，让人忽略了冰箱，冰箱与口渴是一种间接关系，因而这样的广告创意会让人感到喧宾夺主，不合情理。广告创意中为消费者找出购买的动机，帮他找到购买理由，这是创意思维的本质（参看第 6 章）。

正如李奥·贝纳所指出：“所谓创造力的真正关键，是如何用有关的、可信的、品调高的方式，与在以前无关的事物之间建立一种新的有意义的关系之艺术。”说明创意所建立的关系不仅要新，还要有意义、可信，也就是有内在关系。这就需要符合推理逻辑，因而在前面一再强调发散思维以后，再进入最后的阶段，即“怎么说”（how）时，还要用逻辑的合理的推理来评判前面所产生的创意。如果不合逻辑，需要坚决推翻，重新再创意。例如，“新飞广告做得好，不如新飞冰箱好。”此广告把广告与冰箱两个本不可比的事物放在一起，新鲜独特，但它却制造了一个逻辑上的悖论，即：既然否定了广告，又何必再做广告。再如××牙膏，为了说明该牙膏连续3年获奖，在电视广告上安排如此画面：端枪、瞄准，接着三声枪响，再接下来是一个美貌姑娘在奔跑。让人顺理成章地为姑娘担心，根本不会往牙膏上想。这种只顾新奇而不合逻辑的广告创意是不会被接受的。

综上所述，这种金字塔式的思考法可用图11－2表示，从说什么到怎么说之间每一层都是从发散思维到聚合思维的过程。整个思维过程是发散—聚合—发散—聚合循环往复的过程。

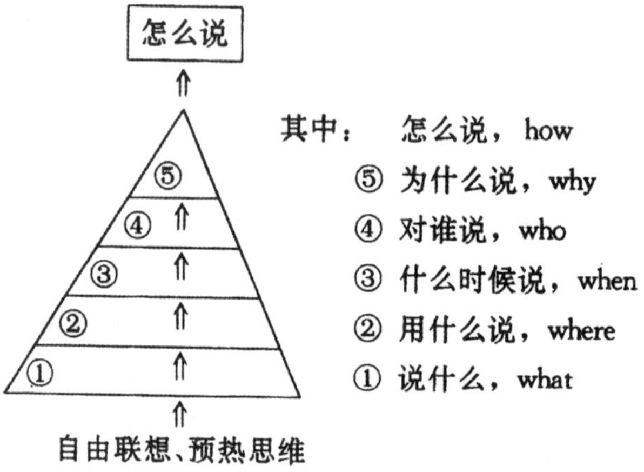

图11－2

就像战争中对敌方进行大搜捕，逐渐缩小包围圈，删除多余的，最终消灭敌人。这种方法可在个人创意时单独操作，也可用于集体创造过程。用于集体时，在每一塔层时的发散思维活动类似于动脑会议。区别是，这是一个多层的动脑会议。值得提醒的是，无论别人怎样讲，创意之路最终要你自己去走。

二、广告创意的心理原则与表现手法

到现在关于创意与创造力，可得出的结论是这样的，广告创意的目的是艺术的改变广告对象的态度，达到这个目的需要广告人的创造力来实现，而创造力的实质是创造出既新又有内在联系、合情合理的新思想，这也是广告创意的根本原则。

创意的具体原则

创意的具体原则，众说纷纭。

例1，《国际广告》1992 年第 4 期中刊载的文章中说，创意原则如下："（1）创意独特，立意新颖，奇而不怪。（2）主题突出，构思完整，不喧宾夺主。（3）广告定位定向正确，表达方式适合广告对象。（4）文案寓意深刻，精彩生动，具有生动性、艺术性、趣味性。（5）整体效果简洁鲜明、形象真实、生动感人，能引起人的共鸣。（6）构图完美、布局严谨、色彩明朗、构成合理。（7）具有冲击力，容易使人记住。（8）繁简适当，以少胜多，服从功能需要为前提，而不是服从形式需要。"

例 2，广告大师詹姆斯·韦伯·杨在其著作中也列举了一些原则条例说明广告创意发生功效的法则。即："（1）以之建立熟悉感。（2）以之作为提醒作用。（3）以之传播新闻——不限于将新闻发布在报纸上的意义，而是一种涵盖广告影片或播词中的特种新闻。只有利用广告才能达到最广泛的传布。（4）以之克服抱残守缺的人类惯性。（5）以之增加产品所未具有的附加价值。"

例 3，更有学者总结出精彩创意的共同特点。① 精彩的创意如下：

1. 是出人意料的、有趣的，甚至是以惊人的方式表现产品的优点及它与消费者生活的关系。

2. 是主题突出的、不散乱或冲淡效果，它仅集中于一个主题，并且清晰地突出这一主题。

3. 表达手法简洁清楚，描述简洁不累赘，主题清楚，制作精湛。

4. 确立广告形象，它为产品创造一种其独有的传播方式，消费者一见

---

① 《国际广告》1991 年第 3 期。

便可识别，但令竞争者难于模仿。

5. 必须亲切自然——在亲近观众或读者方面达到大多数广告都望尘莫及的程度。

看到这，或许你会想，这么多的条条，如何做到?

请比较这些条条框框，实际上根据创意的根本原则，只需记住两点：

一是创意要符合消费者的心理规律（例如广告的新奇简洁都是为了符合消费者的注意、感知、记忆等规律)；

二是创意要满足消费者的心理需要，激发购买动机，并从创意的合情合理与寻求的内在联系中体现出来。

创意做到上述两点即可达到其促进销售的根本目的。广告创意的原则在于能够吸引广告对象的注意，并且使落脚点既出人意料又合情合理，这样才能满足广告对象的需要，才能使广告对象理解与记住。例［作品赏析］中的作品——用问题式引出吸引注意，情节生动，落脚点合理，给人留下深刻的印象。

创意表现手法

至于创意表现手法，确切地讲，不同的媒体会有不同的手法，例如电视广告的表现手段可列举出如下许多，示范比较、生活片断、演员直陈、名人推荐、真人反应、故事情节、戏剧冲突、幽默喜剧，广告口号式、动画式、音乐式、画面式等等，凡此种种应是广告专业技巧的范畴。但无论什么手法，要想让消费者接受，一定要以符合其心理规律为基础。

第三节　提高创造力的方法

一、破除思维定势

思维定势

定势最早由德国心理学家缪勒和舒曼于 1889 年提出。原指对某一特定的知觉活动的直接准备性。后来研究发现它不仅存在于知觉活动中，在思维、运动活动中都存在。现代心理学中，定势指先前心理活动所形成的准备状态，影响或决定着同类后继心理活动的趋势，也就是人的心理活动的倾向性是由预先的准备状态所决定的。它在思维中，体现在解决问题的过程中做特定方式的加工准备。前面谈到创造力的主要成分是发散思维，而定势对发散思维有很大影响。所以打破思维定势，可以培养发散思维。

现在请想想，这种定势对思维活动有什么影响？

先来做一个古老的实验。这是陆钦斯所设计的，要被试解决下表 11－1 中的几组测量水量的问题。

表 11－1

问题	给以下的空瓶作为量具（毫升）			要求测出来的水的数量（毫升）
	A	B	C	
1	21	127	3	100
2	14	163	25	99
3	14	163	25	99
4	9	42	6	21
5	20	59	4	31
6	23	49	3	20
7	15	39	3	18

请跟我按题目顺序从第一题开始做，经过了 3－4 题的尝试，终于找到了解题的模式。即，第一题用 B－A－2C 可测量出 100 毫升的水。再做第二题时，经过观察尝试你会发现用 B－A－2C 同样可得出结果。于是在做第三题时，你会不加思索地先去尝试用 B－A－2C 这种模式去解决新问题，果然能够得出结果。而这次解决问题比起解决第一个问题时速度要快得多，因为这次受到以前解决问题时产生的经验的影响，直接进入了正确的思考轨道。再接下来，做第四题、第五题时，你更能体会出定势对你解决问题所带来的好处。跟着做第六题，由于惯性，你同样会先用 B－A－2C 的方法做，果然能够解出来，但这时不要满足现状，请再仔细看这题，你不难发现，实际上解决这道题有比 B－A－2C 更好的捷径，即 A－C。这个时候，你又会体验到定势为你带来的不利影响。由于定势作用，使你没能在一开始解决第六题

时就用 A－C 这个最快的方法。当你做第七题时，你会刻意地排除前面的 B－A－2C 的思维模式，打破定势，此时你会很快发现此题的解法也很直接，即 A＋C。

经过了上面这组解题实验，你会得出定势对思维的影响，有时有助于问题的解决，可帮你找出一些规则模式，提高解决问题的速度，而有时则会妨碍问题的解决。而在我们需要创新时，定势的负面影响即表现出来。因而提高发散思维能力，即要克服思维定势的影响。

克服思维定势的方法

1. 先要能在意识上有这样的认识，即“我的这种想法可能是片面的，是受到我的一惯思维模式的影响”。于是要换一种角度去看，尤其有许多做广告多年的广告人，有这样的困惑，感到处于一种固定的风格之中，再拍新的广告时，也习惯于用固有的风格、思路，轻车熟路，似乎缺乏新东西。这实际上就是思维定势的作用。

现实生活中如何克服定势，提高发散思维能力呢？

2. 自由联想，或称任意联想。这是一种十分简便易行的方法。例如你在工作间隙，有的人抽烟，有的喝茶，有的聊天，有的人拿着笔发呆，这个时候，你可以顺便由香烟联想到什么，由茶杯或笔联想到什么，天马行空，任思绪自由飞翔。之后你再问自己，这香烟或茶杯或笔或随便一件物品有什么功用？能做什么？再之后可把你所想的归类。例如茶杯的功用，喝水、喝粥、喝奶都属一类。看看每次你这种发散的类别，还可再与最初的自由联想相比，看看有无新的启发，也可和同事朋友一起做此游戏。不要小视这个方法，常常坚持这样做，见到任何一件物品，都可用这样的问题问自己，时间一长，必然使你思维的变通性、流畅性和独特性都有所提高。这真是一个省时省力而有效的好方法，有心者不妨尝试做一做，用一句广告套话：“不做不知道，一做真见效。”

二、良好的暗示

给自己一个良好的暗示，告诉自己：我有良好的创造能力。

心理学中有这样一个实验会给你启发。给一个班的小学生做知识测验，然而告诉他们的老师是做了有关智力与将来成就可能性方面的测验，并告诉老师，其中有几位同学得分很高，他们在智力上优秀且有很大的可能做出成就。这几位学生中有的还是班里学习成绩较差的。过了一年之后再去调查，果然发现被点到名的几位学生的学习成绩与原来相比得到了普遍的提高，其中包括那几个原来学习成绩差的。分析其中原因，发现老师十分相信这种测验，于是在与学生相处中，在讲课时不断用眼神、手势、语言暗示这几位学生，希望他们珍惜自己的才智，好好的发挥它。这几位学生在老师的不断关注下，也感到自己是有能力的，好好学就一定能有成就。在这种不断的良好的暗示刺激下，这几位学生的潜能得到了良好的发展，终于实现了他们对自己的预期，取得了优异的学习成绩。这就是所谓的期望的自我实现。

因为这种实验是由罗森塔尔进行的，又称罗森塔尔效应或称皮格马利翁效应。而皮格马利翁是一个古老传说中的人物，此传说是雕塑家皮格马利翁爱上了他自己塑造的一位姑娘，由于他不断地期望并坚信这位姑娘是有生命的，终于使这个雕塑姑娘获得了生命。

心理学家借用这种传说来说明这种自我期望的作用。对自己有良好的期望，并用良性的暗示，会使你在不知不觉中有所改变，从而渐渐靠近你的期望。

想想生活中的例子，一个人如果丢了一次东西后，就认为他记性不好，于是逢人便说自己记性差，经常丢三落四，渐渐会发现他确实变得记忆力下降，并对自己的记忆力产生怀疑，不自信。

如果一个人能够这样对自己说："我是有创造力的，经过学习与开发，我的潜能会充分发挥，我会变得更好。"类似这样的积极暗示，会使你感到有自信并很愉快，会促使你在行动上做出努力，日积月累"奇迹"就会发生！

三、激发创新动机

创新动机是创造力的内在动力。它具有唤起创造行动的始动功能和维持创造活动达到目标的志向功能，以及对人的创造行为起着调节控制的功能。

创新动机与人的兴趣和求知欲有密切关系。因而无论广告人的资历多深，经验多丰富，始终要保持对事物的好奇心，就像孩子那样，对世界万物要有新鲜的兴致。

如果一个广告人看到一种商品或某个事物，感到无动于衷、熟视无睹，就无从受到原型启发，说明他的创新动机在下降，创造力在下降。

广告人应忘记类似这样的话，如："少见多怪"；而要记住："多见多怪”。学会用新的眼光看世界，“每天的太阳都是不一样的!”

四、提高想像力

创造力的一个重要构成就是创造想像力。

创造想象是不依现成的描述而独立创造出新形象的过程。这种创新的形象是依据头脑中已有的表象进行加工改造而形成的。

所谓已有的表象即以往感知过的事物在头脑中留下的直观形象，这种形象具有直观性和概括性。而想像力的丰富有赖于头脑中已有表象的丰富。

由此而知提高创造想象最直接的方法是增加表象储备，头脑中贮存的表象越多，意味着想象的材料越丰富，越有可能产生更多的新形象。

增加表象储备的方法是丰富自己的生活阅历，多闻、多看、多想，更多地去体察生活，人的心理实质上是头脑对客观刺激物的反映，接触的客观刺激物越多，这种反映才能越出色。中国台湾广告人孙大伟做过这样一个比喻，他说创意人“就像座水库，只要打开心灵的窗，无时无刻地接受外面各方面汇集来的资讯和感觉，而且也无所谓什么工作不工作的，那么你的创意水库，会一直保持在满水位。反之，如果你的水库偏食，只吸收某些特定的资讯来源，然后抱着上下班打卡式的态度，那么你的水库迟早会到呆水位!很多人开始会怪大环境不下雨，谁知是他自己堵住了源头。”

想象的源泉来自生活。

五、重视直觉思维

直觉是不经过复杂智力操作的逻辑过程而直接迅速地认知事物的思维活动。它同一般思维活动的区别，是直接观察而不是间接认识。如那些突然跃入脑际而能阐明问题的思想，包括灵感、顿悟。

直觉思维是一种直接的领悟性的思维活动。在创造活动中，直觉思维充分参与，起重要作用，直觉思维更注重对事物直接的观察与体验。广告人在创意时应重视对商品和消费者本身的知觉与体验，专注于它的形象本身。

总结上文，发现还有许多方面可以提高广告人的创造力，如对情绪的调控、性格的培养、意志的提高等。广告人其他能力的提高也影响其创造力的提高。在本章中更多地论述了广告人发散思维的提高。在此提醒广告人，聚合思维的培养与提高也是不可忽视的。

主要参考书目

①余小梅：《广告心理导论》，北京广播学院出版社，1997 年。
②马谋超：《广告心理学基础》，北京师范大学出版社，1992 年。
③马谋超：《广告心理——广告人对消费行为的心理把握》，中国物价出版社，1997 年。
④杨中芳：《广告的心理学原理》，云南人民出版社，1988 年。
⑤黄合水：《广告心理学》，东方出版社，1998 年 。
⑥张必隐：《阅读心理学》，北京师范大学出版社，1992 年。
⑦彭聃龄主编：《普通心理学》，北京师范大学出版社，1988 年。
⑧周鸿铎主编：《中国实用广告知识手册》，中国发展出版社，1994 年。
⑨朱智贤主编：《心理学大词典》，北京师范大学出版社，1989 年。
⑩车文博主编：《心理咨询百科全书》，吉林人民出版社，1991 年。
⑪《中国大百科全书－心理学》，中国大百科全书出版社，1991 年。
⑫彼特·萨尔曼：《市场心理学》，经济管理出版社，1986 年。
⑬舒尔兹等：《整合营销传播》，内蒙古人民出版社。
⑭弗里德曼：《社会心理学》，黑龙江人民出版社，1985 年。
⑮马斯洛：《动机与人格》，华夏出版社，1987 年。
⑯董　奇：《心理与教育研究方法》，广东教育出版社，1992 年。
⑰金盛华、张杰：《当代社会心理学导论》，北京师范大学出版社，1995 年。
⑱詹姆斯·韦伯·杨著，刘毅志编译：《广告人与创意》，中国对外经济贸易广告协会编印。
⑲于根元：《广告标语、招贴……用语评析 400 例》，中国社会科学出版社，1992 年。

图书在版编目（CIP）数据

广告心理学 / 余小梅著 . -- 北京：中国传媒大学出版社，2003.9（2022.10 重印）
ISBN 978-7-81085-190-9

Ⅰ. 广…　Ⅱ. 余…　Ⅲ. 广告心理学　Ⅳ. F713.80

中国版本图书馆 CIP 数据核字（2003）第 060173 号

广告心理学

GUANGGAO XINLIXUE

作　者	余小梅		
责任编辑	陈友军		
责任印制	李志鹏		
封面设计	阿　东		
出版发行	中国传媒大学出版社		
社　址	北京市朝阳区定福庄东街 1 号	邮　编	100024
电　话	86-10-65450528　65450532	传　真	65779405
网　址	http://cucp.cuc.edu.cn		
经　销	全国新华书店		
印　刷	艺堂印刷（天津）有限公司		
开　本	730mm × 988mm　1 / 16		
印　张	15.75		
字　数	249 千字		
版　次	2003 年 9 月第 1 版		
印　次	2022 年 10 月第 13 次印刷		
书　号	ISBN 978-7-81085-190-9/F · 190	定　价	28.00元

本社法律顾问：北京嘉润律师事务所　郭建平